Christoph Spehr
DIE ÖKOFALLE

Christoph Spehr

DIE ÖKOFALLE

Nachhaltigkeit und Krise

Die Deutsche Bibliothek – CIP-Einheitsaufnahme

Spehr, Christoph:
Die Ökofalle : Nachhaltigkeit und Krise / Christoph Spehr.
– Wien : Promedia, 1996.
ISBN 3-85371-108-1

© 1996 Promedia Druck- und Verlagsgesellschaft m.b.H., Wien
Alle Rechte vorbehalten
Umschlaggestaltung: Gisela Scheubmayr & Johannes Berthold
Lektorat: Erhard Waldner
Druck: WB-Druck, Rieden
Printed in Germany
ISBN 3-85371-108-1

Inhaltsverzeichnis

Eine Welt hinter der Welt

Nach dem Ende der Bauernkriege in Deutschland und Österreich, also in der ersten Hälfte des 17. Jahrhunderts, machten es sich die Feudalherren zur Gewohnheit, über die Verschwendungssucht der Bauern zu lamentieren. Die Bauern seien triebhaft und gedankenlos und verpraßten alles. Anstatt zurückzulegen und zu investieren, feierten sie andauernd sinnlose Feste und äßen ihre Habe buchstäblich auf.

Die Bauern feierten in der Tat gern. Das bäuerliche Jahr kannte lange Zeiten schmaler Kost, aber auch Zeitpunkte des Überflusses; und dieser Überfluß wurde gemeinsam konsumiert. Bei wohlhabenderen Bauern und in guten Jahren konnte ein solches Fest mehrere Tage dauern, bis alles gegessen und getrunken war. – Dies ärgerte die Feudalherren ungemein. Die Bauern sollten gefälligst sparen anstatt zu feiern; ihren Überschuß auf den Markt bringen; dadurch die Wirtschaft ankurbeln und ihrer Herrschaft in schlechten Zeiten nicht auf der Tasche liegen. Die Bauern wollten nicht hören; die Feste wurden verboten.

Das Verbot der Feste war ein Musterbeispiel für verordneten nachhaltigen Konsum. Für die Bauern war es wahrscheinlich sogar gesünder, sich nicht mehr periodisch ungeordnet vollzufressen und zu betrinken; das Verbot war vernünftig. Der Verlust an bäuerlicher Kultur, an sozialem Leben, der damit einherging, schlug sich jedoch in keiner ökonomischen Statistik nieder. Natürlich führte der neue, vernünftig begrenzte Lebensstil der Bauern nicht dazu, daß sie weniger gearbeitet, weniger angebaut, mehr Land der Brache überlassen oder mehr Korn am Halm hätten stehen lassen. Denn die Feudalherren verdoppelten ihre Anstrengungen, sich das anzueignen, was früher einfach in den Bäuchen der Bauern verschwunden war. Sie machten es zu Geld, rüsteten auf, schufen neue bürokratische Apparate und verbesserte Heere, die den Bauern noch mehr vernünftige Selbstbeschränkung aufzwangen. Schließlich gingen sie dazu über, den Anbau selbst wissenschaftlich zu planen. Die Ausbeutung der Flächen nahm zu, nicht ab. Nur Feste gab es keine mehr.

Die heutige Propaganda für Nachhaltigkeit läßt sich, die Bereitschaft zur historischen Parallele vorausgesetzt, genau so lesen. Das Papier, auf dem zukunftsfähige Modelle globaler Gerechtigkeit und ökologischer Entspannung entwickelt werden, ist geduldig. Was aber auf der Seite der praktischen Umsetzung wirklich geschieht, was tatsächlich die Form von Gesetzen oder Programmen annimmt, richtet sich hauptsächlich darauf, daß die Menschen mit weniger auskommen sollen als bisher. Daß sie vernünftiger produzieren und verbrauchen sollen, das heißt mit weniger Aufwand und Folgekosten, auch mit weniger großen Rosinen im Kopf. Die Leute, die mit weniger auskommen sollen, kontrollieren nicht, was mit dem Ersparten geschieht. Sie können nicht beeinflussen, wer sich die ökologischen Spielräume unter den Nagel reißt, die von ihnen freigemacht werden. Es wird auch nicht weniger produziert, ganz im Gegenteil: Es passen jetzt mehr vernünftige Produktionsprozesse unter die gleichen ökologischen Belastungsgrenzen. Und diese Belastungsgrenzen, wissenschaftlich berechnet, werden weiter ausgereizt.

Damit soll nicht alles denunziert werden, was zu Nachhaltigkeit gesagt, geschrieben, geforscht wird. Es heißt nur, Realität und Propaganda nicht zu verwechseln. Was wirklich geschieht, kann ein ganz anderer Prozeß sein, als ihn die neuen Feudalherren versprechen, auch wenn ein Teil ihrer Planungsstäbe aufrichtig daran glaubt. Die Geschichte lehrt Mißtrauen.

* * *

Es ist Herbst 1995. Die MeteorologInnen betonen, daß die mehrjährige Folge von „Jahrhundertsommern" nicht bedeutet, daß die Klimaveränderung durch Treibhauseffekt bereits greift; generell gilt die menschlich erzeugte Klimaerwärmung inzwischen aber als gesichert. Greenpeace hat eine Schlacht um die Nordsee-Ölplattform Brent Spar gewonnen und eine um Mururoa verloren. Die Studie „Sustainable Europe/Ein zukunftsfähiges Europa" ist erschienen, die Studie „Zukunftsfähiges Deutschland" kreist in Vorabversionen. Nachhaltigkeit ist in aller Munde. Die Banken machen Image-Werbung mit niedlichen madegassischen Halbaffen: Wie verantwortungsvoll es doch sei, daß die Banken einen Bruchteil der Schulden der Dritten Welt zugunsten von Naturschutzprojekten erlassen. Die Weltbank prahlt nicht mehr so offen mit den großen Erschließungs- und Infrastrukturprojekten, den Staudämmen und Abholzungen. Dafür geht die Liberalisierung des Welthandels mit der Gründung der World Trade Organisation in eine neue Runde. Ich kenne immer mehr Leute, die sich mit Holzschutzmittelvergiftungen, Allergien und unerklärlichen Infekten

plagen. Ich kenne auch immer mehr Leute, die sich in ihrer Lebensplanung von der Fiktion der Arbeitsgesellschaft verabschieden und mehr oder
weniger gezwungen Überlebensstrategien annehmen, die dem flexiblen
Sich-Durchschlagen im „informellen Sektor" entlehnt sind.

Irgendwie scheint nichts mehr richtig zusammenzupassen. Die Nach-
haltigkeits-Utopien mit all ihrem Steuerungsoptimismus sitzen auf einer
materiellen Welt auf, die unordentlicher, unplanbarer wird. Die internationalen Konferenzen verdecken eine Zukunft, in der das Hauen und Ste-
chen um knapper werdende Ressourcen schon begonnen hat. Die meisten
Menschen, die fasziniert an der zukunftsfähigen Gestaltung der Gesellschaft mitdiskutieren, sind längst politikverdrossen und voller Skepsis
gegenüber allen Institutionen, wenn es um ihre persönliche Situation geht.
Während sie in Gedanken die Regierung, die UNO und ein halbes Dutzend Nicht-Regierungs-Organisationen dirigieren, hat sich ihre eigene
Lebenswirklichkeit vom Glauben an die traditionelle Politik bereits verabschiedet.

Ich sitze an meinem Schreibtisch und schreibe. Ich stelle mir vor, wie
es wäre, wenn die Dinge „gläsern" wären. Wenn man ihnen, durch irgend-
einen Zauber, wie in einer Kristallkugel, ihre konkrete Geschichte anse-
hen könnte. Nicht nur die abstrakten Angaben, etwa die Kilometerleistung
eines Joghurtbechers – die Transportkilometer des Joghurts von der Roh-
stoffgewinnung bis zum Aufessen und zur Entsorgung –, die man einfach
auf seiner Verpackung aufdrucken kann. Nein, die wirkliche Geschichte
der Dinge. Man könnte die konkreten Personen sehen, die an ihrer Herstellung beteiligt waren. Auch diejenigen, die erstere versorgten, während
sie diese Dinge herstellten. Und diejenigen, die dadurch zu kurz kamen,
daß diese Dinge hergestellt wurden.

In dem Stoffschwein, das auf meinem Tisch sitzt, stecken ja nicht nur
Kunststoffnähte und Füllwolle, es enthält auch die Arbeit von ArbeiterInnen einer Weltmarktfabrik in Hongkong oder Südchina (was auch immer
auf dem Etikett stehen mag). Ganz so, wie der PC, auf dem ich dies schreibe, vor allem aus der Arbeit mir unbekannter Menschen vermutlich in
Südostasien besteht; Menschen, die seine Teile hergestellt und zusammengebaut haben und deren Arbeit ich mir aneigne. In der Scheibe Schin-
ken auf dem Sandwich, selbst wenn sie aus einem deutschen Schwein
geschnitten ist, stecken Flächen in Brasilien, auf denen Soja als Futtermit-
tel angebaut wird, das man hier an die Schweine verfüttert: Flächen, die

dort für die notwendige Selbstversorgung fehlen. Die Tasse Kaffee hier auf dem Schreibtisch enthält nicht nur Kaffee. Sie enthält auch einen Teil der CO_2-Emissionen, die jetzt in diesem Moment die globale Erwärmung vorantreiben und die Sturmhäufigkeit im Indischen Ozean erhöhen. Die Stürme befinden sich in der Tasse wegen der Energie, die zu ihrer Herstellung notwendig war; und insofern befindet sich auch ein Stück Golfkrieg darin.

Früchte aus Südafrika, solange die Apartheid noch nicht gefallen war, ließen sich noch ganz gut boykottieren. Die Verflechtung der weltweiten Ressourcenverschleuderung und der weltweiten Ausbeutung aber sind den Produkten im normalen Alltag nicht mehr anzusehen und wären praktisch nur durch totales Selbermachen zu umgehen. In der Hose, die ich trage, stecken sehr wahrscheinlich die Ergebnisse einer ungarischen Fußballiga oder die Handlung irgendeiner indischen Soap Opera, über die sich die MacherInnen dieser Hose in den Pausen oder während der Arbeit unterhalten haben. Und vielleicht steckt auch ein Stück vom Magengeschwür ihres Vorarbeiters drin.

Vielleicht ist das die positive Seite der ganzen Nachhaltigkeits-Studien. Sie tragen ein Stück dazu bei, das Ausgeblendete sichtbar zu machen. Die verpackten Folgen zu entpacken. Meist zeigen sie dabei eher die Rohstoffe als die Arbeit; mehr die Kosten als die Menschen. Aber es gibt einen Teil, den selbst die wahrheitsgetreuen Geschichten in der Kristallkugel nicht zeigen würden: die Antwort auf die Frage, warum es so läuft, wie es läuft. Was der Geist in der Maschine ist, der das alles am Laufen erhält, obwohl es so schwindelerregend übel funktioniert. Ohne eine Antwort darauf hängen alle vernünftigen Vorschläge in der Luft. Und genauso fehlen Antworten auf die Frage, wo es denn hingeht. Nicht nach dem Willen der PlanerInnen; sondern tatsächlich. Welche zukünftige Geschichte hier und heute schon begonnen hat.

* * *

Dieses Buch vertritt einige sehr einfache Thesen. *Erstens*, daß die gängigen Nachhaltigkeits-Studien nicht in der Lage sind, die ökologischen und sozialen Zukunftsprobleme zu lösen. Sie illustrieren zwar eindrücklich den Ist-Zustand, greifen aber die prinzipielle, zerstörerische Dynamik der gegenwärtigen Entwicklung nicht an. Was sie propagieren, ist ein reformierter Öko-Kapitalismus, der vor allem das nationalchauvinistische Interesse der Industrieländer bedient. Diese These wird im ersten Teil dargestellt („Donald Duck schafft es immer in allerletzter Minute").

Zweitens, daß es tatsächlich eine Krise der gegenwärtigen weltgesellschaftlichen Ordnung gibt. Nur ist es keine ökologische, sondern eine soziale Krise: eine Krise der Herrschaftsmittel und des Herrschaftssystems. Jenseits aller Kontroversen um Kapitalismus und Sozialismus, Entwicklung und Umwelt, monetäre Verhältnisse und Produktionsweisen hat die moderne Ordnung der Dinge, die in den letzten 500 Jahren unter Führung der nördlichen Industrie- und Herrschaftszentren errichtet wurde, eine sehr konsequent-kontinuierliche Geschichte. Im Prinzip ging und geht es darum, die Ströme von benutzbarer Natur und von dienstbarer Arbeit so um den Globus zu gruppieren, daß sie bei den privilegierten Gruppen des Nordens münden. Diese Ströme verflechten sich zu Pyramiden, an deren Spitze Menschen, die in sehr künstlichen, formalisierten, naturfernen Verhältnissen leben, über die Pyramide verfügen. An der Basis leben Menschen in naturnaheren Verhältnissen, die ihre Naturressourcen und ihre eigene Arbeit großenteils abgeben und in die Pyramide einspeisen. Im Gegensatz zu denen an der Spitze könnten sie theoretisch auch gehen und für sich selbst sorgen, weswegen die Leistungen der Pyramide zu einem erheblichen Teil darin bestehen, die Menschen an ihre Basis zu zwingen. Dafür reichen heute nicht mehr einfach Gewehre; es ist ein kompliziertes Gebäude struktureller Gewalt, ökonomischer Abhängigkeiten, kultureller Manipulation und sozialer Versprechungen dafür notwendig. Und dieser Aufwand steigt; er ist in den letzten fünfzig Jahren geradezu explosionsartig gestiegen. Er stößt auch an ökologische Grenzen. Aber die ökologischen Probleme sind nur der äußere Ausdruck einer Herrschaftskrise, einer Krise der sozialen Ordnung, die aus dem steigenden Aufwand resultiert, das System aufrechtzuerhalten. Das ist das Thema des zweiten Teils („Die Geschichte der Pyramiden").

Drittens wird die These vertreten, daß die Krise eine prinzipielle ist, keine Übergangs- oder Anpassungskrise. Sie markiert den Grenzpunkt einer Entwicklung auch für die sozialen Bewegungen, deren Kritik und Theorie sich weiterentwickeln und verändern muß. Das Stürzen auf die Ökologie, das wir in diesen Theorien und Bewegungen derzeit erleben, ist oft ein Einfallstor dafür, an alten Fehlern, Vorstellungen und Illusionen festzuhalten. Ich nenne das die Ökofalle: Wenn Natur und Herrschaft getrennt voneinander gesehen werden, die ökologischen Verhältnisse von den Herrschaftsverhältnissen abgespalten werden, dann werden die historisch-kritischen Erfahrungen der sozialen Bewegung wieder verdrängt, und eine zeitgemäße Kritik der Verhältnisse schlägt fehl.

Eine Weiterentwicklung des gesellschaftlichen Zivilisationsmodells im Rahmen seiner bisherigen Logik, wie sie die nachhaltige Entwicklung verspricht, kann die Probleme nur hinausschieben oder die Folgen umverteilen, aber nicht mehr zu einer neuen Stabilität oder Attraktivität führen. Eine emanzipatorische Perspektive kann nur in der Negation der Grundlagen dieser Ordnung liegen. Diese Negation bedeutet aber mehr, als mit den klassischen Reformkonzepten gemeint ist: Vorschläge für eine andere, bessere Verwendung der gesellschaftlichen Ordnung, für gerechtere Verteilung oder mehr Zugangsrechte von benachteiligten Gruppen.

Die Geschichte der sozialen Bewegungen des 20. Jahrhunderts ist eine Geschichte von Erfahrungen, die sie an die Grenze dieses Reformkonzepts geführt haben. Faktisch sehen wir heute, daß ein Großteil der sozialen Auseinandersetzungen eher dazu geführt hat, daß die Maschine der Herrschaft geschmeidiger geworden ist, geräuschloser – wenn man so will, daß Herrschaft bereits nachhaltiger, dauerhafter geworden ist. Viele dieser Auseinandersetzungen haben für bestimmte Gruppen reale Verbesserungen gebracht, aber sie haben gleichzeitig die Dynamik der Zerstörung und der Umverteilung von unten nach oben noch angetrieben. Das sozialistische Experiment hat die politische Ökologie des Industrialismus nicht angetastet, sondern weite Teile der Welt dafür vorbereitet, sie überhaupt übernehmen zu können. Die Kämpfe um soziale Rechte, um Gleichberechtigung und Anti-Diskriminierung in den Industriestaaten haben auch das Tempo erhöht, mit dem die negativen Folgen des gesellschaftlichen Systems an andere Teile der Welt und an andere Gruppen von Menschen weitergereicht wurden. Der Export von Giftmüll und Atomanlagen in die Dritte Welt ist auch eine Folge gestiegenen Umweltbewußtseins und ökologischer Interessenpolitik in den Industriestaaten. Die antikolonialen Kämpfe mündeten zu erheblichen Teilen in Entwicklungsprojekte, bei denen sich nationale Eliten wiederum auf Kosten der Mehrheit ihrer eigenen Bevölkerung eine kleine Erste Welt in der Dritten aufbauen konnten.

Die Erfahrungen der sozialen Bewegungen haben sich in einer Reihe von theoretischen Bemühungen niedergeschlagen, mit der Negation tiefer zu gehen, sich zu verabschieden von einer Reihe glänzender Illusionen und Versprechungen: Fortschritt, Entwicklung, Produktivität; institutionelle Demokratie, technokratische Vergesellschaftung, kapitalistische Freiheit. Eine emanzipatorische Perspektive muß heute auf diesen zu Theorien geronnenen Erfahrungen der sozialen Bewegungen aufbauen. Sie führen dazu, daß sich die vielfältig aufgesplitterten Einzelbewegungen und Interessen auch ein Stück weit wieder „aggregieren" werden, zu einer zumindest in Umrissen gemeinsamen Auseinandersetzung, nämlich der zwischen dem „formellen Sektor" und dem Rest. Und diese Auseinandersetzung wird Gestalt annehmen, weil in der Nachhaltigkeit bereits die offizielle Kampfansage an viele Gruppen und Personen liegt, daß es mit der Hoffnung vorbei ist, immer mehr könnten in den Club der Privilegierten aufgenommen werden. Dies ist der Inhalt des dritten Teils („Die Ökofalle").

Die *vierte* These lautet: Eine emanzipatorische Perspektive angesichts der ökologisch-sozialen Krise muß ihre gemeinsame Orientierung in der „Abwicklung des Nordens" finden. Es geht um die Abwicklung des Nordens als Gesellschaftsmodell und als Herrschaftssystem. Die Vorstellung der Abwicklung umfaßt vier Aspekte. Erstens, daß im Vordergrund die Begrenzung und der Abbau der Machtinstrumente und Herrschaftsmittel stehen, nicht die bessere Verwaltung und Verteilung. Nur aus diesem Abbau wird eine eigenständige Dynamik erwachsen, die überhaupt Spielräume für andere Entwicklungen schafft. Zweitens, daß die Ansätze zu einem alternativen Leben im bestehenden Rahmen nicht ausreichen. Man kann die herrschende Ordnung nicht verlassen wie ein Haus, aus dem man hinausgeht und die Türe hinter sich zumacht. Es gibt auf allen Ebenen einen gesellschaftlichen Sektor, der parasitär und aggressiv ist und der aktiv zurückgekämpft werden muß. Drittens, daß diese Perspektive auch bestimmte Übergänge, Kompromisse und Zwischenlösungen einschließt, die bewußt gefunden werden müssen. Für eine Reihe herrschaftsförmiger Verflechtungen ist der Crash nicht immer die beste Lösung – auch für die Beherrschten nicht. Viertens, daß diese Perspektive die Gesamtheit der gegenwärtigen Herrschaftsverhältnisse einschließt und auf allen Ebenen zu finden und anzuwenden ist. Die Verunmöglichung von militärischen Interventionen gegen Länder des Südens, die Bekämpfung der Vorrechte des angeblich „hochproduktiven Sektors" in der nationalen Gesellschaft und die Beschneidung der Vorrechte der „formalisierten Arbeit" gegenüber der „informellen Arbeit" in den persönlichen Beziehungen gehören unter dieser Blickrichtung zusammen.

Eine solche Perspektive ist möglich, weil die ökologische Krise als soziale Krise eine prinzipielle Krise des herrschenden Systems markiert. Die herrschenden Eliten brauchen die Offensive; sie verlieren, wenn sie sich damit nicht durchsetzen können. Erscheinungen eines schrittweisen Zerfalls und Abbaus des Systems gibt es allerorten. Die vielbeklagten „Defensivkämpfe" sind eine Frage der Optik; im Konzept der Abwicklung ist die Verhinderung neuer Projekte des Herrschaftssystems immer ein Terraingewinn.

Die Auseinandersetzungen darum haben längst begonnen. Es geht darum, bewußt in sie einzugreifen und eine entsprechende Orientierung auf „Abwicklung" dem eigenen Handeln zugrunde zu legen. Auch diese Auseinandersetzung ist eine Welt hinter der Welt: Wir sehen sie noch nicht, obwohl wir längst darin verstrickt sind und daran teilnehmen. Und sie stellt Fragen an uns, die auf der Ebene der politischen Programmatik ebenso liegen wie auf der Ebene sozialer Organisierung und persönlicher Lebensentscheidungen. Dies ist der Inhalt des vierten Teils („Den Norden abwickeln").

* * *

Dieses Buch hat viele Urheberinnen und Urheber, auch wenn ich für seine Thesen und Fehler allein verantwortlich zeichne. *Hannes Hofbauer* wollte es haben, er hat es bekommen; danke für Geduld und sensibles Korrigieren. Die hier vertretenen Thesen habe ich über einen langen Zeitraum mit vielen Leuten diskutiert, Kritik und Anregungen aufgenommen. Am wichtigsten waren die Interventionen und Arbeiten von *Ulla Peters*, *Heinz-Jürgen Stolz* und *Claudia Bernhard*; letzterer verdanke ich auch den Titel. Mein Einstieg in ökologische Fragen wurde mir seinerzeit sehr erleichtert durch die Zusammenarbeit mit *Wolf Schröder* von der *Wildbiologischen Gesellschaft München (WGM)*, und zwar *ohne* daß ich ihm auf seine anstrengenden Exkursionen in freier Wildbahn folgen mußte. Das Bielefelder *Institut für Theorie und Praxis der Subsistenz (ITPS)* war immer äußerst kooperativ, seine Forschungsergebnisse auf Veranstaltungen und in Publikationen zur Diskussion zu stellen, mit deren Organisation ich zu tun hatte. – Die Drucklegung der vorliegenden Studie wurde finanziell unterstützt vom *Kirchlichen Entwicklungsdienst der Evangelischen Kirche (KED)* in Deutschland. Ihre Erstellung war Teil eines Nachhaltigkeits-

Projektes des *FORUM entwicklungspolitischer Aktionsgruppen* (Bremen), das gefördert wird vom *Internationalen Solidaritätsfonds des Bündnis 90/ Die GRÜNEN*, von der *Stiftung Umverteilen* sowie vom Verein *CHANGE* (München). – Das Entstehen dieses Buches hat meine Leistungen in der Reproduktionsarbeit zeitweise übel zurückgehen lassen und den Mitgliedern meiner persönlichen Lebensgemeinschaft eine Menge Langmut abverlangt. Ich hoffe, es war's wert.

Dieses Buch wäre nicht geschrieben worden, wenn ich nicht der Meinung wäre, daß die Geschichte offen ist. Daß man sie in der einen oder in der anderen Richtung beeinflussen kann; und daß sie bereits beeinflußt wird, von allen, die daran beteiligt sind. Insofern glaube ich, daß die darin vertretene Botschaft eine positive ist.

Donald Duck schafft es immer in allerletzter Minute

Von Stockholm nach Rio

Angefangen hatte alles in Stockholm. Man schrieb das Jahr 1972. Der *Club of Rome* veröffentlichte seinen Bericht *Die Grenzen des Wachstums*. Die OPEC unternahm die ersten zaghaften Schritte, den Erdölpreis in die Höhe zu treiben. In Chile war Allende Präsident, und der Vietnamkrieg konnte für die USA praktisch als verloren gelten. Am 5. Juni – dem späteren „Tag der Umwelt" – begann unter der Präsidentschaft von Olof Palme in Stockholm die erste Umweltkonferenz der Vereinten Nationen.

Die Vorstellungen darüber, was „Umwelt" überhaupt war („human environment" hieß es im Titel der Konferenz), lagen weit auseinander. Für die Entwicklungsländer waren „Umwelt" die Lebensbedingungen der Bevölkerungsmehrheit in der Dritten Welt, die nach zwei Jahrzehnten „Entwicklung" stärker von Armut und Elend geprägt waren als je zuvor. Aus der Perspektive der Länder des Südens – von denen sich zu diesem Zeitpunkt viele sehr selbstbewußt als Dritte Welt verstanden – konnte der Inhalt einer Konferenz über die menschliche Umwelt nur der sein, die ungleiche Weltwirtschaftsordnung zu verändern. Wenn die Staaten des Nordens sich gezwungen sahen, in Umweltschutzmaßnahmen zu investieren, war das ihre Sache. Der Hauptverdacht der Entwicklungsländer war, daß die Nordstaaten sich vor Handelsnachteilen drücken wollten, die ihnen aus umweltschutzbedingt höheren Produktionskosten entstehen könnten. Auf der Stockholmer Konferenz fand deshalb ein Resolutionsentwurf Brasiliens, wonach Umweltzerstörung ein Problem der Industrieländer sei und diese deshalb auch die Kosten zu tragen hätten, die Zustimmung aller Entwicklungsländer.

Für die Industrieländer des Nordens hatte Umwelt nichts mit Armut zu tun. Das Industriesystem ging denen, die global davon profitierten, selbst an den Kragen – diese Erkenntnis hatte in den Jahren vor 1972 zum Erstarken großer umweltpolitischer Bewegungen und Organisationen geführt. 1961 war der *WWF* (World Wildlife Fund, heute World-Wide Fund for Nature), 1969 *Greenpeace* und *Friends of the Earth* gegründet worden. Die Regierungen standen unter Zugzwang: sie mußten der zunehmenden Besorgnis ihrer Wählerschaft um den Erhalt der Umwelt durch irgendwelche Aktivitäten Rechnung tragen. Großbritannien hatte 1969 das erste Umweltministerium eingerichtet, in Deutschland und Italien wurden Umweltberichte in Auftrag gegeben und systematischere Umweltschutzgesetze diskutiert. Zur Sorge gab es auch allen Grund. Während die auslaufenden Ölmassen des havarierten Tankers *Torrey Canyon* über die Bildschirme liefen, wurden mehr und mehr Umweltskandale aufgedeckt, die belegten, daß die heimischen Konzerne mehr oder weniger mit Wissen und Billigung der Regierungen die eigene Bevölkerung vergifteten. Das machte keinen guten Eindruck. Also wurden Gesetze erlassen, Kommissionen eingerichtet, und hin und wieder wurde auch etwas Geld ausgegeben.

Andere machten sich andere Sorgen. Der Club of Rome-Bericht hatte die Abhängigkeit der Industrieländer von den Rohstoffen des Südens in aller Schärfe aufgedeckt. Und die Entwicklungsländer schickten sich an, diese Rohstoffe durch Verstaatlichungen und Koordination ihrer wirtschaftspolitischen Strategien unter ihre Kontrolle zu bringen. Damit waren zwei Themen auf dem Tisch, die bis heute Bestand haben. Erstens: Wie können die Staaten des Nordens ihren Zugriff auf die Rohstoffe der Welt sichern und gleichzeitig vermeiden, politisch erpreßbar zu werden (zum Beispiel dazu, gerechte Preise für Rohstoffe zu zahlen)? Und zweitens: Was passiert, wenn die Länder des Südens einen größeren Teil dieser Rohstoffe selbst verbrauchen, für ihre eigenen industriellen und konsumptiven Bedürfnisse – insbesondere angesichts der wachsenden Zahl von Menschen in diesen Ländern?

Ohne diese strategischen Fragen eines aufgeklärten Imperialismus hätte es wahrscheinlich keinen Club of Rome-Bericht gegeben. Man darf nicht vergessen, daß die offiziell auftraggebenden Organisationen für solche

Studien eher den Charakter eines honorigen Beirats haben. Bezahlt wird von woanders. Daher ist meist wichtiger, wo und mit welchem Geld die Studie tatsächlich durchgeführt wird. Die Club of Rome-Studie *Die Grenzen des Wachstums* wurde durchgeführt am *Massachusetts Institute of Technology (MIT)* in Cambridge (USA), einem typischen Braintrust der US-amerikanischen Forschungslandschaft. Sie wurde unter anderem finanziert von der Ford Foundation, der Volkswagenstiftung und Fiat. 15.000 Exemplare wurden kostenlos an „Multiplikatoren" in der ganzen westlichen Welt verteilt. Lester Browns *Worldwatch Institute*, das 1975 in Washington D.C. gegründet wurde und die *Grenzen des Wachstums* gewissermaßen in ein jährliches Berichtswesen überführt hat, steht auf der Gehaltsliste des Rockefeller Trust. Der Hinweis auf Finanzierung und Organisation ist kein Ersatz für die Auseinandersetzung mit den Argumenten dieser Studien; aber er ist ein Beleg dafür, daß das Mißtrauen der Dritte-Welt-Länder in Stockholm, mit dem Thema „Umwelt" würden Probleme des Nordens zu globalen Problemen verklärt, nicht aus der Luft gegriffen war.

Ganz ergebnislos endete die Stockholmer Konferenz nicht. Außer einem Aufruf an die Internationale Walfang-Kommission, ein zehnjähriges Fangverbot zu verhängen (was diese nicht tat), wurde eine Abschlußerklärung verabschiedet, eine neue UN-Organisation geschaffen und ein Folgetreffen für zehn Jahre später anberaumt. Die Deklaration forderte, die natürlichen Ressourcen und die Regenerationsfähigkeit der Natur müßten „zum Nutzen gegenwärtiger und künftiger Generationen durch sorgfältige Planung und Bewirtschaftung geschützt" werden. Damit traten in der Umweltdebatte der UNO erstmals die „künftigen Generationen" auf. Der „Nachwelt-Ansatz" war der Vorläufer der nachhaltigen Entwicklung, die fünfzehn Jahre später aus der Taufe gehoben wurde.

Die neue UN-Organisation, die aus Stockholm entstand, war das „UN-Programm für den Schutz der Umwelt" (UNEP). Am Nachfolgetreffen 1982, wieder in Stockholm, nahmen diesmal alle Staaten der UN teil. Stockholm '72 war von der Sowjetunion und ihren Verbündeten boykottiert worden, da der DDR die Teilnahme verweigert worden war; BRD und DDR wurden erst 1973 von der Vollversammlung als UN-Mitglieder aufgenommen. Stockholm '82 gab den Anstoß zur Gründung der „Weltkommission über Umwelt und Entwicklung": der berühmten *Brundtland-Kommission*, benannt nach ihrer Leiterin, der norwegischen Ministerpräsidentin Gro Harlem Brundtland. Der Bericht dieser Kommission, *Our Com-*

mon Future (oft einfach als „Brundtland-Bericht" bezeichnet), wurde 1987 vorgelegt. Er führte den Begriff „sustainable development" (nachhaltige Entwicklung) in die internationale Debatte ein. Kein anderer Begriff hat in den letzten Jahren eine derart steile Karriere gemacht.

Nachhaltigkeit hat nicht so viel mit Bäumen zu tun, wie häufig behauptet wird. Zwar ist es richtig, daß die deutsche Forstwirtschaft seit Ende des 18. Jahrhunderts den Begriff der nachhaltigen Bewirtschaftung von Waldbeständen kennt. Wenn der Eindruck erweckt wird, der Brundtland-Bericht habe sich diesen historischen Nachhaltigkeits-Begriff zu eigen gemacht, geht das jedoch entschieden zu weit. Nach Erscheinen des Brundtland-Berichts wurde vielmehr nach einer deutschen Übersetzung für „sustainable development" gesucht. Eine Zeitlang wurden verschiedene Varianten gehandelt, unter anderem „dauerhafte Entwicklung" oder „umweltverträgliche Entwicklung". Die Eindeutschung als „nachhaltige Entwicklung" setzte sich durch, weil damit eine Traditionslinie suggeriert werden konnte, die von der nachhaltigen Forstwirtschaft zur nachhaltigen Entwicklung geführt hätte. Damit wurde gleichzeitig eine bestimmte inhaltliche Interpretation von „sustainability" nahegelegt.

„Dauerhafte Entwicklung" hätte das Anliegen des Sustainability-Konzepts, wie es die Brundtland-Kommission verstand, besser getroffen. Die Definition der Kommission lautete: „Nachhaltige Entwicklung ist eine Entwicklung, die die Bedürfnisse der heutigen Menschen erfüllt, ohne die Möglichkeiten zukünftiger Generationen zu beschränken, *ihre* Bedürfnisse zu erfüllen." Sustainable development meinte nicht nur die zusätzliche Beachtung bestimmter Erfordernisse eines pfleglichen Umgangs mit den natürlichen Ressourcen, wie ihn die Stockholmer Konferenz 1972 mit dem Hinweis auf die künftigen Generationen gefordert hatte. Was der Brundtland-Bericht meinte, war ein anderer Typ von Entwicklung, ein qualitativ anderes Wachstum. Das bisherige Modell von ökonomischer Entwicklung, gleich ob in den nördlichen Industriestaaten oder in den Entwicklungsländern, wurde als eine Entwicklung angesehen, die ihre eigenen Voraussetzungen untergräbt und daher nicht von Dauer sein kann.

Damit nahm die Kommission einerseits die Kritik an den *Grenzen des Wachstums* auf, daß eine Berechnung der verfügbaren Ressourcen nicht statisch erfolgen kann, sondern gesellschaftliche Möglichkeiten zur Anpassung und Innovation mitberücksichtigen muß. Die Betonung verschiebt sich sozusagen von der Abschätzung des natürlichen Auslaufs, in dem sich die menschliche Gesellschaft bewegen kann, zur Art und Weise, wie sie sich bewegt. Zum anderen machte sich das Konzept der dauerhaften Entwicklung die spezifische Erfahrung zu eigen, die die Entwicklungsländer in den 15 Jahren seit Stockholm '72 gemacht hatten. Viele Entwicklungsprojekte – wie die Intensivierung der landwirtschaftlichen Exportproduktion in der „Grünen Revolution" in Indien, Investitionen in den Aufbau verarbeitender Industrien in Lateinamerika, große Infrastrukturmaßnahmen mit Weltbank-Geldern in Afrika und so weiter – hatten kurzfristige Wirtschaftsbooms ausgelöst, denen dann ein um so härterer Crash folgte. Diese Entwicklungsprojekte machten die nationalen Ressourcen an Natur und sozialer Arbeit schnell zu Geld; aber ohne die Zuführung immer weiterer Mengen an Geld brach diese Entwicklung zusammen. Die multinationalen Konzerne waren an diesen Entwicklungsschüben reich geworden, die Länder selbst aber stellten fest, daß sie ärmer und ausgeplünderter waren als vorher. Der allgemeine Lebensstandard stieg nicht, die Wachstumsprozesse verlangsamten sich wieder, und übrig blieben soziale und ökologische Schäden, die nicht aufgefangen werden konnten. Dauerhafte Entwicklung sollte eine Entwicklung sein, die das Modell Boom-Crash überwand, die sich nicht durch Verschleuderung der eigenen natürlichen Reichtümer selbst das Grab schaufelte, sondern tatsächlich von Dauer war.

Die historische Nachhaltigkeit, die in der deutschen Forstwirtschaft entwickelt wurde, ist gerade ein Beispiel dafür, wie es nicht geht. Nachhaltigkeit bedeutete hier, die Forstbestände so zu bewirtschaften und umzustrukturieren, daß sie langfristig die höchsten Erträge abwarfen. Bestände einfach abzuholzen, ist solange profitabel, wie genug „neuer" Wald da ist; irgendwann führt dieses Prinzip aber dazu, daß aller Wald verbraucht ist und man erst wieder ein Jahrhundert warten müßte, bis der Wald nachwächst. Zum Konzept einer nachhaltigen Bewirtschaftung gehörte deshalb, nicht mehr Nutzholz zu entnehmen, als im gleichen Zeitraum nachwachsen konnte. Es gehörte aber auch dazu, die Wälder so *umzustrukturieren*, daß in *kürzerer* Zeit mehr nachwuchs als bisher. Aus den Wäldern wurden monokulturelle Holzplantagen gemacht, wo auf großen Flächen gleichaltrige Bestände einer Baumart wuchsen (Hochwaldwirtschaft). Schnellwachsende Sorten (Fichte) wurden weit außerhalb ihrer natürlichen Verbreitung angebaut.

Seither gibt es in Mitteleuropa keine Wälder mehr, sondern nur noch große Baumäcker. Damit wurde eine langfristige Fehlentwicklung programmiert: Die neuen Wälder sind alles andere als nachhaltig, sondern in hohem Maße instabil und pflegebedürftig. Die einheitlichen Hochleistungsbestände sind wesentlich anfälliger für Sturmschäden und Schädlingsbefall. Die nachwachsenden Schößlinge müssen aufwendig gegen den Abfraß durch das Wild geschützt werden, weil es kein Unterholz (Totholz) gibt. Das „Waldsterben", dem heute und in Zukunft ein erheblicher Teil der Bestände zum Opfer fällt, ist ein komplexer Prozeß, für den die Immissionen der Industrie die Hauptrolle zu spielen scheinen. Dieser Prozeß wurde jedoch wesentlich erleichtert durch die Tatsache, daß unsere Wälder langfristig darauf vorbereitet wurden, krank zu werden. Was die nachhaltige Bewirtschaftung der Wälder in Mitteleuropa tat, war also eher das Gegenteil dessen, was sich die Brundtland-Kommission unter „nachhaltiger Entwicklung" vorstellte.

Die Brundtland-Kommission machte mit dem Konzept der nachhaltigen Entwicklung, wie Middleton/O'Keefe/Moyo es nennen, „eine Dose auf". Sie stellte ein Thema zur Diskussion, das überall aufgegriffen wurde. Die Art und Weise, wie sie dieses Konzept formulierte, hinterließ ungelöste Fragen, offene Streitpunkte und blinde Flecken. Aber sie lenkte die Aufmerksamkeit in eine richtige Richtung. Der Bericht behandelt das Problem des Eigentums an den natürlichen Rohstoffen nur am Rande. Er fordert die globalen Institutionen und die Regierungen der führenden Industrienationen auf, ihr Verhalten zu ändern, anstatt die Rolle dieser Institutionen grundsätzlich zu hinterfragen und die eigennützige Verantwortung dieser Regierungen anzuprangern. Anders wäre der Bericht wohl auch nicht angenommen worden; nicht zu einem Zeitpunkt, zu dem die Kräfteverhältnisse zwischen dem Norden und den Entwicklungsländern sehr viel ungünstiger für den Süden waren als fünfzehn Jahre früher. Aber *Our Common Future* war klar in dem Punkt, daß der Hauptteil von Umweltverschmutzung und Ressourcenverbrauch vom Norden ausging und daß daher die Frage der Konsummuster und des Verbrauchs in den nördlichen Industrieländern mindestens so wichtig war wie die Frage des Wachstums der Bevölkerung in den Entwicklungsländern. Und der Bericht war unmißverständlich darin, daß die Lösung der ökologischen Probleme nicht vom Problem der Armut zu trennen war.

Fünf Jahre später in Rio klang alles ganz anders. Man neigt sicher dazu, den Brundtland-Bericht zu positiv darzustellen, obwohl die meisten Fehlentwicklungen der internationalen Umweltdebatte darin schon angelegt waren. Aber im Rückblick haftet *Our Common Future* etwas sympathisch Antiquiertes an, die Reste eines ernsthaften Bemühens, verglichen mit dem Rummel und dem Zynismus, den der „Erdgipfel" von Rio der Weltöffentlichkeit präsentierte.

Die *UN-Konferenz über Umwelt und Entwicklung (UNCED)* in Rio de Janeiro 1992, „Rio" eben, umgab die angereisten RegierungsvertreterInnen erstmals mit dem Jahrmarkt der Nicht-Regierungs-Organisationen (NGOs, non governmental organisations = nichtstaatliche Organisationen), die sich auf dem *Global Forum* trafen und die offizielle Konferenz begleiteten. Rio war ein Medienspektakel, hinter dessen Vorhängen um die Verteilung der Umwelt geschachert wurde. An einem riesigen Baum hingen Tausende von Postkarten, deren AbsenderInnen die versammelten Regierungen aufforderten, doch etwas zur Rettung des Planeten zu tun. Zur gleichen Zeit erklärte US-Präsident Bush allen, die es hören wollten, daß er nicht im Traum daran denke, eine Klimakonvention zu unterzeichnen, die die Interessen der US-amerikanischen Industrie beeinträchtigen könnte – Planet hin oder her.

Die Arroganz des Nordens hatte sich zu neuen Höhenflügen aufgeschwungen. Nach dem Fall der Mauer, dem Ende der DDR und der Auflösung der Sowjetunion gab es für die Führungsmächte der Triade – der drei weltwirtschaftlichen Zentren Nordamerika, Europa und Japan – keine Notwendigkeit mehr, besondere Rücksichten zu nehmen. Der Golfkrieg 1991 hatte deutlich gemacht, daß sich der Norden auf eine Ära zukünftiger Rohstoffkriege gegen den Süden einstellte und daß er in der Lage war, diese Kriege zu führen. Der freie Zugang zu Ressourcen auf der ganzen Welt mußte nicht unbedingt Gegenstand von *Verhandlungen* sein. Es blieb Fidel Castro vorbehalten, in seiner Rede vor der UNCED die Bedeutung der ungerechten Weltwirtschaftsordnung und der Armut für die ökologischen Probleme in den Raum zu holen; an den Kräfteverhältnissen änderte das nichts.

Der Norden setzte sich auf der Konferenz in fast allen Punkten durch. Die Klimakonvention blieb unverbindlich und vage. (Bush unterzeichnete sie trotzdem nicht.) Die *Agenda 21*, ein 40-Punkte-Programm, klammerte die Fragen einer veränderten Welthandels- und Weltwirtschaftsordnung ebenso aus wie die Rolle der multinationalen Konzerne. Von Begrenzungen und Konsummustern im Norden war wenig die Rede, viel dagegen von den segensreichen Möglichkeiten verbesserter Technologien. Vor allem aber gaben die Agenda 21 und die Konvention zur Biodiversität grünes Licht für die neuen ökologischen Steckenpferde der Industrieländer und ihrer High-Tech-Industrien: Gen- und Biotechnologien wurden ausdrücklich als Umweltschutztechnologien anerkannt. Während die natürlichen Reichtümer ab sofort als „gemeinsames Menschheitserbe" galten, wurden für die wissenschaftlich-technischen Verfahren ausdrücklich „intellektuelle Eigentumsrechte" garantiert. Im Klartext: Indien kann den Konzernen des Nordens nicht verbieten, seine Pflanzenarten zu analysieren, zu katalogisieren und gentechnologisch mit ihnen zu experimentieren. Wenn diese Konzerne jedoch das Ergebnis dieser Forschungen zu Geld machen, sind ihre Patente auf die entdeckten pharmazeutischen Wirkstoffe oder auf manipuliertes Saatgut geschützt, und alle Welt muß dafür zahlen.

Der Stern der nachhaltigen Entwicklung aber leuchtete über allem. Freier Zugang zu allen natürlichen Ressourcen; verbesserte Technologien als Königsweg zu weniger Umweltbelastung; Reduktionsziele, aus denen man sich durch diese Technologien tendenziell freikaufen konnte; und Schutz der Profite, die sich mit diesen Technologien machen ließen – das waren die vier Eckpfeiler dessen, was Rio '92 unter nachhaltiger Entwicklung verstand. Sie war kein Lippenbekenntnis, wie häufig kommentiert wurde. Sie ist ein weltpolitisches Programm, dessen Umrisse in Rio deutlich hervortraten: ein Programm, das die Vorherrschaft und den Reichtum des Nordens und seiner Eliten unter den Bedingungen der ökologischen Krise nicht nur retten, sondern ausbauen soll.

Einer, der hätte dabeisein sollen, blieb zu Hause und sah sich die Konferenz am heimischen Fernseher an. Ripa di Meana, der Umweltbeauftragte der Europäischen Gemeinschaft, stornierte sein Ticket nach Rio, als die Vorbereitungen der Konferenz erkennen ließen, daß die Schlußdokumente in Verbeugung vor den USA und der Triade von allen substantiellen Verpflichtungen gereinigt wurden. Von den NGO-VertreterInnen auf dem Global Forum zogen ebenfalls einige die Konsequenz, daß das NGO-Treffen zwar nett und anregend war, aber den Aufwand nicht rechtfertigte, und blieben bei den folgenden UN-Konferenzen ebenfalls daheim. Die hinfahren, wissen, was sie erwartet. Rio hat den derzeitigen UN-Prozeß zur Kenntlichkeit verändert. Man muß diesen Hintergrund im Auge behalten, wenn man die Auseinandersetzung um das Konzept der nachhaltigen Entwicklung, die seither überall stattfindet, richtig bewerten will. Diese

Auseinandersetzung findet nicht im luftleeren Raum statt. Es gibt einen äußeren Rahmen, eine konkrete weltpolitische Situation, in der das Konzept der Nachhaltigkeit seinen Platz hat.

Literatur

Enzensberger, Hans-Magnus: Zur Kritik der politischen Ökologie. In: Kursbuch 33, Berlin 1973.

Mármora, Leopoldo: Ökologie als Leitbild der Nord-Süd-Beziehungen. Club of Rome – Brundtlandkommission – „Erdpolitik". In: Peripherie 39/40, Berlin 1990.

Middleton, Neil – O'Keefe, Phil – Moyo, Sam: Tears of the Crocodile. From Rio to Reality in the Developing World. London – Boulder (Col.) 1993.

Das Brunei-Prinzip

Brunei ist ein Zwergstaat auf der Insel Borneo (Kalimantan), der Rest des ehemaligen Königreiches Borneo. Während der überwiegende Teil von Borneo heute zu Malaysia und zu Indonesien gehört, blieb Brunei britische Kolonie und wurde erst 1984 unabhängig. Brunei ist reich, denn es sitzt auf Erdöl, das es hauptsächlich nach Japan verkauft. Brunei ist autoritär; nachdem Wahlen eine Mehrheit für die malaysische Partei ergaben, die für den Anschluß Bruneis an Malaysia eintrat, wurde die Verfassung vom Sultan gleich wieder außer Kraft gesetzt. Brunei ist eine Dienstleistungsgesellschaft, die vom Konsum des Hofes im Takt gehalten wird. Der Lebensstandard ist relativ hoch; die schmutzigen und schlechtbezahlten Arbeiten werden von ausländischen ArbeitsmigrantInnen ohne rechtlichen Status erledigt.

Das Staatsterritorium von Brunei ist etwa zwölfmal so groß wie Wien oder Bremen. Im Northern Territory Australiens besitzt Brunei (genaugenommen der Sultan) Land, das etwa eineinhalbmal so groß ist wie Brunei selbst. Auf diesen Ländereien züchtet Brunei seine Steaks. Dort befinden sich ausschließlich Rinderfarmen, die das Fleisch liefern, das Bruneis Hof und Oberschicht verzehren. Auch sonst importiert Brunei so ziemlich alles, was man essen oder anderweitig konsumieren kann. Gut drei Viertel des Nahrungsmittelverbrauchs kommen aus dem Ausland, mit den verarbeiteten Konsumgütern sieht es nicht viel anders aus. Geld ist ja da.

Es ist einleuchtend, daß nicht alle Staaten so leben können wie Brunei. Man bräuchte sonst eine Parallelwelt, auf der all das wächst, was auf der Brunei-Erde verzehrt wird. Einen riesigen Rindermond sozusagen, eineinhalbmal so groß wie die Erde. Trotzdem gibt es eine ganze Reihe von Staaten, die es genau so machen: alle nördlichen Industriestaaten. Dieser privilegierte Club von Super-Bruneis konsumiert in großen Zügen die Flächen und die Arbeit der anderen. Die Europäische Union (das „Europa der Zwölf") benutzt für ihre agrarische Versorgung eine *zusätzliche* Fläche außerhalb ihres eigenen Staatsgebietes, die so groß ist wie die gesamte fruchtbare Landfläche von Venezuela, Kolumbien, Ekuador, Panama und Guayana zusammen. Das ist die Fläche, die notwendig ist, um den agrarischen Nettoimport der EU (Nahrungsmittelimporte minus Nahrungsmittelexporte) hervorzubringen. Für Japan sieht die Situation ähnlich aus.

Die USA sind zwar der größte Weizenexporteur der Welt; letztlich ist dies aber ebenfalls nur ein Kniff, um sich unterm Strich Flächen und Arbeit anderer anzueignen. Die Länder Zentralamerikas und der Karibik beziehen den überwiegenden Teil ihres Weizens aus den USA, im Gegenzug aber wird über die Hälfte ihrer landwirtschaftlichen Nutzfläche für den Export genutzt, vorwiegend für den nordamerikanischen Markt.

Die Reichen essen vorzugsweise von den Tellern und Feldern der Armen. Sie durchpflügen großräumig deren Land auf der Suche nach mineralischen Rohstoffen und fossilen Energieträgern. Sie kaufen sich mit einem halben Stündchen Arbeit Dutzende Kulis in der Dritten Welt, die eine Woche lang schuften, um Radios oder Computer zu bauen, Kleidung zu nähen oder Spielzeug zu basteln.

In der ökonomischen Diskussion wird viel Scharfsinn darauf verwandt, diesen Tatbestand zu verschleiern. Gerne wird darauf hingewiesen, daß über die Hälfte des Welthandelsvolumens auf den Handel *zwischen* den nördlichen Industriestaaten entfällt, gut doppelt so viel wie auf den Handel zwischen Dritte-Welt-Ländern und nördlichen Industriestaaten. Diese Proportion verschärft sich in den letzten Jahren sogar noch, es wird das Gespenst der Zwangsabkopplung beschworen: eine Verelendung der ehemaligen Entwicklungsländer gerade dadurch, daß sie zuwenig ausgebeutet werden. Es ist aber kein Zufall, daß alle diese Statistiken mit Prozentzahlen arbeiten und nicht mit Nominalwerten. Dann wäre nämlich zu erkennen, daß, ungeachtet des stärkeren „Binnenhandels" innerhalb der Triade, der Umfang des Handels zwischen Dritter Welt und nördlichen Industriestaaten absolut gesehen immer noch zunimmt. Und was will man mehr? Die Zunahme liegt auch höher, als die absoluten Zahlen erkennen lassen. Denn das Handelsvolumen wird dabei in Geld ausgedrückt: tausend schlechtbezahlte Tonnen Erz oder Bananen sehen in der Bilanz „kleiner" aus, während ein hochbezahlter Chip ein „riesiges" Volumen darstellt.

Man kann die zunehmende Dominanz des innernördlichen Handels also auch so sehen: Der Norden muß immer aufwendiger und arbeitsteiliger operieren, immer größere Stoffströme umwälzen, um noch weitere Natur- und Arbeitspotentiale des Südens zu sich zu lenken. Der Aufwand steigt stärker als das Ergebnis. Aber noch funktioniert es. Trotz ökologischer Krise und wachsender Verelendung ist der Transfer vom Süden in den Norden noch nicht rückläufig; nur das Tempo, in dem er weiter zunimmt, ist langsamer geworden.

Die Bruneisierung der Welt, der Tausch Natur gegen Reichtum, schreitet fort. Die Rindermonde werden entsprechend unbewohnbarer, nur daß sie nicht irgendwo im All liegen, sondern in den Ländern des Südens. Einige Rindermonde erwecken hin und wieder den Anschein, als würden sie nicht mehr liefern oder jedenfalls weniger. Weil sie ökologisch kaputt sind oder weil die Menschen kaputt sind oder weil die Leute versuchen, die Rinder aufzuessen statt zu liefern. Oder weil das leitende Farmpersonal versucht, selbst ein bißchen Brunei zu spielen. Das alles gilt dann tatsächlich als ein Problem. Es ist das Problem schlechthin, mit dem sich nachhaltige Entwicklung befaßt.

Es ist das Verdienst von *Friends of the Earth*, eine Darstellungsform für den alltäglichen Bruneismus gefunden zu haben. Während die Weltprominenz 1992 auf der UNCED in Rio tagte, schloß eine Arbeitsgruppe von *Milieudefensie*, der niederländischen Sektion von Friends of the Earth, eine Studie ab mit dem Titel *Sustainable Netherlands – Aktionsplan für eine nachhaltige Entwicklung der Niederlande*. Die AutorInnen dieser Studie waren unzufrieden mit der Folgenlosigkeit des internationalen Konferenzzirkus, der sich mit pauschalen Absichtserklärungen begnügte, daß alle sich irgendwie ökologisch mehr anstrengen wollten. Sie wollten herausfinden, was es konkret bedeuten würde, wenn ihr eigenes Land sich wirklich „nachhaltig" verhielte.

Die Studie von *Milieudefensie* beruhte auf dem Konzept des *Umweltraums*. Wenn man sich die natürlichen Ressourcen der Welt als einen großen Kuchen vorstellt, der unter den Staaten und ihrer Bevölkerung verteilt wird, dann nehmen sich gemäß dem Brunei-Prinzip einige Staaten ziemlich große Stücke, so daß für viele andere wenig übrigbleibt. Diesen Kuchen bezeichneten die AutorInnen als Umweltraum. Sie fragten: Wenn die Niederlande sich nur ein so großes Stück vom Kuchen nähmen, wie es ihrem Anteil an der Weltbevölkerung entspricht – was würde das bedeuten? Könnten die Niederlande so leben? Was wäre dafür notwendig?

Um diese Aufgabe zu lösen, braucht man zunächst eine Vorstellung davon, wie groß der Kuchen ist. Der Kuchen soll ein nachhaltiger Kuchen sein, das heißt, er soll auf einem Gesamtverbrauch natürlicher Ressourcen beruhen, der keine Wechsel auf die Zukunft zieht und die Speisekammer nicht derart ruiniert, daß die Kuchen von Jahr zu Jahr kleiner werden. Der Kuchen besteht aus vielen Zutaten, deren vertretbare Menge ebenfalls begrenzt ist und die einander nicht beliebig ersetzen können. Ein sparsamer Umgang mit den fossilen Energieträgern nützt nichts, wenn gleichzeitig die Bodenfläche so übernutzt wird, daß sie durch Erosion, Versalzung, Versauerung oder was auch immer dauerhaft geschädigt wird. Die vorsichtige Einteilung der mineralischen und biologischen Ressourcen reicht nicht aus, wenn auf der anderen Seite so viele Schadstoffe freigesetzt werden, daß die globale Erwärmung (Treibhauseffekt) oder die Verdünnung der Ozonschicht (Ozonloch) weiter voranschreiten und das Überleben gefährden. Der Kuchen muß in seinen einzelnen Bestandteilen nachhaltig sein. Und wer abwägen will, wie groß sein gerechtes Stück vom Kuchen ist, muß berücksichtigen, daß die Zahl der Esser weltweit im Steigen begriffen ist, und zwar weltweit sehr ungleichmäßig. Was im Jahr 1992 ein gerechtes Stück ist, kann zwanzig Jahre später schon eine überzogene Anmaßung sein.

Die AutorInnen von *Sustainable Netherlands* wählten als Zeithorizont das Jahr 2010. Für diesen Zeitpunkt schätzten sie die Zahl der Weltbevölkerung und den Zustand der natürlichen Ressourcen. Zwanzig Jahre schienen ihnen ein Zeitraum, innerhalb dessen grundlegende Umstellungen in der Wirtschafts- und Lebensweise greifen könnten – und andererseits auch mußten, wenn die schleichende Kuchenverkleinerung durch Umweltzerstörung ihre Berechnungen nicht zur Farce machen sollte. Für einen solchen Zeitraum ließen sich die Eckdaten von Umwelt- und Bevölkerungsentwicklung noch einigermaßen abschätzen. Schließlich wählten die AutorInnen auch sehr bewußt einen Zeitrahmen, der die „parlamentarische Lebensdauer" heutiger PolitikerInnen nicht allzuweit überschritt: Wer läßt sich schon für eine Politik gewinnen, deren Erfolge definitiv außerhalb seiner eigenen politischen Karriere liegen?

Es stellte sich heraus, daß der Kuchen des Jahres 2010 schon um einiges kleiner sein würde als der heutige, selbst wenn einige dringende umweltpolitische Maßnahmen bereits heute eingeleitet werden. Das gerechte Stück vom Kuchen, das sich aus seiner geschätzten Größe und dem Anteil der Niederlande an der Weltbevölkerung des Jahres 2010 ergab, nannten die AutorInnen *nationalen Umweltraum*. Aufgrund der Zutaten-Regel, nach der die Bestandteile des Kuchens auch einzeln nachhaltig genutzt und gerecht verteilt werden müssen, definierten sie gleich eine ganze Reihe von nationalen Umwelträumen: einen für Energie; einen für nicht erneuerbare Rohstoffe (Metalle, fossile Kohlenstoffe wie Erdöl und Erdgas, Baurohstoffe et cetera); einen für agrarische Produktion; einen für Holz (sprich Waldnutzung); einen für Wasser. Die Größenordnung dieser nationalen Umwelträume berücksichtigte nicht einfach die höchstmögliche Produktion, sondern sollte die Menge ausdrücken, die mit vertretbaren Schadstoffemissionen, Abfällen und sonstigen Umweltbelastungen noch erzielt werden kann.

Da brauchbares Wasser nicht beliebig weltweit herumtransportiert werden kann, berechneten die AutorInnen den nationalen Umweltraum für Wasser ausschließlich auf der Grundlage der Wassermenge, die in den Niederlanden selbst zur Verfügung steht. Den Umweltraum für Holz berechneten sie auf der Grundlage der Waldbestände, die der eurasische Kontinent (die Landfläche von Europa plus Asien) liefern kann: Auch Holz sollte in einem ökologisch vernünftigen Zukunftskonzept nicht beliebig zwischen den Kontinenten verschifft werden. Die übrigen Umwelträume wurden auf der Grundlage kalkuliert, daß die Niederlande sich – innerhalb der Grenzen ihres fairen Anteils – frei aus dem gesamten Weltmarkt versorgen sollten, also nicht gebunden daran, ob die betreffenden Rohstoffe zum Beispiel in den Niederlanden oder auf dem europäischen Kontinent überhaupt vorkommen. Die Nutzung von Kernenergie schlossen die AutorInnen für diese Zukunft aus, da diese Form der Energiegewinnung aufgrund ihrer unkalkulierbaren Risiken in einem ökologischen Zukunftsszenario nichts zu suchen hatte. Gentechnologische Innovationen, also mutmaßliche Ertragssteigerungen durch Design-Pflanzen als neue Hochertragssorten, lehnten sie nicht rundheraus ab, machten sie aber nicht zur Grundlage ihrer Schätzungen.

Was waren also die Grenzen, innerhalb derer sich eine nachhaltige Welt des Jahres 2010 – eine ent-bruneisierte Welt für 7 Milliarden Menschen und für 16,5 Millionen NiederländerInnen – zu bewegen hatte?

Im Jahr 2010 stehen, ökologische Sofortmaßnahmen und das Prinzip der gleichmäßigen Verteilung vorausgesetzt, jedem Menschen auf der Welt etwa 0,25 Hektar *Ackerfläche* zur Verfügung – also ein Areal von 50 mal 50 Metern zum Anbau von Nutzpflanzen. (Diese Schätzung entspricht ungefähr dem, was auch Lester Browns Worldwatch Institute oder Meadows/Meadows/Randers in *Die neuen Grenzen des Wachstums* errechnen.) Davon sind 0,19 Hektar erforderlich, um das notwendige Grundnahrungsmittel-Paket für eine gesunde Ernährung hervorzubringen; 0,06 Hektar stehen dann für weitere Verwendungsarten zur Verfügung. Zum Beispiel benötigen die Niederlande auf dem heutigen Stand zirka 0,01

Hektar pro Kopf, auf denen Baumwolle für Textilien angebaut wird, und 0,032 Hektar für Genußmittel wie Kaffee, Tee, Kakao oder Südfrüchte. Was dann noch übrig ist – 0,018 Hektar, also eine Nutzfläche von 13,5 mal 13,5 Metern Acker pro Person –, darauf könnten dann agrarische Rohstoffe für die Industrieproduktion angebaut werden oder Ersatzprodukte für synthetische Rohstoffe oder Viehfutter oder Biomasse für die Energieproduktion. Viel ist das allerdings nicht.

Ferner stehen 2010, gleiche Voraussetzungen wie oben, jedem Menschen weltweit 0,44 Hektar *Weidefläche* zur Verfügung. Auch davon sind wiederum 0,13 Hektar notwendig für das persönliche Grundnahrungsmittel-Paket, in diesem Fall, um 30 Gramm Fleisch und zwei Drittel Liter Milch pro Tag zu erzeugen. (Selbstverständlich kann sich das Grundnahrungsmittel-Paket kulturell und individuell sehr unterschiedlich zusammensetzen; es geht nur um eine Schätzung dessen, was für eine ausreichende Ernährung erforderlich ist.) Auf der verbleibenden Fläche kann man ebenfalls Vieh weiden lassen, sie für Naturschutzziele freilassen oder für Fußballstadien nutzen oder was immer. Da ein erheblicher Teil des weltweiten Weidelandes ökologisch sensible Flächen sind, sind die Möglichkeiten sehr begrenzt, diese Flächen für Biomasse-Produktion oder andere Pflanzenerzeugungen zu verwenden.

Jeder Erdbewohner könnte 2010, wenn es gleichverteilt zugeht, 0,4 Kubikmeter *Holz* pro Jahr verbrauchen. Das ist viermal soviel, wie heute Menschen in der Dritten Welt verbrauchen, aber nur ein Drittel dessen, was Menschen in den Industriestaaten heute verbrauchen (die Hälfte davon für Papier und Karton, die andere für Bauholz, Möbel et cetera).

Kritischer sieht es im *Energiebereich* aus. Die Verbrauchsgrenzen des niederländischen Modells ergaben sich weniger aus der Begrenztheit der Lagerstätten von Erdöl und Erdgas, wie in den 70er Jahren befürchtet. Das größere Problem stellt die begrenzte Aufnahmefähigkeit der Erdatmosphäre für Kohlendioxid (CO_2) dar, das bei Energiegewinnung durch Verbrennung unabdingbar freigesetzt wird. CO_2-Anhäufung in der Atmosphäre führt zur verstärkten „Isolierung" der Erde: Während das Sonnenlicht die Erde weiterhin erwärmt, vermindert sich die ausgleichende Wärmeabstrahlung der Erde durch den CO_2-Wintermantel („Treibhauseffekt"). Die Folge ist langfristiger Temperaturanstieg. Für die Energiegewinnung, die nicht durch Verbrennung erfolgt, existiert dieses Problem nicht. Die Nutzung von Sonnenenergie, Wind- und Wasserkraft und Erdwärme produziert kein CO_2; auch nicht die Energiegewinnung durch Biomasse, bei der die Gase von „verkompostierenden" Pflanzen über Turbinen geleitet werden und dadurch Strom erzeugen.

Das Problem des Treibhauseffekts wurde lange bagatellisiert. Deutsche Industrievertreter priesen sogar die wohltuende Wirkung globaler Erwärmung, wenn man eines Tages auch in der ehemaligen Sowjetunion Südfrüchte und Weizen in Sibirien anbauen könnte. Tatsache ist aber, daß durch Abschmelzen der Polkappen und Anstieg des Meeresspiegels die flachen Küstenregionen der Welt, von deren Produktivität die Ernährung eines Fünftels der Erdbevölkerung mehr oder weniger direkt abhängt, von Überflutung bedroht sind und daß die Geschwindigkeit der Erwärmung zu klimatischen Katastrophen (Stürme, Flutwellen) führt. *Sustainable Netherlands* geht von einer maximal vertretbaren Erwärmung von 0,1° C pro Jahrzehnt aus – im Gegensatz zu einer Erwärmung um 0,3° C pro Jahrzehnt, die nach dem derzeitigen CO_2-Ausstoß zu erwarten sind. Daraus ergibt sich: 1,7 Tonnen CO_2-Emission pro Person und Jahr sind langfristig die Grenze des Machbaren. Der/die durchschnittliche NiederländerIn pulvert heute aber 11 Tonnen pro Jahr in die Atmosphäre: sechseinhalbmal soviel. Als Ziel bis 2010 wurde eine 60prozentige Reduzierung der CO_2-Emission angesetzt, die dann immer noch das Zweieinhalbfache des langfristig Zulässigen beträgt. Bis zum Jahr 2030 müßte dann eine nochmalige Reduzierung um weitere 25% des heutigen Verbrauchs folgen, damit die Niederlande auf dem Niveau der vertretbaren 1,7 Tonnen CO_2-Ausstoß angelangt wären.

Für die *nichterneuerbaren Rohstoffe* kam *Sustainable Netherlands* zu dem Schluß, daß im Bereich der Metallerze kaum Alternativen zu einer weitestgehenden Wiederverwertung im Rahmen eines Kreislaufsystems bestünden – vor allem wegen des Energieaufwands für die Förderung und die Transporte, aber auch wegen der Grundvoraussetzung, daß nichterneuerbare Rohstoffe aufgrund endlicher Vorkommen auf einen möglichst langen Zeitraum gestreckt werden sollten. Die fossilen Kohlenstoffe (Erdöl, Erdgas) als Brennstoffe zu verfeuern, ist problematisch, da sie als Rohstoffe für chemische Erzeugnisse benötigt werden. Ein Ersatz sämtlicher chemischen Fasern und Erzeugnisse durch Produkte aus agrarischen Rohstoffen ist nur eingeschränkt möglich, da die Fläche für agrarische Produktion, wie erwähnt, begrenzt ist. Eine langfristig verantwortbare Nutzung muß daher auf alternative Energiequellen setzen und einen reduzierten Verbrauch von Kohlenstoffprodukten mit einem teilweisen Ersatz durch agrarische Rohstoffe kombinieren.

Was bedeutete das alles zusammengenommen? Die natürlichen Ressourcen der Erde würden auch im Jahr 2010 prinzipiell ausreichen, um die Grundbedürfnisse einer auf 7 Milliarden angewachsenen Weltbevölkerung zu decken. Die Bevölkerung der Niederlande könnte mit ihren nationalen agrarischen Ressourcen nur schlecht auskommen. Sie könnte aber innerhalb ihres gerechten Anteils am globalen Umweltraum, also unter maßvoller Nutzung von Flächen im Ausland, zufriedenstellend wirtschaften, ohne in eine Steinzeit-Produktion zurückzufallen. Konsumptive Einschränkungen im Fleischverbrauch und bei der individuellen Mobilität wären notwendig. Die AutorInnen prägten die Faustregel, „ein Liter Benzin pro Person und Tag" sei möglich, und rechneten dem internationalen Umwelt-Jet-set in Rio vor, eine Flugreise von 5.000 Kilometern käme für jede Person zirka einmal in zehn Jahren in Frage.

Die Einschränkungen im Energieverbrauch ließen sich zu einem erheblichen Teil über *technologische Verbesserungen* der Wärmenutzung und Wärmedämmung realisieren, würden aber auch Einschränkungen bei der Industrie und damit auch bei der Menge verfügbarer Konsumgüter erfordern. Würden im Bereich der Produktionsprozesse, der Wohnungsheizung, der Kraftfahrzeugantriebe und der elektrischen Hausgeräte die technischen Maßnahmen für Energiesparen angewendet, die heute bereits auf dem Markt erhältlich sind, würde dies eine Reduzierung der CO_2-Emission um 26% bringen. Eine Reihe *struktureller Maßnahmen* – Reduzierung des Kunstdüngerverbrauchs, der Kraftfahrzeug- und Flugzeugstrecken, konsequentes Recycling, Verzicht auf Einwegverpackungen und einen erheblichen Teil der „Wegwerfpresse", also Werbeflugsendungen und so weiter – würde weitere 24% Einsparung ermöglichen, zusammen also 50% weniger CO_2-Emission. Diese Maßnahmen reichen also noch nicht aus, sondern müßten um *reale Schrumpfungsprozesse* in besonders energieintensiven Industriezweigen (und also auch beim Konsum dieser Güter) ergänzt werden: das beträfe insbesondere die Aluminium-Industrie, die Stahlindustrie, die chemische Industrie und den in den Niederlanden allgegenwärtigen Treibhaus-Anbau.

Die Umstellung auf dauerhafte Energiequellen, die langfristig den entscheidenden Beitrag zur CO_2-Reduzierung liefern müßten, könnte bis 2010 nämlich kaum greifen: Gerade einmal 4% des gegenwärtigen – beziehungsweise 10% des reduzierten Energieverbrauchs 2010 – könnten bis dahin durch Alternativenergien gedeckt werden. Der Einsatz von passiver Sonnenenergie im Wohnungsbau beispielsweise (also verminderter Heizungsbedarf durch Nutzung direkter Sonneneinstrahlung) kommt erst im Zuge von Neubauten zum Tragen.

Die nachhaltigen Niederlande 2010 wären, so *Sustainable Netherlands*, ein Land, in dem die Lichter nicht ausgehen müßten. Sie wären ein Land, in dem mehr Menschen in der Landwirtschaft tätig wären, in dem es nur sehr wenig Wegwerf-Konsumgüter gäbe, aber durchaus eine industrielle Produktion für langlebige Güter. Modische Kleidung, gutes Essen, Fernsehen, Bücher, Kino und dann und wann eine Spritztour ins Grüne wären nicht verboten. Keineswegs müßten die Menschen, in Felle gehüllt, über unbeleuchtete Dorfstraßen schlurfen, um im Schein einer Kerze an harten Brotkanten zu nagen. Sie würden ganz „modern" leben, vermutlich mit einer verkürzten Arbeitszeit an ihren Arbeitsstätten und mehr Eigenarbeit in ihrer Freizeit. Ihr individueller Wohnraum dürfte nicht weiter zunehmen, aber er müßte auch nicht kleiner werden. Sie würden weniger Fleisch essen, müßten auf elektrische Wäschetrockner, Klimaanlagen und Wasserbetten verzichten und öfter mit öffentlichen Verkehrsmitteln fahren; aber sie könnten durchaus rauchen und Kaffee trinken.

Das war die entscheidende Botschaft der Studie. Die Industrieländer könnten sich nicht herausreden: Nachhaltiges Wirtschaften war machbar. Eine Lebensweise, die nicht mehr exzessiv auf Kosten der Lebensbedingungen der Dritten Welt ging, erlaubte auch für die Industrieländer offenkundig eine ganz passable Lebensqualität und verlangte nicht den Verzicht auf kulturelle Errungenschaften.

In gewisser Weise war dies ein merkwürdiges Ergebnis. Ist der heutige verschwenderische Ressourcenverbrauch der Industrieländer nur ein Ergebnis von Gedankenlosigkeit und schlechter Technik? Das erscheint schwer vorstellbar.

Lassen wir uns noch ein Stück weit auf das Projekt von *Milieudefensie* ein. Die AutorInnen waren sich im klaren, daß der von ihnen skizzierte Umbau drastische Folgen für eine ganze Reihe von *Wirtschaftszweigen* hätte. Das Agrobusineß und die Nahrungsmittelindustrie würden massiv schrumpfen; ebenso der Transportsektor; die Automobilindustrie einschließlich LKW-Bau. Die chemische Industrie (Kunstdüngerherstellung, Petrochemie), die Elektroindustrie (Haushaltsgeräte) und die Metallindustrie (Aluminium, Stahl) würden ihre Kapazitäten ebenfalls verkleinern müssen. Alle diese Industriezweige hätten mit mittel- und langfristigen Umsatzeinbußen im Inland zwischen 30 und 60% zu rechnen. Andererseits würden andere Industriezweige einen Aufschwung nehmen. Der gesamte Reparatursektor einschließlich Handwerk würde profitieren. Die Kreislaufwirtschaft würde ganz neue Industriezweige hervorbringen, die mit Recycling oder mit der Entwicklung leicht demontierbarer/wiederverwertbarer Geräte beschäftigt wären. Die Energiewirtschaft würde sich auf dauerhafte Energiequellen und den gesamten Bereich der technischen Energieberatung verlegen können. Überhaupt wäre keineswegs gesagt, daß sich mit dauerhaften (und natürlich teureren) Produkten nicht ebensogut Geld verdienen läßt – bei sinkendem Umsatz, aber dann eben auch höheren Profitraten.

Die *sozialen Konsequenzen* ließen die AutorInnen bewußt offen. Die angestrebte Umgestaltung erforderte eine gewisse Egalität der nationalen Sozialstruktur. Insbesondere die Berechnungen des Flächenverbrauchs beruhten ja auf durchschnittlichen Konsummustern nahe der Grundversorgungsgrenze; wenn einige sehr viel verbrauchten, würden andere entweder unter das Existenzminimum gedrückt – oder aber die Gesamtberechnungen würden durchkreuzt werden. Auch in den nachhaltigen Niederlanden würde es jedoch Arme und Reiche geben. Die Reichen würden sich mehr privaten Umweltraum kaufen können: mehr Konsumgüter, mehr Energieverbrauch, mehr Autokilometer. Andere würden für sie mitsparen. Die nachhaltigen Niederlande wären eine Gesellschaft, die sehr wohl patriarchal und rassistisch strukturiert sein könnte, mit viel unbezahlter Frauenarbeit und viel schmutziger Industrie- und Landwirtschaftsarbeit für Schlechtqualifizierte und MigrantInnen. An diesen Punkten waren die AutorInnen schlicht ehrlich: Wer mehr soziale Gerechtigkeit wollte, mußte das politisch begründen, aus der Ökologie konnte er es nicht ableiten.

Die AutorInnen ließen auch offen, welche *Instrumente* geeignet und erforderlich wären, ihr Konzept durchzusetzen. Sie forderten dafür die politische Diskussion der gesellschaftlichen Organisationen ein. Zweifellos müßten die nachhaltigen Niederlande über ganz andere strukturelle Möglichkeiten der Regulierung verfügen. Kreislaufwirtschaft, Energiesparmaßnahmen, Umstellung der Landwirtschaft ließen sich noch einigermaßen im Rahmen traditioneller (wenn auch einschneidender) Gesetzgebung durchsetzen. Darüber hinaus wären allerdings weitere staatliche

Kompetenzen erforderlich, die über das heute Mögliche weit hinausgehen. Eine strikte Kontrolle der Außenwirtschaft bis hin zu weitestgehenden Importschranken wäre notwendig, um überzogenen Rohstoffimport zu verhindern und den nationalen Strukturwandel nicht durch Billigimporte außer Kraft zu setzen. Die Niederlande müßten die Maastricht-Verträge kündigen, aus der EU austreten und auch ihre Mitgliedschaft im GATT, dem internationalen Freihandelsabkommen, beenden, sofern nicht eine EU-weit ähnliche Nachhaltigkeitspolitik betrieben würde. Die Kontrolle der einheimischen Wirtschaft müßte sehr detailliert sein und wenn nicht direkte Eingriffe, so doch ein sehr enges Netz von umweltpolitischen Steuerungsmaßnahmen gesetzlich festschreiben.

Verweisen wir das nicht vorschnell ins Reich des Unmöglichen. Auch die wohlfahrtsstaatliche Sozialpolitik hat den kapitalistischen Staat tiefgreifend verändert, ohne ihn abzuschaffen. Eine tiefgreifende staatsökologische Reform der Wirtschaft, auch wenn sie starke Interessen massiv beschneidet, ist zumindest vorstellbar. Wir können nicht ausschließen, daß wir erhebliche Schritte in diese Richtung tatsächlich erleben werden.

Und dennoch wären die nachhaltigen Niederlande nicht nachhaltig. Sie wären weiterhin Heimat von multinationalen Konzernen, deren weltweite Operationen den globalen Umweltraum verwüsten, ohne in der nationalen Stoffstrombilanz überhaupt aufzutauchen. Die nachhaltigen Niederlande wären weiterhin Teil eines militärischen und wirtschaftlichen Bündnissystems, das den Zustrom strategischer Rohstoffe und billiger Arbeit mit Mitteln der Intervention und des Wirtschaftskriegs betreibt, die alles andere als nachhaltig sind. Der abgefederte Ökosozialstaat wäre weiterhin verantwortlich für internationale Geschäfte, die weltweit Abhängigkeit, Verelendung und ökologische Destruktion verursachen. Die niederländische Gesellschaft hätte, gestützt auf ein paar Jahrhunderte internationaler Ausbeutung und den daraus erwachsenen Vorsprung an Technologie und Akkumulation, ihr Schäfchen ins Trockene gebracht. Sie würde die eigene Bedrohung durch weltweit wirkende Umweltentgleisungen (Treibhauseffekt, Ozonloch, Rohstoffknappheit) in den Griff bekommen und ihre Rolle in der internationalen Arbeitsteilung künftig nicht mehr über verschwenderische Stoff- und Energieströme absichern, sondern über technologische Dominanz und eine „dematerialisierte" Vorherrschaft. Sie wäre nicht mehr protziger Flugzeugträger, sondern intelligente Kommandozentrale.

Dies ist kein äußerlicher, zusätzlicher Aspekt. Er berührt die Grundkonstruktion der Gesellschaftsentwicklung, wie sie *Sustainable Netherlands* projektiert. Die nachhaltigen Niederlande kontrollieren zwar ihren Eigenverbrauch an globaler *Natur*, sie bauen aber nach wie vor auf dem Zustrom billiger internationaler *Arbeit*. Ihre intelligente, schlanke Produktionsweise würde mit Computern arbeiten, die in Zwölfstundentagen in Fernost für ein paar Gulden zusammengeschraubt werden – auch wenn das Material aus niederländischem Recycling stammt. Die ökologisch rationalisierte Landwirtschaft und Konsumgüterindustrie der Niederlande würde mit Maschinen und Treibstoffen betrieben, deren Herstellung beziehungsweise Förderung auf Niedriglöhnen anderswo beruht. Anderenfalls würde die in den Niederlanden zur Verfügung stehende Arbeitskraft kaum für beides reichen: für die Erarbeitung einer ökologisch verantwortlichen Selbstversorgung *und* für die Aufrechterhaltung des Militärs, der High-Tech-Entwicklung, der supermodernen Exportindustrie im Bereich von Informations- und Biotechnik, der ausschweifenden Dienstleistungsapparate für die internationalen politischen Kontrollagenturen.

Dem Gesellschaftsprojekt von *Milieudefensie* ist oft entgegengehalten worden, es sei nicht *möglich*. Diese Kritik geht am Kern der Sache vorbei. Sicher ist eine Reihe sehr optimistischer Annahmen in die Studie eingeflossen, was die AutorInnen auch zugeben. Sicher wäre zur Umsetzung dieses Projektes eine grundlegende Ausdehnung staatlicher Regulierung und Wirtschaftskontrolle notwendig. Aber all das ist denkbar. Zweifellos wären die nachhaltigen Niederlande auch kein Staat, der ökologisch innerhalb seiner Grenzen bliebe, sondern würden sich weiterhin weltweit ökologisch bedienen, wenn auch innerhalb eines „gerechten Anteils". Und sie wären auch national gewiß noch kein ökologisches Paradies. Aber das spielt keine Rolle: Gegenüber der heutigen Situation wäre die Veränderung massiv und ein Grund zum Aufatmen.

Das Unheimliche der nachhaltigen Zukunft liegt gerade in ihrer Möglichkeit – und in der Frage: *Wer atmet denn auf?* Die Antwort ist einfach: die NiederländerInnen. Jedenfalls deren Ober- und Mittelschicht, mit Ausnahme derer, die mit den abzuspeckenden Altindustrien verbunden sind. Oder, wenn das Projekt verallgemeinert gedacht wird, Europa. Oder die Ober- und Mittelschichten der nördlichen Industriestaaten überhaupt. Für den Rest ist das Hemd näher als der Rock, sind Enteignung, Vergiftung, Vertreibung, Unterdrückung und Hunger von weit direkterer Bedeutung als Treibhauseffekt und Ozonloch. Für manche ihrer Probleme könnte der nachhaltige Norden etwas Entspannung bringen, etwa durch den verringerten Flächenverbrauch für den nördlichen Konsum. Am zerstörerischen Zugriff auf Umwelt, Leben und Arbeit würde sich aber nichts Prinzipielles ändern. Und in gewisser Weise gilt dies auch, wie wir sehen werden, für die Bevölkerung des Nordens selbst – für uns.

Es geht nicht nur um Natur, sondern auch um Arbeit. Es geht nicht nur um Verbrauch, sondern auch um Herrschaft und Dominanz. Die entscheidenden Weichenstellungen für die ökologische Zukunft fallen in diesem Bereich, sie stehen in engem Zusammenhang mit den Macht- und Herrschaftsverhältnissen. Und in diesem Bereich verzweigen sich die Wege zwischen der kapitalistischen Systemabsicherung durch ökologische Modernisierung und einer tatsächlichen Veränderung der gesellschaftlichen Naturverhältnisse.

Sustainable Netherlands ist ein Gedankenexperiment, das uns zum Kern der Sache führt. Es ist ein politisches Dokument, das die Größenordnungen der ökologischen Krise vorstellbar macht und mit der Ausrede aufräumt, die nördlichen Industriestaaten seien zur Untätigkeit verdammt. Die geringe Auseinandersetzung mit gesellschaftlichen Machtfragen und möglichen TrägerInnen ökologischer Reform hat sich dahingehend gerächt, daß der angestrebte breite Diskussionsprozeß in den Niederlanden weitgehend versandet ist und sich jedenfalls nicht um reale Möglichkeiten von Transformation dreht. Trotzdem hat *Sustainable Netherlands* die Debatte verändert, gerade auch wegen seiner Ambivalenz und relativen Ehrlichkeit.

Aber Brunei hört nicht auf, nur weil der Sultan Vegetarier wird.

Literatur

Datta, Asit: Welthandel und Welthunger. München 1984.

Milieudefensie: Sustainable Netherlands – Aktionsplan für eine nachhaltige Entwicklung der Niederlande. Auf deutsch hrsg. vom Institut für sozial-ökologische Forschung. Frankfurt/Main 1993.

Potts, Lydia: Weltmarkt für Arbeitskraft. Hamburg 1988.

Fit, schlank und mit gutem Gewissen

Manche halten den gegenwärtigen Umbruch der Weltgesellschaft für den Übergang in ein neues Mittelalter. Eine Zeit also, in der großräumige, durchstrukturierte Reiche zerfallen; die Menschen sich regionaler orientieren und ihr Heil weniger in der Ausrichtung auf die schwächer werdenden Zentralstaaten suchen als in dem, was sie an Technologie und Produktion in kleineren, lokaleren Zusammenhängen realisieren können. Treffender ist wahrscheinlich der Vergleich mit der frühen Neuzeit: dem tastenden Übergang in eine neue gesellschaftliche Ordnung, deren Auswirkungen den Akteuren noch nicht umfassend klar sind; auf jeden Fall eine Ära der Unsicherheit, vor allem der Unsicherheit über die Zukunft. Ein starkes Argument für diesen Vergleich ist jedenfalls das verstärkte Auftreten von *Wunderheilern* aller Art, das solche Phasen in der Regel begleitet.

Wunderheiler versprechen Sicherheit dort, wo Unsicherheit ist. Sie lehren die Menschen die minutiöse Befolgung von Regeln, um ihre Umwelt und ihre Zukunft mit Mitteln zu beeinflussen, die in Wahrheit keinen echten Einfluß auf ihre Lebensumstände haben. Im günstigen Fall bewirken sie damit, daß die Menschen ihren Sorgen und Fragen wenigstens einen symbolischen Ausdruck verleihen und sie so bearbeiten. Im ungünstigen Fall dreschen sie nur leeres Stroh und verdienen ihr Geld mit der billigen Versprechung, es werde schon alles einfach so in Ordnung gehen.

Die nachhaltige Entwicklung hat ihre eigene Sorte von Wunderheilern. Einige sind New Age-Prediger, die von einer neuen Ära der Einfachheit raunen und den Menschen weismachen, sie könnten durch die Riten der häuslichen Mülltrennung und die Exerzitien einer privaten Bedürfnislosigkeit die ökologischen Probleme der Welt lösen. Die meisten sind Technik-Fetischisten, die durch wundersame Zahlenspiele beweisen, daß der gütige Geist des Kapitalismus und des Weltmarktes schon alles richten werde. Hauptsache, man wartet brav ab und stört ihn nicht in seiner Schöpferkraft. Sehr oft werden beide Heilslehren von ein und denselben Personen gelehrt.

Das mag zynisch klingen. Aber wie soll man es anders nennen, wenn Raimund Bleischwitz vom *Wuppertal Institut* in einem Vortrag errechnet: „Eine jährliche Erhöhung der Ökoproduktivität – des Einsatzes natürlicher Ressourcen bei gleichen Wohlstandsleistungen – um 3% hätte beispielsweise in sechzig Jahren eine um fast 600% angestiegene Ökoproduktivität zur Folge. Dies deutet theoretische Potentiale der Technologieentwicklung an." Man erinnert sich an Dagobert Duck, der vor fünfzig Jahren in Klondike einen Kreuzer zur Bank brachte, aus dem durch Zins und Zinseszins inzwischen Millionen gewachsen sind. Auch wenn man selbst nur noch einen Kreuzer in der Tasche hat – man fühlt sich gleich besser, bekommt man solche Geschichten erzählt.

Die Wirklichkeit sieht anders aus. Bereits auf dem Markt vorhandene Techniken auf ihren flächendeckenden Einsatz hochzurechnen, wie es *Sustainable Netherlands* tut, ist eine Sache; auf eine immer weitergehende Effektivierung durch Techniken zu spekulieren, die noch gar nicht erfunden sind, ist eine ganz andere. Eine effektivere Nutzung von Energie und Rohstoffen ist in Bereichen, in denen bislang Verschwendung herrschte, zunächst leicht. Die Nutzung von Heizungsenergie beispielsweise ist auf dem derzeitigen Stand der Dinge derart ineffektiv, daß mit verschiedenen Energiesparmaßnahmen der Wirkungsgrad der eingesetzten Energie drastisch gesteigert werden kann. Eine weitere Erhöhung des Wirkungsgrades wird dann jedoch schwierig und erfordert einen immer höheren Aufwand pro Prozentpunkt, je weiter man über einen 50prozentigen Wirkungsgrad hinauskommt; und Wirkungsgrade von 80% und darüber sind schlicht unrealistisch. Hier gibt es Grenzen, die sich nicht beliebig weiter hinausschieben lassen. Ein Auto kann durch Leichtbauweise erheblich benzinsparender gebaut werden. Aber irgendwo ist Schluß: Das Auto kann nicht ganz ohne Material gebaut und nicht ganz ohne Benzin gefahren werden. Die Vorstellung von technischen Innovationen, durch die die Ökoproduktivität in gleichbleibender Weise immer weiter erhöht wird, beißt sich mit der Physik und gehört ins Reich der Magie.

Trotzdem sind solche wunderheilerischen Spekulationen in der deutschen Nachhaltigkeits-Debatte an der Tagesordnung. Die deutsche Debatte stand von Anfang an unter dem Druck, ihre Wirtschaftsfreundlichkeit und ihre Verträglichkeit für den Standort Deutschland unter Beweis zu stellen. Nachhaltigkeitskonzepte, so argwöhnten die Industrie und ihre Apologeten, würden den Industriestandort Deutschland in einen Agrarstaat verwandeln – was irgendwie gleichbedeutend war mit einem Zurück in ein finsteres, vor-wohlfahrtsstaatliches Mittelalter.

Daß das *Wuppertal Institut* für seine nationale Studie *sustainable* nicht mit „nachhaltig", sondern mit „zukunftsfähig" übersetzte *(Zukunftsfähi-*

ges Deutschland), war auch ein Versuch, den Gedanken an ökonomische Rückständigkeit gar nicht erst aufkommen zu lassen. Mit der Nachhaltigkeitsdebatte verbanden viele Umweltbewegte die Hoffnung, endlich aus der grünen Wagenburg auszubrechen und Umweltthemen in einer breiten Öffentlichkeit einzuführen. Dazu gehörte in dieser Sichtweise, Angebote an alle möglichen Akteure zu machen, eben auch an die Industrie.

Im Oktober 1994 hielt *Jens Katzek*, Referent für internationale Umweltfragen beim *Bund Umwelt- und Naturschutz Deutschland (BUND)*, einen Vortrag auf der Tagung „Welche Entwicklung eröffnet die Biotechnologie". Darin plädierte er für eine „Abkehr von der Dogmatik": Eine prinzipielle Ablehnung der Gentechnik sei wissenschaftlich nicht zu vertreten, insbesondere da gentechnische Verfahren eine positive Rolle für eine nachhaltige Entwicklung spielen könnten. Das Paradebeispiel war die Verwendung von Wasch-Enzymen, die mit gentechnisch veränderten Bakterien hergestellt werden. Diese Wasch-Enzyme ermöglichten ein Waschen bei niedrigeren Temperaturen, mithin Energieeinsparung und somit mehr Nachhaltigkeit. Wenn man „Zukunftsfähigkeit" zur Bewertungsgrundlage für neue Technologien mache, könne man sich der Einsicht nicht entziehen, daß in bestimmten Anwendungsbereichen von Gentechnik „unübersehbare Potentiale" lägen. Die Umweltbewegung klammere sich „verzweifelt an ein Feindbild", anstatt sich zum Beispiel die „möglichen Beiträge der Gentechnik zur Durchsetzung einer 100prozentigen ökologischen Landwirtschaft" vor Augen zu führen. In modifizierter Form und unter gemeinsamer Autorenschaft von Jens Katzek und *Joachim Spangenberg* vom *Wuppertal Institut* wurde der Vortrag auch als Artikel im Forum Wissenschaft lanciert.

Solche Einlassungen blieben nicht unwidersprochen. *Claudia Bernhard* vom *Bundeskongreß entwicklungspolitischer Aktionsgruppen (BUKO)* wies in einer scharfen Erwiderung darauf hin, daß man Gentechnik nicht scheibchenweise haben könne, da kaum jemand millionenschwere Grundlagenforschung betreibe, nur um ein paar Tonnen Waschmittel zu produzieren. In Wahrheit gehe es den Autoren um die Botschaft, daß man auch zu weitgehenden Kompromissen mit den Industrieinteressen bereit sei. „Man richtet sich geistig ein, auf den Ledersesseln der Industrie und der Regierung eine gute Figur zu machen. Und da darf Mann kein Softie sein, wenn es um Risikotechnologien geht." Der kritiklose Glaube an patriarchale Naturbeherrschung ersetze die Suche nach gesellschaftlichen

Alternativen: zum Beispiel die schlichte Tatsache, daß vermutlich weniger gewaschen würde, wenn Männer ihren Kram selbst waschen müßten. Der Nachhaltigkeits-Diskurs gehe unübersehbar in die Richtung, „daß gesellschaftlich alles so bleiben kann wie bisher – nur die Technologie soll schonender werden".

So wurde in der Enzym-Episode das Thema aufgemacht, das wie ein roter Faden die Nachhaltigkeits-Debatte durchzieht: der Vorwurf dogmatischer Unbeweglichkeit und politischer Selbstisolierung auf der einen, die Kritik an einer einseitigen Technikfixierung und gesellschaftspolitischen Beliebigkeit auf der anderen Seite.

Wegen der Resonanz, die *Sustainable Netherlands* ausgelöst hatte, förderte die Europäische Union ein Forschungsprogramm *Sustainable Europe*. Nach dem Vorbild der niederländischen Studie sollen bis 1996/97 in allen EU-Staaten nationale Nachhaltigkeits-Studien erarbeitet werden, die dann in eine gemeinsame Darstellung für die EU einfließen sollen. (Die spanische Studie war eine der ersten dieser Folgestudien.) Gleichzeitig wurde am Wuppertal Institut eine Art Pilotstudie *Towards Sustainable Europe* angefertigt, die einen ersten Überblick für das Gebiet der EU brachte (die Leitung des Projektes hatte *Joachim Spangenberg*). Dazu gehört auch eine methodische Anleitung, nach der sich die noch ausstehenden nationalen Studien richten sollen, damit die Ergebnisse vergleichbar sind.

Towards Sustainable Europe führte immerhin zwei Probleme aus, auf die das herrschende Nachhaltigkeits-Konzept notwendig stößt. Das eine ist das Wachstums-Problem. Bei einem europäischen Wirtschaftswachstum von drei Prozent würden die Stoff- und Energieentnahmen so steigen, daß selbst bei weitestgehenden Anstrengungen zur ökologischen Effizienzsteigerung keine Verringerung des Stoff- und Energieverbrauchs insgesamt zu erwarten ist. Für die Herstellung des einzelnen Produkts wird dann zwar weniger Umweltraum verbraucht, gleichzeitig werden aber mehr Produkte hergestellt. Nachhaltiges *Wachstum (sustainable growth)*, folgerte *Sustainable Europe*, kann es – zumindest im Norden – also nicht geben. Eine wachstumsmäßig stagnierende oder sogar schrumpfende Wirtschaft ist die Voraussetzung dafür, daß die vorgeschlagenen ökologischen Spareffekte wirklich greifen.

Das zweite Problem ist die Gefahr einer ökonomisch-ökologischen Zwei-Klassen-Gesellschaft. Es stehe zu befürchten, so *Sustainable Europe*, daß die Gesellschaft sich teile in einen „globalen Sektor", der weiterhin hochwertige Exportprodukte für den Weltmarkt herstellt, und einen lokalen und regionalen Sektor, der sich in höherem Maße selbst versorgt und binnenwirtschaftlich orientiert ist. Der globale Sektor würde von Steuerungsinstrumenten wie Ökosteuern und Effizienzberatung kaum erreicht. Seine Produktion ist angebotsorientiert, technische Qualität und Just-in-time-Produktion sind oft wichtiger als komparative Kostenvorteile. Ökosteuern lassen den globalen Sektor also relativ kalt. Im globalen Sektor wäre der Material- und Energieverbrauch bedeutend höher, ebenso auch die dort erwirtschafteten Profite und die dort ausgezahlten Löhne. Im lokalen und regionalen Sektor dagegen würden die Steuerungsinstrumente für eine nachhaltige Wirtschaft greifen. Das Wachstum würde sich dort verlangsamen, die Löhne und das Konsumniveau wären weit geringer. – *Towards Sustainable Europe* bot weder für das Wachstums- noch für das Spaltungs-Problem eine Lösung an, hatte aber beide Probleme zumindest benannt.

Towards Sustainable Europe wurde bislang nicht so stark rezipiert; dagegen wurde die Veröffentlichung der deutschen Nachhaltigkeits-Studie mit Spannung erwartet. Die Herstellungsbedingungen unterschieden sich deutlich von *Sustainable Netherlands*. Letzteres war von *Friends of the Earth* (beziehungsweise *Milieudefensie*) in Eigenregie durchgeführt worden, bezahlt aus den Beiträgen der rund 30.000 niederländischen Mitglieder und mit einem erheblichen Anteil ehrenamtlicher Arbeit. Für Deutschland übernahmen der *BUND* und *Misereor* gemeinsam die politische Federführung des Projektes. Der *BUND* ist eine große umweltpolitische Lobby-Organisation, *Misereor* eine NGO für Entwicklungshilfe aus privaten Spenden (das katholische Pendant zu *Brot für die Welt*).

Für die Studie wollte man natürliche keine wissenschaftliche Garagen-Band anmieten. Mit der praktischen Durchführung beauftragten der *BUND* und *Misereor* das *Wuppertal Institut für Klima, Energie und Verkehr*. Das *Wuppertal Institut* finanziert sich zur Hälfte über institutionelle Förderung durch das Land Nordrhein-Westfalen (etwa 7 Millionen Mark), zur anderen Hälfte aus Projektaufträgen und Fördergeldern für einzelne Forschungsprojekte. Die Leitung des Projektes *Zukunftsfähiges Deutschland* lag bei Raimund Bleischwitz und Reinhard Loske. Der *BUND* richtete parallele Arbeitsgruppen zu den einzelnen Bereichen der Studie ein. Die deutsche Studie sollte ursprünglich im Frühjahr 1995 erscheinen, brauchte dann aber doch ein halbes Jahr länger.

Das Ergebnis war relativ mager. *Zukunftsfähiges Deutschland* versucht sich vor allem am Nachweis, daß eine ökologisch nachhaltige Umorientierung der BRD ohne größere Konflikte und grundsätzliche Einschnitte möglich ist. Zu diesem Ergebnis kommt die Studie aufgrund einer Reihe methodischer Kniffe, eines sehr reduzierten Nachhaltigkeits-Begriffs und eines eher blauäugigen Vertrauens auf angeblich bereits wirksame Tendenzen in die richtige Richtung.

Die Studie versteht sich als Beitrag zur nationalen Zukunftsdiskussion, deren „blinde Flecken" im Bereich Ökologie sie aufdecken möchte, um die Zukunftsdiskussion ökologisch zu ergänzen. Das Grundprinzip ist der Übergang vom nachsorgenden Umweltschutz zur geplanten Sparsamkeit im Umgang mit natürlichen Ressourcen. Die Studie erhebt den Anspruch, darzulegen, auf welche notwendigen Reduktionsziele der deutsche Material- und Energieverbrauch zurückgeführt werden muß und wie dies erreicht werden kann. Nach einer Bilanzierung der derzeitigen Umweltnutzung der BRD und einem daraus abgeleiteten Reduktionsziel bleibt *Zukunftsfähiges Deutschland* jedoch auf der Ebene unverbindlicher „Leitbilder" stehen, einer Art Agenda des guten Willens für Entscheidungsträger und Umweltbewegte. Schließlich wird in einem „kühnen Blick auf die Zukunft" ein Deutschland geschildert, das die Reduktionsziele für CO_2 und Energie erfüllt. Nur für diesen Bereich wird abgeschätzt, mit welchen Mitteln welche Ziele real erfüllt werden.

Der Weg nachhaltiger Entwicklung biete für die Zukunftsfähigkeit der Gesellschaft verschiedene innen- und außenpolitische Vorteile, heißt es in der Einleitung. Soziale Konflikte und die weitverbreitete technikfeindliche Stimmung in Teilen der Bevölkerung könnten befriedet werden. Die sinkende Attraktivität des gesellschaftlichen Modells der BRD könnte gesteigert, die aus ökologischen Gründen sinkende Lebensqualität selbst der Privilegierten und LeistungsträgerInnen könnte wieder verbessert werden. Schließlich sei nachhaltige Entwicklung im Norden auch ein „kostengünstiger Beitrag zur Friedens- und Sicherheitspolitik". Ein solcherart zukunftsfähiges Deutschland müßte auf die Errungenschaften und Gestaltungsprinzipien des Kapitalismus nicht verzichten. Ganz im Gegenteil – die Nachhaltigkeits-Orientierung bilde die Grundlage für eine neue, stabilisierte wirtschaftliche Dynamik. Damit sei dann aber auch alles erfüllt, was sich UmweltschützerInnen und InternationalistInnen erhoffen könnten.

Die Ziele, die aus der Berechnung des Umweltraums abgeleitet werden, entsprechen in etwa dem, was auch *Sustainable Netherlands* oder *Towards Sustainable Europe* herausgefunden hatten. Vier methodische „Tricks" machen es möglich, daß die Studie ihr vorab festgelegtes Ziel (Umbau tut niemandem weh) scheinbar einhalten kann. Daß die aktuelle Umweltbilanz der BRD dadurch entschieden zu günstig eingeschätzt wird, fällt dabei weniger ins Gewicht, da es ohnehin nur um Größenordnungen gehen kann. Das eigentliche Problem liegt darin, daß diese methodischen Kniffe verschleiern, worauf der Verbrauch der Umweltressourcen eigentlich zurückzuführen ist und daß die Handlungsoptionen dadurch in die falsche Richtung weisen.

Der erste Trick steckt im *Recht auf globale Ressourcen* in Verbindung mit der *MIPS-Ideologie* (MIPS = material input per service-unit, Material-Einsatz pro Dienstleistungs-Einheit). Der Zugang des Nordens zu allen globalen Ressourcen ist, so sieht es *Zukunftsfähiges Deutschland*, gerecht und notwendig. „Jeder Mensch hat das gleiche Recht, globale Ressourcen in Anspruch zu nehmen." Das heißt, die Industrieländer hätten selbstverständlich das Recht, sich Rohstoffe überall zu besorgen, „solange die Natur dadurch nicht übernutzt wird". Das „gleiche Recht" wird aber zu einem ungleichen, weil der Umweltraum für nicht-erneuerbare Rohstoffe ausschließlich in Tonnen bewegten Materials berechnet wird – egal, um welches Material es sich handelt. Es ist in dieser Sichtweise legitim, daß die nördlichen Industriestaaten den Hauptteil der sogenannten strategischen Rohstoffe für sich in Beschlag nehmen, wenn sie dafür auf der anderen Seite weniger Kies und Erde verbrauchen – solange nur die Gesamtmenge stimmt.

Sustainable Netherlands hatte zwar ebenfalls ein gleiches Recht auf globale Ressourcen zugrundegelegt. Im Rahmen ihres fairen Anteils sollten die Niederlande auch agrarische Flächen außerhalb ihrer Staatsgrenzen nutzen können. Für die nicht-erneuerbaren Rohstoffe wurde jedoch eine weitestgehende Selbstversorgung im Rahmen geschlossener Stoffkreisläufe (Wiederverwertung) angestrebt. Solche Selbstbeschränkung ist *nicht* der Ansatz des Wuppertal Instituts. Vielmehr geht es davon aus, daß die *Gesamtmenge* der bewegten Stoffe und Materialien verringert werden soll, unabhängig davon, *wo* sie bewegt werden. Dabei gilt das Hauptaugenmerk den *ökologischen Rucksäcken*. Für jede Tonne Kohle zum Beispiel, die verbraucht werden kann, müssen zwei weitere Tonnen Material bewegt werden, um sie zu gewinnen: Erde beim Aushub, Metall für Bohr-köpfe und so weiter. Jede Rohstoff-Einheit, die gebrauchsfertig in die Pro-duktion oder den Verbrauch wandert, trägt also einen ökologischen Ruck-sack in Gestalt der Materialbewegungen, die zu ihrer Gewinnung not-wendig waren.

Ziel für ein *Zukunftsfähiges Deutschland* ist es, Leistungen aller Art mit weniger Material-Input zu bewerkstelligen. Für den gesamten Materi-al-Einsatz (Rohstoffe plus ökologische Rucksäcke) wird nicht mehr un-terschieden, um welche Materialien es sich handelt. Der Material-Einsatz pro Dienstleistungs-Einheit (MIPS) wird einheitlich in Tonnen berechnet. Und es ist in der Praxis egal, ob die Tonnen von Material in Deutschland, Rußland oder Afrika bewegt werden. Es ist auch egal, ob es sich um Bau-grundstoffe wie Kies, Sand, Gips handelt – die den überwiegenden Anteil der Gesamtmenge bewegten Materials stellen – oder um die sogenannten strategischen Rohstoffe, die in zum Teil sehr kleinen Mengen für die Her-stellung hochwertiger Exportgüter, für die Rüstungsproduktion, die Luft- und Raumfahrt genutzt werden und größtenteils nur aus der Dritten Welt importiert werden können: Chrom, Platin, Titan, Kobalt, Mangan, Vana-dium, Niob und viele andere. Die Perspektive ist klar: Verbesserte Tech-nik bringt beispielsweise bei den Baugrundstoffen relativ schnell große Materialeinsparung, der deutsche Umweltraum der Zukunft verschiebt sich dadurch – bei gleicher oder sinkender Gesamtmenge – hin zu einer immer hochwertigeren Zusammensetzung. Globale Gleichheit hin oder her.

Der zweite Trick liegt im angeblichen *„Nettoverbrauch"* von Ressour-cen. Es geht um die Frage, was im Zuge von Ex- und Importen denn der eigentlich nationale Verbrauch ist. *Sustainable Netherlands* hatte den Ge-samtverbrauch errechnet aus dem, was in den Niederlanden an Rohstof-fen und Energie verbraucht wird, plus dem, was in den importierten Gü-tern an Rohstoffen und Energie enthalten ist, die zur Produktion dieser Importgüter anderswo aufgewendet wurden. Das Wuppertal Institut rech-net anders. Zum Inlandsverbrauch werden die Importgüter zwar zuge-rechnet, die Exportgüter aber abgezogen – das Ergebnis wird als „Netto-verbrauch" allen weiteren Schlußfolgerungen zugrundegelegt.

Der Charakter der Importe und der Exporte ist aber völlig unterschied-lich. Wenn Deutschland zum Beispiel Militärgerät exportiert, um Cash zu machen und um seine Herrschaftsinteressen in anderen Teilen der Welt besser abzusichern, darf es im Wuppertal-Modell all den Stahl, die Energie, all die strategischen Rohstoffe und bei der Produktion anfallenden Abfälle als Negativposten in der Umweltbilanz buchen – und dafür zum Beispiel vermehrt andere Rohstoffe importieren. Die Stoff- und Energiemengen, die bewegt werden, um High-Tech-Ware für den Weltmarkt zu produzieren, tauchen so in der nationalen Umweltbilanz gar nicht mehr auf – es kaufen ja die anderen. Der gesamte „globale Sektor" – also der Teil der Volkswirtschaft, der für den globalen Markt produziert – wird in der Berechnung völlig unsichtbar gemacht.

Der dritte Trick heißt: *Bedarfsfelder statt Verursacher. Zukunftsfähiges Deutschland* schlüsselt den Umweltverbrauch der BRD komplett nach sogenannten Bedarfsfeldern auf: Wohnen, Ernährung, Bekleidung, Gesundheit, Bildung, Freizeit. Diese einzelnen Bedarfsfelder werden dann ökologisch reformiert. Dennoch wird völlig unsichtbar, *wofür* eigentlich die gesellschaftlich genutzten Naturressourcen ausgegeben werden. Wieviel an Flächen, Material, Energie verbraucht das Militär? Wieviel die Exportindustrie? Wieviel die öffentlichen Bauten? Am Rande wird erwähnt, daß gut zehn Prozent des Primärenergieverbrauchs (also direkte Nutzung für Maschinen, Heizung oder Fortbewegung) auf das Konto „Kleinverbraucher und Militär" gehen. (Kleinverbraucher sind nicht die privaten Haushalte, die gehen extra.) Mehr ist nicht zu erfahren.

Der Bereich Verkehr/Mobilität wird ebenfalls einzelnen Bedarfsfeldern proportional zugewiesen. So wird verschleiert, wieviel Umweltraum hier für vorwiegend männliche und sozial bessergestellte Interessen ausgegeben wird: Die Bedarfsfelder fragen nicht nach Geschlecht und Einkommen. Kurzum: Die Darstellung suggeriert, wir würden alle hauptsächlich als private Endverbraucher agieren. Deshalb findet man lange philosophische Ausführungen, aus welchen psychologischen Gründen wir zuviel kaufen – aber keine Vorschläge, welche Bereiche öffentlich-staatlicher Verschwendung man einfach schließen sollte.

Der vierte Trick liegt in der Quantifizierung als Allheilmittel, in Verbindung mit der Verbrauchs-Borniertheit, die ja auch die bisher genannten Punkte durchzieht. In einer rein quantitativen Betrachtungsweise geht die Dynamik der derzeitigen Entwicklung verloren. Beispielsweise wird zwar erwähnt, daß die BRD gegenwärtig erhebliche Flächen in der Dritten Welt für ihren Konsum beansprucht – hierfür wird allerdings gar kein Reduktionsziel aufgestellt. Vernachlässigt wird, daß weltweit das Rennen um die *besten* Böden und die optimalen Standorte längst begonnen hat, daß die einheimische Bevölkerung der Länder des Südens von der Exportproduktion auf die schlechteren Böden verdrängt wird. Die tatsächlichen Auswirkungen der nördlichen Lebens- und Produktionsweise werden also viel zu gering veranschlagt.

Die gentechnologische Offensive und die Patentierung werden am Rande als Problem bezeichnet, eine klare Position dazu findet sich aber nicht. Dabei ist diese Entwicklung im Moment der Königsweg, um sich die natürliche Produktivität der Welt im Interesse des Nordens anzueignen. Das Renteneinkommen, das aus den sogenannten intellektuellen Eigentumsrechten (TRIPS = trade related intellectual property rights) gezogen werden kann, taucht nicht auf, solange es nicht zu erhöhtem Konsum in der BRD führt – sondern etwa dazu verwendet wird, weiteres Land und Produktionsanlagen in anderen Teilen der Welt zu kaufen.

Was nicht von den Endverbrauchern konsumiert wird, wird ausgeblendet; was nicht quantitativ faßbar ist, fällt unter den Tisch. Das scheint widersprüchlich, ist doch in den Leitbildern – speziell beim privaten Verbrauch – viel von Qualitäten die Rede: von Lebensqualität statt Konsummengen. Aber auch hier wird nur erklärt, warum weniger manchmal mehr sein kann: Wirklich qualitative Fragen wie Autonomie und Selbstbestimmung kommen nicht in den Blick. Die Studie hat keinen Begriff von Herrschafts- und Dominanzverhältnissen, und dadurch blendet sie die *Art* des Zugriffs auf Natur und Welt systematisch aus. Die Perspektive von *Zukunftsfähiges Deutschland* ist: durch technische Verbesserungen (Effizienz) und Einschränkungen beim privaten Verbrauch (Suffizienz) die Gesellschaft, so wie sie ist, ökologisch verschlanken. Die Gesellschaft soll durch eine ökologische Laterna magica geschickt werden, die sie in all ihren Proportionen und Strukturen verkleinert abbildet. Daß diese Perspektive herauskommt, wird bereits durch die Wahl der Methode festgelegt: Quantifizierung statt Analyse der gesellschaftlichen Ursachen, Sparvorschläge statt Diskussion über das gesellschaftliche Modell.

Welche *Maßnahmen* schlägt *Zukunftsfähiges Deutschland* vor? Der angestrebte Instrumenten-Mix besteht zum einen aus staatlichen Rahmensetzungen, die bereits seit längerem in der Diskussion sind. Zur CO_2-Reduzierung sollen die Geschwindigkeiten begrenzt und keine weiteren Straßen gebaut werden. Der öffentliche Nahverkehr und das Bahnstreckennetz sollen ausgebaut, die Entwicklung sparsamerer PKW-Motoren soll gefördert werden. Im Bereich der Marktordnung sollen ökologisch kontraproduktive Subventionen abgebaut werden, beispielsweise die Steuerfreiheit für Flugbenzin oder für die Verwendung von Erdöl als Industriegrundstoff. Unternehmen sollen schärferen Haftungsregeln unterworfen werden. Neue Auflagensysteme sollen städtische Bodenspekulation unterbinden und für mehr städtische Zentralität sorgen – zum Beispiel durch steuerliche Förderung von Wohnraum in Innenstädten und entsprechende Bebauungspläne. Um Stoffkreisläufe zu schließen, sollen Firmen generell verpflichtet werden, alle verkauften Produkte später zur Entsorgung anzunehmen. Ökologische Gütesiegel sollen Kaufentscheidungen von VerbraucherInnen steuern. Für die Agrar- und Forstwirtschaft soll durch gesetzliche Auflagen und Anreize der Übergang zum ökologischen Landbau und zum nachhaltigen Waldbau durchgesetzt werden.

Zu diesen relativ gängigen Empfehlungen kommen zwei Maßnahmen-Pakete, denen die AutorInnen besonderes Gewicht zumessen. Eine *ökologische Steuerreform* soll Rahmenbedingungen setzen, durch die ökologische Effizienzsteigerung für Unternehmen rentabel wird. Das Herzstück ist eine Energiesteuer, die von Jahr zu Jahr langsam ansteigt. Energie soll damit um jährlich 5% (inflationsbereinigt) teurer werden. Im Gegenzug dazu werden die Abgaben auf die Beschäftigung von ArbeitnehmerInnen gesenkt. Die ökologische Steuerreform ist dann kostenneutral für die Betriebe, wenn sie eine jährliche Energieeinsparung von gut 4% realisieren. – Das zweite Maßnahmen-Paket ist nur seinem Ziel nach definiert und betrifft den Übergang vom Waren- zum *Dienstleistungsverkauf* im Energiesektor, unter Umständen aber auch in anderen Bereichen. Danach sollen zum Beispiel die Energieversorger nicht mehr Strom verkaufen, sondern Leistungen, etwa die angemessene Heizung von Gebäudekomplexen. In diesem Rahmen wären dann Energiesparmaßnahmen für die Anbieter rational, während sie jetzt dadurch Einnahmen verlieren. Die Stadtwerke würden beispielsweise Kompletträge für öffentliche Gebäude abschließen und dürften dann dort in Wärmedämmung et cetera investieren.

So weit, so gut. Was geschähe, würden diese Maßnahmen – günstige politische Mehrheiten vorausgesetzt – Wirklichkeit? Würde das zukunftsfähige Deutschland sich ein weniger großes Stück vom globalen Umweltraum-Kuchen abschneiden?

Die Antwort ist: Wahrscheinlich nicht. Dies liegt an zwei prinzipiellen Löchern im Konzept, die das Wuppertal Institut nicht stopfen kann: das *Wachstums-Loch* und das *Verfügbarkeits-Loch*. Kein Mensch kann im zukunftsfähigen Deutschland die Industrie daran hindern, weiter zu wachsen. Die einzelnen Produkte werden vielleicht sparsamer hergestellt, aber es kann nicht verhindert werden, daß es immer mehr werden – wie bisher auch. In der Kurzfassung heißt es dazu orakelnd: „Eine Reduzierung des Stoffdurchsatzes wird über kurz oder lang eine Begrenzung des Wirtschaftswachstums zur Folge haben." Aber gibt es denn überhaupt eine Reduzierung des Stoffdurchsatzes? Wenn die ökologische Steuerreform kostenneutral ist und die Unternehmen natürlich weiter Gewinn machen, was sollen sie damit tun? Warum sollen sie ihn nicht wie bisher investieren, um neue Produkte auf neuen Märkten abzusetzen?

Da die globale Verfügbarkeit von Natur und Arbeit in der Studie *nicht* angetastet wird, gibt es auch keine Mechanismen, die verhindern, daß wie bisher immer mehr Billigimporte aus Ländern kommen, in denen die Löhne niedrig sind und die es sich nicht leisten können oder wollen, ihre Natur so zu verteuern wie die BRD. Diese Verlagerung nach außen wird durch die Kniffe der Methode schöngeredet, aber durch die Maßnahmen nicht angetastet. Kein Wort gegen die Liberalisierung der Märkte wird erhoben.

So wäre die schöne neue Welt ein Meilenstein auf dem Weg in die ökologische Zwei-Klassen-Gesellschaft, von der schon *Sustainable Europe* spricht. Das ist kein Fehler im Konzept, es *ist* das Konzept. Zukunftsfähigkeit wird ausdrücklich als Verbindung von ökologischer Zukunftsfähigkeit und internationaler Wettbewerbsfähigkeit definiert: „Ein bedeutender Teil des deutschen Sozialprodukts wird auch zukünftig auf den Weltmärkten erwirtschaftet." Der globale Sektor soll boomen, der regionale Sektor wird sparen. Wir alle werden uns mit einer neuen Philosophie des „Gut leben statt viel haben" (O-Ton) in ein Leben von Arbeitslosigkeit oder Flexibilisierung, von niedrigem Konsumniveau und erhöhter Eigenarbeit schicken; Daimler wird weiterhin aus dem vollen schöpfen. Wir werden beim nächsten „Rio" mit besseren Zahlen prahlen können; aber sie werden nicht die Wahrheit sagen.

Die Studie ist daher als Beitrag zu einem Kapitalismus zu sehen, der mit einem verbesserten, nachhaltigeren Akkumulationsmodell vor allem sich selbst nachhaltiger macht: seine Herrschaft und seine Privilegien. Sie ist eine Blaupause für einen reformierten Öko-Kapitalismus, der zukunftsfähig ist: fit, schlank und mit gutem Gewissen. Eine Welt, in der UnternehmerInnen wieder stolz sein können und VerbraucherInnen mit gutem Gefühl konsumieren – jedenfalls die, die etwas zu konsumieren haben.

Diese Perspektive ist wenig attraktiv für die Menschen in den Ländern des Südens. Sie ist aber auch wenig attraktiv für die Mehrheit der Menschen hierzulande, die mit erhöhter Eigenarbeit, höherem Aufwand für ihre Lebensgestaltung und verringertem Konsum helfen sollen, Natur zu sparen – ohne jedoch eine Verbesserung ihrer ökologischen Lebensbedingungen zu erreichen. Der Verbrauch von Umwelt, die Ruinierung von Lebensverhältnissen wird nicht weniger; es wird nur umverteilt von unten nach oben. Diese Umverteilung folgt genau den herrschenden Macht- und Ausbeutungsverhältnissen: denen nach Einkommen, nach Geschlecht, nach Tätigkeit im globalen Sektor oder im marginalisierten Hinterland. – Aber wir können keineswegs ausschließen, daß es tatsächlich Schritte in diese Richtung geben wird.

Literatur

Bernhard, Claudia: Schneller, höher, natürlicher. Nachhaltigkeit als Marionette patriarchaler Naturbeherrschung – eine Erwiderung auf Jens Katzek und Joachim Spangenberg. In: Forum Wissenschaft 4/1994, Marburg 1994.

Bleischwitz, Raimund: Ein neues Entwicklungsmodell für den Norden. Beitrag zur 3. Landeskonferenz Entwicklungspolitik des VEN in Hannover am 22. 11. 1993. Eigendruck VEN.

BUND/Misereor (Hrsg.:) Zukunftsfähiges Deutschland. Ein Beitrag zu einer global nachhaltigen Entwicklung. Studie des Wuppertal Instituts für Klima, Umwelt, Energie. Basel u.a. 1995.

Bundeskongreß entwicklungspolitischer Aktionsgruppen (BUKO): Zukunftsfähiges Deutschland – Ein Technokratenmärchen. Vorlage zur Präsentation der WI-Studie am 23. 10. 1995 in Köln.

Eich, Dieter – Lübner, Karl-L.: Die strategischen Rohstoffe. Wuppertal 1988.

Katzek, Jens – Spangenberg, Joachim: „Sustainable" Biotechnology?! Auseinandersetzung mit dem Spannungsfeld „Zukunftsfähigkeit und Gentechnik". In: Forum Wissenschaft 4/1994, Marburg 1994.

Wuppertal Institut für Klima, Umwelt, Energie (Hrsg.): Zukunftsfähiges Deutschland. Ein Beitrag zu einer global nachhaltigen Entwicklung. Kurzfassung. Bonn – Aachen 1995.

Von Fröschen und Schlangen

Es gibt einen klassischen Memphis-Blues, der den Titel trägt: „(Tired of) Fattenin' Frogs for Snakes". In diverse Beziehungsgeschichten gekleidet, geht es dabei um eine sehr grundsätzliche gesellschaftliche Frustration. „Fattenin' frogs for snakes" ist ein Ausdruck irgendwo zwischen „Perlen vor die Säue werfen" und „verlorene Liebesmüh", aber er ist sehr viel genauer. Man verbringt Arbeit, Geld und Mühe damit, Frösche zu mästen – zum Beispiel für eine weihnachtliche Portion Froschschenkel, was aus tierschützerischen Gründen verwerflich, in den Südstaaten aber nun einmal üblich ist. Die sorgsam gepäppelten Frösche werden aber, bevor sie in den Kochtopf wandern, von irgendwelchen Schlangen gefressen. Diese machen sich keinerlei Mühe, Futter zu besorgen und Frösche zu züchten; sie kommen einfach bei Nacht und fressen die Frösche, aus. Und so geht das Jahr für Jahr. Bis man es irgendwann hinschmeißt und beschließt, keine Frösche mehr zu füttern: Tired of fattenin' frogs for snakes.

Die Botschaft ist klar: Man müht sich Tag für Tag bei der Arbeit und endet doch als armer Schlucker, aber wer ist eigentlich reich geworden dabei? Man pflanzt und jätet hingebungsvoll seinen Schrebergarten, aber eines Tages kommt doch der Bagger, und dann stehen Tennisplätze drauf. Man bekocht und beflauscht jahrelang seinen Mann, stärkt sein Selbstbewußtsein und schickt ihn mit einem Bussi in die Arbeit, und dann läßt er einen auf den Flügeln einer Midlife-Crisis sitzen für etwas Jüngeres. Man macht tolle Verbesserungsvorschläge im Betrieb, kriegt einen warmen Händedruck dafür, aber der Abteilungsleiter streicht den Ruhm ein und wird befördert. Und so weiter, und so fort.

Im großen und ganzen kann man die verschiedenen Positionen, die in zum Teil heftigen Debatten über die Wuppertal-Studie ausgetauscht wurden, nach ihrer Haltung zum *Froschmast-Problem* einteilen. *Zukunftsfähiges Deutschland* hat sein Publikum sofort in zwei Lager gespalten, und zwar an der Frage: Soll man das Konzept grundsätzlich bejahen und zum Ausgangspunkt für Verbesserungs-Vorschläge nehmen – oder kommt man um eine prinzipielle Ablehnung nicht herum? Und falls man sich für die letztere Position entscheidet – was will man dann?

Als die Studie in Köln einer ausgewählten Öffentlichkeit präsentiert wurde, meldeten sich einige Leute zu Wort, die mit einem Transparent die

Bühne stürmten und ausnahmsweise einmal eine Frau ans Mikro stellten. *Helga Eblinghaus* verlas für die Anti-EG-Gruppe Köln eine Erklärung unter dem Titel „Im Westen nix Neues". Die Stellungnahme kritisierte die Wuppertal-Studie als publikumswirksame Augenauswischerei, mit der einem neoliberalen Sozialabbau und einem neuen deutschen Weltmachtanspruch das ökologische Mäntelchen umgehängt werde. „Indem (das Wuppertal Institut) sich davor drückt, internationale Problembereiche deutlich zu benennen, statt dessen aber mit viel Pathos eine Ökologieführerschaft der BRD propagiert, leistet es einer weiteren Runde neokolonialer Unterdrückung und Ausbeutung Vorschub. Selbstverständlich nur, um ‚unseren' Regenwald und ‚unsere' Erde zu retten. Wer kann dazu schon nein sagen ..."

Das scheint tatsächlich nicht so einfach zu sein. In den Tagen und Wochen nach der offiziellen Vorstellung der Studie gab es in der linken Öffentlichkeit kaum jemanden, der *nicht* seinen persönlichen blinden Fleck in der Studie entdeckt hatte und seine persönlichen Verbesserungsvorschläge zum besten gab. Die politische Linke schien sich über Nacht in ein Volk verhinderter Wuppertal-Redakteure verwandelt zu haben, die nur leider alle nicht gefragt worden waren. *Redakteure*, nicht RedakteurInnen. Nachhaltigkeit ist ein Männerthema, viel stärker noch als die *Zivilgesellschaft*, die vor einigen Jahren in ähnlicher Weise die öffentliche linke Debatte angezogen hat wie eine Leimrute. Die Debatte um Nachhaltigkeit kommt offensichtlich der männlichen Neigung zu Abstraktion, Globalität und Größenwahn stark entgegen. Sie ermöglicht in geradezu phantastischer Weise das Abschweifen aus einer öden Alltagswirklichkeit in die vermeintliche Rettung des Globus. Es ist ein bißchen wie in dem (ganz nett selbstironischen) James Bond-Film „Never say never", in dem sich Klaus Maria Brandauer als Bösewicht und Sean Connery als 007 ein Duell bei einem Hologramm-Spiel liefern: „Und jetzt um die ganze Welt."

Radikale Ablehnung der Studie wurde fast nur aus dem Spektrum des *BUKO* geäußert, des Dachverbands von Gruppen der internationalen Solidaritätsbewegung in Deutschland. Ansonsten hieß der Tenor: Die ökologischen Ziele der Wuppertal-Studie sind gut, die Durchführung ist aber schlecht, und deshalb geht es darum zu fragen, was für eine „echte Nachhaltigkeit" noch hinzugedacht werden müßte. Anschlußfähigkeit hieß das Zauberwort: Die Studie sei als „anschlußfähig" für eine linke Debatte zu betrachten. Eine vorschnelle Ablehnung führe dazu, daß man sich selbst isoliere; statt dessen sollte doch lieber der in der breiten Öffentlichkeit eingeführte Begriff der Nachhaltigkeit mit den eigenen Inhalten „besetzt" werden.

Nun läßt sich die eigene politische Position nicht vorrangig aus taktischen Überlegungen ableiten. Die gegenseitigen Vorwürfe, sich dem Mainstream auszuliefern beziehungsweise sich von der allgemeinen Diskussion gewollt zu isolieren („Sei kein Frosch, BUKO"), verdecken irgendwann die Auseinandersetzung darüber, was man eigentlich selbst will. Nur von da aus läßt sich bestimmen, was (in der Debatte) politische Flexibilität ist und was offene Anpassung, was (in der Praxis) Kompromisse sind und wo der Ausverkauf anfängt.

In der gesamten Diskussion um *Zukunftsfähiges Deutschland* gibt es vier Positionen zum *Froschmast-Dilemma*, die jeweils ein in sich schlüssiges Konzept zum Ausdruck bringen, eine strategische Vision. Das nachhaltige Froschmast-Dilemma sieht so aus: Durch die Anstrengungen der technischen Effektivierung, der privaten Konsumeinschränkung, der ökologischen Modifikation der Marktregeln, durch die vielen guten Ideen zur Einsparung und Verschlankung wird Umweltraum gespart. Es werden ökologische Frösche gezüchtet, schöne grüne Frösche, für deren Futter der eigene Gürtel enger geschnallt, die eigene Zeit und Kraft investiert wird. Wie die Erfahrung zeigt, sind diese Frösche bisher immer gefressen worden. Die kapitalistische Struktur der Wirtschafts- und Gesellschaftsordnung, national wie international, verleibt sich diese Frösche ein.

Die Energiespar-Bemühungen beispielsweise nach der Ölkrise hatten tatsächlich viele Erfolge zu verzeichnen, aber die Weltölförderung ist heute höher denn je zuvor: Eine Menge Länder und Menschen haben gelernt, mit sehr wenig Öl auszukommen, aber andere haben mit dem Energiesparen nur die Preise stabilisiert und verfeuern heute mehr als vorher. Das Dreiliter-Auto „Gringo", das Greenpeace vor der Internationalen Automobilmesse (IAA) 1995 präsentierte, verringert den Verbrauch. Wenn es sich als preisgünstiger Massen-Zweitwagen etabliert oder als Exportschlager in die Volksrepublik China (was das einzige Interesse der Autoindustrie an sparsameren Motoren ist), wird der hoffnungsvolle grüne Frosch von der Schlange des kapitalistischen Marktes verspeist, und der aufrichtige ökologische Ingenieursfleiß wird zum Eisbrecher für eine neue Runde globalen Energie-Wahnsinns. Auch eine an sich wünschenswerte alternative Reform des Gesundheitswesens würde unendlich viele Geräte, Material und Energie sparen. Aber unter den gegebenen Rahmenbedingungen würde sie auch dazu führen, daß gesündere Menschen mit mehr seelischer Ausgeglichenheit und weniger Krankheitstagen die Produktion unsinniger Produkte ankurbeln. Daß diese Menschen besser und länger funktionieren und aktiv teilnehmen können an Produktionsprozessen und Sozialstrukturen, die sie langfristig krank machen. Die Menschen halten einfach länger, sie sind schönere Frösche, und die Schlange nimmt sie gern.

Die Frösche sind also echte Verbesserungen „vor Ort", es sind viele kleine Umweltraum-Einsparungen, Stücke wiedergewonnener Natur, die aufgebaut und herangefüttert werden. Die Schlangen treten schon auch einmal in Gestalt konkreter Gruppen und Interessen auf: die große Industrie, der ganz gewöhnliche Chef, die internationalen Herrschaftseliten, die nationalen Oberschichten, die patriarchalen Familienbosse. Schlangen manifestieren sich auch jenseits vom guten oder bösen Willen in Form struktureller Zwänge und Eigenschaften: Kapitalistische Konkurrenz, Warenform der gesellschaftlichen Sozial- und Natur-Beziehungen, patriarchale Wissenschaft und rassistische Machtverteilung wirken als Schlangen, die schließlich nicht anders können, als Frösche zu fressen. Das Beispiel der realsozialistischen Staaten hat gezeigt, daß auch verstaatlichte Schlangen Frösche fressen. Eine ganze Generation idealistischer SozialarbeiterInnen verzweifelt bis heute vor dem Spiegel, der ihnen eine sympathische Schlange im Rollkragenpullover zeigt, die Menschen aufbaut, um sie wieder in den Kreislauf der Ausbeutung zurückführen zu können.

Das Dilemma besteht darin, daß beides keine Lösung ist: Frösche zu füttern, die gefressen werden, ist sinnlos; aber einfach aufzuhören damit, bringt auch keine Froschschenkel. Wie man es auch macht – man hat nie Frösche.

Die vier Positionen zum Frosch-Dilemma, die in der Nachhaltigkeits-Debatte logisch möglich und empirisch nachweisbar sind, lassen sich charakterisieren als: die *Industrie-Position*; die *Wuppertal-Position*; die Position der *systemüberwindenden Reform*; die Position der *Abwicklung*.

Die *Industrie-Position* funktioniert nach der Argumentationslinie: Die Schlangen werden sich am besten um die Frösche kümmern, denn sie leben schließlich davon. Deshalb muß den Schlangen jede Unterstützung und volle Entfaltung gewährt werden. Sie haben das stärkste Interesse an der weiteren Aufzucht kräftiger, aparter Frösche, und sie haben die Macht und die Möglichkeit für wirklich große Froschfarmen. Tatsächlich bearbeiten ja die großen und multinationalen Konzerne aufrichtig das Frosch-Problem, sie geben Geld für wissenschaftliche Stiftungen und für technologische Innovationen. Daß sie das nicht ganz uneigennützig tun, spielt keine Rolle; ihr Profitinteresse ist die Garantie für die Zukunft der Frösche. Die Firma Merck etwa unterstützt die Erhaltung großer Naturschutzgebiete in Costa Rica, deren biologische Diversität sie systematisch erfassen läßt, um neue Pharma-Rohstoffe zu finden und zu vermarkten. Die japanische Regierung wiederum ist aufrichtig bemüht, die japanischen ArbeitnehmerInnen notfalls durch gesetzlichen Urlaubszwang daran zu hindern, sich allesamt zu Tode zu arbeiten, was volkswirtschaftlich eine Katastrophe wäre – auch das ist eine Politik der Nachhaltigkeit.

Die Industrie-Position fordert die noch weitere Liberalisierung und Deregulierung des Welthandels und des Zugriffs des kapitalistischen Marktes auf Natur und Arbeit weltweit. Sie geht davon aus, daß insbesondere die Zukunftstechnologien (Gen- und Biotechnologie, Informationstechnologien, neue Werkstoffe sowie die Atomenergie) die Lösung der Umweltprobleme bringen werden und daß der Wettbewerb von selbst zu Material- und Energieeinsparungen in den Betrieben führt. Natürlich gibt es immer wieder häßliche Vorfälle: berstende Öltanker, Chemieunglücke wie in Bhopal, atomare Verseuchungen. Aber wo gehobelt wird, fallen eben Späne. Und so schlechte Atomkraftwerke wie die Russen würden moderne Kapitalisten nie bauen.

Die *Wuppertal-Position* ist einfach. Sie lautet: Es gibt keine Schlangen. Umweltraum-Sparen funktioniert einfach. Jeder kleine ökologische Beitrag verringert tatsächlich die Gesamtbelastung der Umwelt. Wenn die Schlangen methodisch ausgeblendet werden, geht das Konzept auch auf. Nicht alles ist leicht; natürlich gibt es Widerstände. Aber man kann seinen Hinterhof in Ordnung bringen. Gerade das Kapitel mit den *Leitbildern* ist im Wesentlichen die Schilderung einer hellen, schönen Frosch-Zukunft.

Systemüberwindende Reform und *Abwicklung* sind die beiden logisch möglichen Positionen von links in der Debatte. Im Unterschied zur Wuppertal-Position bezweifeln sie nicht die Existenz von Schlangen, und im Gegensatz zur Industrie-Position sind sie nicht der Meinung, daß das Eigeninteresse von Schlangen und die Zukunftssicherung von Fröschen notwendig zusammenfallen.

Die *systemüberwindende Reform* geht davon aus, daß bereits jede effektive Frosch-Fütterung nur im Konflikt mit den Schlangen möglich ist.

Das Züchten von größeren Fröschen funktioniert nur, wenn gleichzeitig der Einfluß der Schlangen begrenzt wird. Die ökologische Verschlankung ist deshalb auch eine Ent-Schlangung. Der Wille zur nachhaltigen Entwicklung, wenn er sich als allgemeiner gesellschaftlicher Wille festigt, beinhaltet unsichtbar die Konsequenz, dann auch Regulierungsmaßnahmen zuzustimmen, die der kapitalistischen Verwertung von Natur zunehmend engere Zügel anlegen. Die AutorInnen der Wuppertal-Studie sind, so gesehen, allesamt AntikapitalistInnen; sie wissen es nur nicht. Weil ihre Handlungsvorschläge nicht in der Lage sein werden, die proklamierten ökologischen Reduktionsziele zu erreichen, besteht die Chance, radikalere Handlungsvorschläge dann mehrheitsfähig zu machen. Wenn man das Konzept der nachhaltigen Entwicklung ablehnt, vergibt man sich daher eine bedeutende Möglichkeit, die eigenen Vorstellungen zur Systemveränderung zu realisieren: Die eigene politische Utopie reitet auf dem Rücken der ökologischen Probleme siegreich in die gesellschaftliche Arena ein.

In eine solche Richtung argumentierten Artikel in *Analyse und Kritik (AK)* oder in den *Lateinamerika-Nachrichten (LN)*. Es ist festzuhalten, daß dieses Konzept nur dann logisch ist, wenn man tatsächlich radikalere Handlungsvorschläge hat, mit denen die ökologischen Zielvorgaben der Wuppertal-Studie eingelöst werden können. Der Ansatz der systemüberwindenden Reform führt mit Notwendigkeit darauf, ein besseres Wuppertal-Konzept zu konstruieren, das die Ausblendungen von *Zukunftsfähiges Deutschland* nicht mitmacht.

Wer in diese Richtung argumentiert, muß ein Nachhaltigkeits-Konzept vertreten, das bestimmte Minimalvoraussetzungen jenseits von Wuppertal erfüllt. Dazu gehört *erstens* ein Instrumentarium, das die Wachstums-Lücke schließt; das also in der Lage ist, effektive Obergrenzen des Ressourcenverbrauchs durchzusetzen. Ökosteuern reichen dafür nicht aus. Lösungen könnten in Zertifikationssystemen liegen, etwa der Idee Rainer Lands, über „Ökokapital-Verwertungsgesellschaften" natürliche Ressourcen in zeitlich befristete, zweckgebundene und insgesamt begrenzte private Aneignung zu überführen. – *Zweitens* ist ein Instrumentarium nötig, das das Verfügbarkeits-Loch des Wuppertal-Modells schließt: Es muß verhindert werden können, daß nachhaltige Regionalentwicklung durch Billigimporte und durch kaufkräftiges Kapital von außen unterlaufen und ausgehöhlt wird. Man muß sich also zu Modellen einer radikalen regionalen Autonomie bekennen, mit Regionen, die ihren Außenhandel kontrollieren und ihre wirtschaftlich-soziale Entwicklung frei steuern dürfen. Sie müssen Importe verhindern oder hoch besteuern können, Beschäftigungsgesellschaften und Subventionen für die heimische Produktion einrichten dürfen sowie privaten Verkauf von Grund und Boden nur innerhalb der Region zulassen.

Weil es nicht ausreicht, die regionale Ökonomie zu entwickeln, ohne die ökologische Zerstörungskraft des globalen Sektors anzutasten, ist *drittens* eine weitgehende Technologiekontrolle auf *nationaler* Ebene zu fordern. Dies kann nicht nur über Parlamente geschehen, sondern muß gesellschaftliche Partizipationselemente enthalten, besonders im Bereich der Zukunftstechnologien.

Und *viertens* braucht man eine Änderung des Betriebsverfassungsgesetzes, die eine effektive gesellschaftliche Kontrolle großer und transnationaler Konzerne ermöglicht. – Ohne diese letzten beiden Instrumente wäre es zwar denkbar, daß die Umweltraum-Ziele für das Gebiet der BRD nominell erfüllt werden. In Wahrheit würde es aber bedeuten, daß ein prosperierender globaler Export- und Kontrollsektor, der auf dem Gebiet der BRD stationiert ist, weiterhin die Frösche anderer Leute frißt – indem er in den natürlichen Ressourcen anderswo wütet.

Unterhalb der Schwelle dieser genannten Instrumente ist die Nachhaltigkeits-Position der systemüberwindenden Reform nicht realistisch. In dieser weitreichenden Konzeption ist sie aber eine ernstzunehmende, konsistente Strategie. Sie wird in Reinkultur nur im Umfeld der Berliner Zeitschrift *Andere Zeiten* vertreten. Ein gutes Beispiel ist der Aufsatz von *Willi Brüggen* „Vom Umbaumodell zur Umbaupolitik" im Jahrbuch 1995/96 der *Zeitschrift für Sozialistische Politik und Wirtschaft (SPW)*.

Die Position der *Abwicklung* schließlich macht es zu ihrem zentralen Ansatzpunkt, den Schlangen das Handwerk zu legen. Sie geht davon aus, daß das Problem weniger die ökologisch ineffektive Technik der Industriegesellschaft ist, sondern die Machtverhältnisse und der herrschaftsförmige Zugriff auf Natur und Arbeit selbst. Mehr Frösche gibt es demnach nur dann, wenn die Schlangen *kleiner* werden. Die Hoffnung, die Schlangen gleichzeitig groß werden zu lassen *und* zu domestizieren und zu Kompromissen zu zwingen – also etwa über eine zunehmende Institutionalisierung auf globaler Ebene im Sinne einer weltweiten Zivilgesellschaft –, wird als illusorisch abgelehnt. Das eigentliche Problem ist, daß der ganze Hof so strukturiert ist, daß sich Schlangen in ihm bewegen können wie Fische im Wasser. Wenn menschliche und außermenschliche Natur erst einmal in Form von verschlingbaren Fröschen abgespalten wird, dann gibt es immer auch Schlangen. Und die Frösche dürfen erst gar nicht auf den Präsentierteller.

Noch etwas grundsätzlicher betrachtet, unterscheidet sich der Appetit der Froschzüchter auf Froschschenkel gar nicht so weit vom Verhalten der Schlangen. Diese sind nur schneller. Letztlich besteht ein unsichtbares Bündnis zwischen dem Naturverhältnis des Froschzüchters und dem laut beklagten Obolus an die Schlangen. Wer Frösche mästet, braucht sich über Schlangen nicht zu wundern. An den Anfangsbeispielen betrachtet: Der formelle Lohnarbeiter ist so leicht um seinen Mehrwert zu erleichtern, weil er seine Arbeitskraft selbst auf nichts anderes richtet als auf abstrakte Arbeit und abstraktes Geld. Im schlangenlosen Idealfall würde er eben den ganzen Mehrwert selbst ausgeben, um sich von anderen bedienen zu lassen. Das jahrelange Beflauschen des Mannes, als Investition in seine Karriere, unterstützt selbst die Herausbildung einer borniertn Ware Mann; nur daß man sie eben gern selbst behalten würde. Die heutigen Schrebergärten sind meist nicht mehr eingebunden in eine ernsthafte Struktur teilweiser Selbstversorgung, sondern sind ein Stück Freizeit-Natur, angebaut an ein Leben nach den Imperativen der Produktion. Und der Abteilungsleiter, der sich mit den Verbesserungsvorschlägen seines Mitarbeiters brüstet, ist nur die Konsequenz aus einer Arbeit auf fremde Rechnung und unter fremder Verantwortung.

Es ist deshalb nicht verwunderlich, daß sich die Position der Abwicklung um die Probleme der effektiven Froschaufzucht wenig kümmert. Wer Frösche mästet, erntet Schlangen; nur wenn dieses Prinzip durchkreuzt wird, ändert sich etwas. Die Praxisvorstellung dieses Ansatzes setzt weniger auf Instrumente als vielmehr auf Aktivität, auf die politische Aktion und die soziale Praxis von Bewegungen. Ziel ist ein schlangenfeindlicher Hof und eine Veränderung im Handeln und Denken der Menschen, die Frösche züchten wollen – ein *Sichtwechsel*, der dazu führt, daß die Schlangen keine Frösche mehr auf dem Hof vorfinden. Die Schlangen können nicht gezähmt, sehr wohl aber ausgehungert werden; oder, wie der dafür gebrauchte Ausdruck heißt, *ausgetrocknet*.

Praktisch bedeutet das, in leicht schematisierter Form:

- Die Interventionsmacht des Nordens gegenüber dem Süden zu behindern. Also: Aktivität gegen militärische Intervention, gegen die Aufrüstung, aber auch gegen die kalte Intervention: die weitere Liberalisierung des Welthandels, die Strukturanpassungsprogramme des Internationalen Währungsfonds und so weiter.

- Den globalen Sektor zurückzudrängen – durch Deinvestition, durch Aktivität gegen die Entwicklung der Zukunftstechnologien (Gen- und Biotechnologie vor allem), aber auch persönlich durch die Weigerung, für diesen Sektor zu arbeiten.
- Die Privilegien der formalen Lohnarbeit abzubauen. Das beinhaltet die Forderung nach einer sozialen Grundsicherung, die den Zwang lockert, sich um jeden Preis zu verkaufen; es bedeutet auch, die geschlechtliche Arbeitsteilung und die Arbeitsteilung zwischen formeller und informeller Arbeit abzulehnen und zu konterkarieren.
- Sich Räume und Zusammenhänge kollektiv wieder anzueignen, statt sie für Investoren preiszugeben. Also: städtischen Raum für sich zu besetzen, Landkommunen aufzubauen, eine radikale regionale Autonomie einzufordern und praktisch durchzusetzen.
- Den Norden in dem Sinn zu dekolonisieren, daß Strukturen gefördert und aufgebaut werden, die ein umfassendes Überleben auf eigene Rechnung möglich machen. Aktivitäten gegen den zerstörerischen Flächenzugriff nach außen, etwa durch das Fleisch- und Agrobusineß. Wiederaneignung von Techniken und Lebensweisen, die ein sozial befriedigendes Leben ermöglichen, ohne den Umweg über Lohnarbeits-Geld, imperialistischen Außenhandel und eine industrielle Konsummaschine zu nehmen.

Eine solche Sichtweise wird fast nur aus dem Spektrum des BUKO vertreten. Sie hat sehr große Ähnlichkeiten mit Strategien und Positionen, die bei verschiedenen sozialen Basisbewegungen in der Dritten Welt formuliert und praktiziert werden. Zu nennen wäre etwa das Konzept, das der mexikanische Theoretiker *Gustavo Esteva* in seinem Essay *In der Hängematte* darstellt (in *FIESTA*). Die Praxis von Bauernbewegungen in Südindien, die sich gegen eine verstärkte Weltmarktanbindung und die Patentierung ihrer traditionellen Nutzpflanzen durch multinationale Konzerne abzuschotten versuchen, findet in einem ähnlichen Kontext statt. Auch die Politik der *EZLN*, der neo-zapatistischen Guerilla im mexikanischen Bundesstaat Chiapas, läßt sich in diese Richtung interpretieren. Sie wendet sich zentral gegen die Zerstörung der autonomen Agrarverfassung durch die nordamerikanische Freihandelszone *(NAFTA)* und strebt nicht die militärische Vertreibung der nationalen Bundesregierung in Mexico City an, sondern wickelt deren Gewaltmonopol in Chiapas ab.

Die Positionen der *systemüberwindenden Reform* und der *Abwicklung* unterscheiden sich in der theoretischen Analyse der gegenwärtigen kapitalistischen Entwicklung und in ihrer Vision einer zukünftigen Gesellschaft. Sie haben unterschiedliche Vorstellungen davon, wer die sozialen Subjekte der Veränderung sind, und einen anderen Politikbegriff. In ihren politischen Forderungen und in ihren Vorschlägen für praktische Aktivität sind sie jedoch nicht unvereinbar.

Die *systemüberwindende Reform* hat ihren analytischen Hintergrund in der *Regulationstheorie*, also in der Suche nach einer zeitgemäßen, „postfordistischen" Struktur kapitalistischer Akkumulation, die Chancen für Ökologie und Emanzipation beinhalten soll. Die *Abwicklung* hat ihren theoretischen Hintergrund in der *Subsistenztheorie*, der fundamentalen Entwicklungs- und Akkumulationskritik, wie sie in Deutschland mit dem *Bielefelder Ansatz* entwickelt wurde und sich heute um das *Institut für Theorie und Praxis der Subsistenz (ITPS)* gruppiert. Auf beide theoretischen Fundierungen wird später noch einzugehen sein; auch auf ihr unterschiedliches Verhältnis zur Modernisierung beziehungsweise zum Projekt der Moderne überhaupt. Beide Positionen enthalten unterschiedliche Fallstricke für den subjektiven Umgang mit den Problemen. Die *systemüberwindende Reform* hat ihre spontane Attraktivität nicht zuletzt darin, daß sie einen systemimmanenten Zwang zur Veränderung in die richtige Richtung ausmacht (Krise des Akkumulationsmodells) – und weil sie sehr einseitig kapitalkritisch ist. Überspitzt gesagt: Wir selbst sind nicht das Problem, es gibt nur Irrationalitäten der Produktionsweise. Wir müssen unser Leben und Denken nicht *so sehr* ändern. Diese Position läßt sich vertreten, ohne die eigenen patriarchalen und rassistischen Strukturen, die eigene Abhängigkeit vom System der formalisierten Arbeit, die persönliche Hoffnung in das Projekt der wirtschaftlichen Entwicklung allzusehr in Frage zu stellen.

Die Schwierigkeit der *Abwicklung* liegt darin, daß ihr die Kritik leichter fällt als die Gestaltung. Sie verfügt durchaus über Vorschläge für praktisches Handeln; sie ist auch in der Lage, ihre Strategie in einzelne Schritte zu zerlegen, die sinnvolle Zwischenziele darstellen. Aber sie kann sich zunächst nicht, wie die *systemüberwindende Reform*, auf die Vorstellung eines objektiven Zwangs zur Veränderung stützen, von dem die bestehenden Verhältnisse vorangetrieben werden. Deshalb muß sie die Frage beantworten, wodurch und *weshalb* sich denn die Kräfteverhältnisse so verändern sollen, daß Schritte in Richtung Abwicklung durchsetzbar werden. Dafür reicht die Vorstellung nicht, durch Überzeugungsarbeit die Basis dieser Position zu verbreitern – eine solche Vorstellung wäre der Rückfall in ein sehr idealistisches Geschichtsbild. Die VertreterInnen der *Abwicklung* würden sich damit selbst die Sichtweise der Aufklärung zu eigen machen, die von ihnen ansonsten heftig kritisiert wird. Nein, es muß geklärt werden, weshalb die Kräfteverhältnisse aktuell so ungünstig sind, wie sie sind, sich jedoch perspektivisch verschieben werden oder verschieben lassen.

Mit anderen Worten: Die Position der *Abwicklung*, wenn sie nicht in eine Haltung der kritischen Passivität oder der aktiven Ratlosigkeit umkippen soll, muß einen *Krisenbegriff* entwickeln. Wo die *systemüberwindende Reform* tendenziell von einer objektiven Krise ausgeht (die Akkumulation von Kapital in ihrer bisherigen Form funktioniert nicht mehr), muß die *Abwicklung* tendenziell eine *subjektive Krise* glaubhaft machen (die Orientierung der Menschen, ihre persönlichen Interessen zu wahren, geht nicht mehr mit der Stabilität der gesellschaftlichen Verhältnisse zusammen). Sie muß begründen, weshalb die bisherige Ordnung der Dinge, die relative soziale und gesellschaftliche Stabilität der Verhältnisse, Stück um Stück außer Kraft gesetzt wird, so daß eine andere Logik von Entwicklung Chancen bekommt, sich zu behaupten und zu entfalten. Sonst könnte sie nicht viel mehr als eine Strategie des Überwinterns darstellen.

Es bleiben also noch einige Fragen zu klären, damit die Diskussion um die Zukunft der Schlangen und der Frösche angemessen geführt werden kann. Diese Aufgabe ist notwendig, denn ein Zusammenwerfen der verschiedenen praktischen Vorschläge führt noch nicht dazu, daß eine soziale Bewegung Konturen gewinnt, die eine emanzipatorische Perspektive unter den aktuellen öko-sozialen Bedingungen wieder realistisch machen. Zwischen der *systemüberwindenden Reform* und der *Abwicklung* wird die entscheidende Auseinandersetzung um eine emanzipatorische Perspektive in der öko-sozialen Krise laufen müssen. Der Rest ist, bei Licht betrachtet, schlicht Unsinn.

Die herrschende Nachhaltigkeits-Debatte suggeriert, daß die Verhältnisse keiner grundlegenden Veränderung bedürfen, um den Tanker wieder flott zu kriegen. Sie redet zwar von gewaltigen Anstrengungen, die nötig seien, um die ökologische Krise zu überwinden. Aber diese sollen komplett auf der Linie der bisherigen Entwicklungsstränge bleiben: technische Entwicklung; Strukturpolitik; internationale Abkommen; Steuerung des individuellen Verhaltens gemäß objektiven Notwendigkeiten; Formierung der Gesellschaft im Sinne einer nationalen Handlungsfähigkeit. Durch intelligente Technik und intelligente Politik soll dem bestehenden Kapitalismus ein überraschender Ausweg aus der ökologischen Krise gefunden werden. Die Anziehungskraft der Nachhaltigkeits-Debatte besteht in der Vermarktung dieser Idee eines raffinierten *Coups*: Alles nicht so schlimm gewesen. Donald Duck schafft es wieder einmal in der letzten Minute.

Eine Alternative dazu muß diese Vorstellung einer radikalen Kritik unterziehen. Mehr noch: Sie muß beweisen, wo eine Alternative möglich ist. Dafür muß die Dynamik, die Bewegungsgesetze der bisherigen Entwicklung, einer historischen Analyse und Kritik unterzogen werden. Die Geschichte muß in der Analyse gegen den Strich gebürstet werden, damit sie in der Praxis verändert werden kann.

Literatur

Anti-EG-Gruppe Köln u.a.: Im Westen nix Neues! Flugblatt zur Präsentation der Studie „Zukunftsfähiges Deutschland" in Köln am 23. 10. 1995.

Brüggen, Willi: Vom Umbaumodell zur Umbaupolitik. In: Bulmahn, Edelgard – Oertzen, Peter von – Schuster, Joachim (Hrsg.): Jenseits von Ökosteuern. Konturen eines ökologisch-solidarischen Reformprojektes im Übergang zum Postfordismus. SPW-Jahrbuch 1995/96, Dortmund 1995.

Eblinghaus, Helga – Stickler, Armin: Nachhaltigkeit und Macht. Zur Kritik von Sustainable Development. Frankfurt/Main 1996.

Esteva, Gustavo: FIESTA – Jenseits von Entwicklung, Hilfe und Politik. 2. Aufl. Wien 1995.

Oberfrank, Thomas: Die Herrschaftsfrage als Demokratiefrage stellen! Gegen den Aufbau falscher Fronten in der Nachhaltigkeitsdebatte. In: Lateinamerika Nachrichten (LN) 257/258, Berlin 1995.

Zur Nachhaltigkeitsdebatte: Sei kein Frosch, BUKO! In: Analyse und Kritik (AK) vom 20. 11. 1995, Hamburg 1995.

Die Geschichte der Pyramiden

Von Ramses zu Rockefeller

Wenn man die Erde bei Nacht aus großer Höhe betrachtet, etwa von einem Fotosatelliten aus, kann man in den ansonsten dunklen Landflächen hellerleuchtete Zonen sehen. Bänder aus miteinander verschmelzenden Lichtpunkten markieren die dichtbesiedelten urbanen Gebiete der industriellen Zentrumsländer: die Küsten der USA, die Mitte Europas, Japan. Große Lichtflecken um den Persischen Golf rühren von den Ölfeldern her, auf denen Tag und Nacht das aus den Bohrlöchern strömende Gas abgefackelt wird. Das Innere Brasiliens und Zentralafrikas erscheint schwach gesprenkelt – das Leuchten der Brandrodungen, mit denen der Urwald zurückgedrängt wird.

Die Lichter sind nicht gleich. Die Leuchtpunkte der Triade sind Lichter des Reichtums, einer Zone, die ihre Straßen und gläsernen Innenstädte auch bei Nacht beleuchtet. Die Lichter im Urwald sind Lichter der Armut, Zeugnisse einer Bevölkerung, die von ihrem angestammten Land verdrängt ist und sich Auswege brennt auf Böden, die nach ein paar Jahren ackerbaulicher Nutzung schon wieder unfruchtbar sind; die vorrückenden Rinderfarmen immer auf den Fersen. Das Golflicht ist das Licht eines Motors, der die Verbindung zwischen den beiden anderen Lichtern aufrechterhält; das Licht der Bewegung, neben dem Reichtum und Armut dicht beieinanderliegen. Wie das Urwaldlicht ist das Flackern des Golfs ein Licht des Verschwindens, des unwiderruflichen Verbrauchs von natürlichen Ressourcen, während das urbane Leuchten der Triade ein Licht der Anhäufung ist. Es ist der Widerschein der gewaltigen Energiemengen, die in diesem Teil der Erde verwendet werden können und deren Emissionen die Atmosphäre am stärksten verändern.

Alle drei Lichter zusammen sind das Leuchtzeichen einer Kultur, die sich in Frage gestellt sieht: der *industriellen Zivilisation*, die sich nur als weltweite denken läßt. Wer abends mit dem Auto in die Innenstädte des Nordens fährt und in einem hellerleuchteten Lokal ein Steak ißt, steht mit allen dreien in unsichtbarer Verbindung – es ist nicht umsonst ein zentraler *Ritus* dieser Zivilisation. Man hört in ihm das Rauschen der Ströme, die Natur in allen Formen zwischen den drei Zonen bewegen; das Geräusch des globalen Sogs, auf dem die industrielle Zivilisation steht. Und bevor wir die Energiesparlampen auspacken, das Abfackeln verbieten und eine nachhaltige Inwertsetzung des Regenwalds anordnen, sollten wir uns mit der Natur dieses Sogs vertraut machen, mit seinen Regeln und mit seiner Geschichte.

Seit der Zeit der atomaren Hochrüstung und ihrem Nachbild in der modernen Science Fiction haben wir uns angewöhnt, unsere Zivilisation auch aus der Perspektive ihres möglichen Endes zu betrachten: die halbverschüttete Freiheitsstatue zum Beispiel, die im *Planet der Affen* vom Untergang des amerikanischen Imperiums berichtet. Der Blick auf eine Kultur aus der Perspektive ihrer *Ruinen* entspricht der Blickrichtung des Strukturalismus: Was können wir über eine Gesellschaft sagen, wenn wir ihre eigenen Erklärungsmuster wegstreichen und uns nur an ihre Artefakte halten, ihre Ruinen eben? So wie wir versuchen, aus den Pyramiden, Palästen und Bewässerungsanlagen des alten ägyptischen Reiches dessen Gesellschaftsstruktur zu rekonstruieren.

Wenn wir also unsere Gegenwart mit einem archäologischen Blick betrachten, ist das hervorstechendste Merkmal die ungeheure *Menge* von Ruinen, die unsere Zeit hervorbringt. Es ist eine extrem ruinenreiche, im wahrsten Sinne *ruinöse* Kultur. Anstelle von Pyramiden fänden wir riesige Staudämme; Flugplätze und Autobahnen; Kraftwerke und Überlandleitungen; die Hallen und Maschinenansammlungen der großen Industrie: die Öfen der Stahlwerke, die eisernen Gedärme der chemischen Fabriken, die hohen Tempel der Raumfahrt und der Waffenschmieden, die endlosen Bänder der Massenfertigung. Unterhalb dieser großen Ruinen fänden wir eine unglaubliche Menge von industriellem Schutt: Geräte aller Art; Autoreste natürlich; Fahrzeuge und Bauschutt in rauhen Mengen; PCs und anderen elektronischen Müll; die Scherben und Gerippe der zirka 10.000

Gegenstände, mit denen sich ein Mensch in den hochindustrialisierten Zentren heute im Schnitt umgibt; alles sehr haltbar. Wir fänden auch Bauten, die schon zu Lebzeiten Ruinen waren. Die unterirdische Betonfestung von Tschernobyl etwa oder die liegengelassenen 28 Kilometer des amerikanischen Teilchenbeschleunigers, der einmal 87 Kilometer lang werden hätte sollen, aber inzwischen aus Kostengründen aufgegeben wurde. Und wir stünden vor einem Rätsel.

Eine solche Anhäufung von Artefakten, die Verschleppung solcher Mengen von Material, das offenbar zu erheblichen Teilen aus ganz anderen Gegenden der Erde gekommen sein muß, ist historisch einfach nicht normal. Fortschritt, sagen wir in der Regel und zucken die Achseln; aber damit ist nichts erklärt. Wir könnten die Wege rekonstruieren, die dieses Material gegangen sein muß. Wir würden abschätzen, welche Mengen an Arbeit in den Artefakten eingefroren sind, und würden errechnen, daß die Lebensdauer der Menschen in den ruinenreichen Zonen unmöglich ausgereicht haben kann, all diese Artefakte herzustellen. Die Pyramiden der Industriezeit brauchen Bautrupps, die über die ganze Welt verteilt sind. Welche Kräfte konnten dieses Maß an zentraler Arbeitsorganisation aufrechterhalten, und wozu war es gut?

Es ist das Paradox der großen Industrie, daß es sie eigentlich gar nicht geben kann. Unsere Kenntnis früherer Kulturen läßt das Entstehen derart dichtgepflasterter Artefakte als so unwahrscheinlich erscheinen, daß in unserer fiktiven archäologischen Zukunft sicher eine Reihe von Dänikens die Meinung vertreten würde, diese Artefakte müßten direkt aus dem Weltraum eingeflogen worden sein. Es läßt sich nämlich nur schwer sagen, aus welchen Interessen heraus sie entstanden und wirklich gebaut worden sein sollen.

Unwahrscheinlich ist dies einmal aus der Perspektive der *breiten Bevölkerung*. Freie Kooperation von Menschen schafft keine solchen Artefakte. Wer jemals in einem halbwegs selbstorganisierten Projekt gearbeitet oder auch nur an den Versuchen teilgenommen hat, zentrale Arbeiten in einer Wohngemeinschaft arbeitsteilig zu organisieren, wird das wissen. Das ist auch ganz normal und entspricht der menschlichen Rationalität.

Sicher mag es praktisch sein, reihum für alle zu kochen und einen zentralen Putz- und Anschaffungsplan aufzustellen; aber die Realität nagt unbarmherzig daran. Denn die Vorteile dieser arbeitssparenden Rationalisierung werden sehr schnell vom Nachteil der geringen Flexibilität aufgefressen. An soundsoviel Tagen würde man persönlich lieber gar nicht kochen oder nicht zu diesem Zeitpunkt und jedenfalls nicht das. Man würde putzen, bevor die Verwandtschaft kommt, aber nicht während der eigenen Streßphasen. Man würde die Abgabe in die WG-Kasse für einen neuen Küchenschrank lieber doch zurückstellen, weil einem ein ganz privater neuer Fernsehapparat gerade dringender wäre. Die Formalisierung der zentralen Arbeit und Organisation läuft gegen ihre arbeitsteilige Nützlichkeit. Die Individuen rechnen ihre Anstrengungen für die gemeinsame Sache beständig gegen andere Anstrengungen auf, die sie persönlich vielleicht lieber unternehmen würden; insbesondere, wenn nicht die allgemeine Not eine straffe Kooperation erzwingt.

Die Individuen mißtrauen der Festlegung, die ihnen die Schaffung von Artefakten auferlegt. Denn der Nutzen ist ihnen nicht so sicher, je größer und aufwendiger das Artefakt ist. Es gibt schließlich auch *andere Ziele*, die mit den großen Plänen konkurrieren: Vielleicht doch lieber baden zu gehen oder nichts zu tun, als gemeinsam den Keller zu renovieren; das zu erledigen, was liegengeblieben ist, anstatt etwas Neues anzufangen; Beziehungen zu klären und Neuigkeiten auszutauschen, anstatt gemeinsam etwas zu bauen, das erst in Zukunft nützlich ist oder vielleicht auch gar nicht. – Umgekehrt mißtrauen die Gemeinschaften auch den Artefakten einzelner, und das aus gutem Grund. Sie wissen, daß die *großen Projekte* Arbeit und Zeit an sich ziehen, die anderswo fehlen. Wer ein Buch schreibt, ein altes Auto herrichtet oder ein Haus baut, ist ein schlechter Wohngefährte, denn er wird zweifelsohne andere Dinge liegenlassen und vieles nicht erledigen, was sonst seine Aufgabe gewesen wäre. Andere werden es tun müssen. Wer erklärt, sich zwei Jahre zurückziehen zu müssen, um eine Erfindung zu machen, gilt nicht nur als absonderlich, sondern auch als sozial unverträglich. Auch ein kleinerer Betrieb würde nicht ein Drittel seiner MitarbeiterInnen freistellen, um eine Maschine neu zu entwikkeln, die in der eigenen Produktion eingesetzt werden soll. Jedenfalls würde eine solche Entscheidung nur nach langen Erwägungen fallen – und nicht sehr oft.

Normale Gesellschaften und Gemeinschaften sind relativ investitionsfeindlich, artefaktfeindlich gewissermaßen. Das ist keine Frage von fehlender Entwicklung, sondern von menschlicher Vernunft. Sie haben auch Artefakte, aber diese sind kleiner, und es gibt weniger davon. Die Artefakte stehen unter einer starken sozialen Kontrolle, da sie sich permanent gegenüber den *anderen Zielen* rechtfertigen müssen. Deshalb wachsen die Artefakte langsamer. Die *anderen Ziele* schaffen einen natürlichen Widerstand gegen die *großen Projekte*: gegen die Artefakte der Gemeinschaft wie auch gegenüber den Artefakten einzelner oder von Untergruppen. Solche Gemeinschaften haben nichts zu verschenken, vor allem keine Arbeitszeit. Es wird nicht auf gut Glück investiert. Der Nutzen technischer Projekte muß in überschaubaren Zeiträumen klar sein. Große Kooperationen wachsen höchstens aus der Vernetzung von kleineren Einheiten, die auch ohne diese Kooperation sinnvoll funktionieren. Solche Gemeinschaften schaffen Schmieden und Mühlen, Märkte und Häuser; gewiß. Aber sie schaffen keine Raumfähren und keine Elektronenschleudern.

Man sieht es den Artefakten der modernen Gesellschaft übrigens auch an, daß sie zu schnell und ohne Widerstände wachsen. Die Häßlichkeit der modernen Gebäude und die Großspurigkeit ihrer architektonischen Gestalt zeugen davon, daß niemandem die Arbeit, die dafür verwendet wurde, etwas bedeutet hat; daß sich niemand bewußt entscheiden mußte, Arbeit hierfür einzusetzen und nicht für etwas anderes; und daß niemand versuchen mußte, für diesen Aufwand um nachträgliche Anerkennung zu werben. Sie sind von Menschen gebaut und geplant, die sich niemandem gegenüber rechtfertigen müssen für das, was sie den ganzen Tag lang tun – wozu es gut ist, und ob es gut ist; ob es schön und für alle nützlich ist oder zumindest für einige. Das Tempo, in dem die Artefakte hochschießen, und die Kälte, die sie ausstrahlen, sind beides Ausdruck der Grundtatsache: daß die Widerstände gegen sie eingeebnet sind.

Aus dem Artefaktreichtum der industriellen Zivilisation können wir eine Schlußfolgerung ziehen: Der Widerstand der *anderen Ziele* muß in der industriellen Zivilisation in einem kaum vorstellbaren Maße gebrochen gewesen sein. Die Verfügbarkeit von Menschen für öffentliche Ziele, die Benutzbarkeit von menschlicher Arbeit für die Herstellung von Artefakten, muß in extremer Weise durchgesetzt gewesen sein. Auch für private Artefakte müssen schier beliebige Mengen kommandierbarer Arbeit zur Verfügung gestanden sein. Es gehört zum Wesen der industriellen Zivilisation, daß fast alle Menschen ständig etwas tun, was sie nicht tun würden, könnten sie sich frei entscheiden. Jedenfalls nicht so; nicht in diesem Ausmaß und dieser Ausschließlichkeit. Und umgekehrt, daß einige Menschen Dinge tun, die nicht zustandekämen, wären sie von der normalen Zustimmung und Freistellung ihrer Gemeinschaften abhängig.

Gehen wir in unserer archäologischen Betrachtung davon aus, daß die industrielle Zivilisation keine Gesellschaft der freien Kooperation war. Nehmen wir an, daß sie ebenso eine herrschaftsförmig organisierte Gesellschaft war wie die meisten Gesellschaften vor ihr. Aber das macht das Rätsel, vor dem wir stehen, nicht kleiner. Denn auch aus der Perspektive einer mutmaßlichen *Herrschaftselite* machen die Ruinen, die wir studieren, keinen rechten Sinn.

Auch Herrschaftseliten brauchen keine Elektronenschleudern und eigentlich auch kein World Wide Web. Was eine Herrschaftselite im Unterschied zur breiten Bevölkerung ausmacht, sind einmal ihre *Privilegien*: daß sie besser lebt als der Rest, sich mehr für ihren eigenen Luxus aneignen kann. Dazu gehört ihr Konsum, aber auch die Freiheit, ihr Umfeld so zu gestalten, wie es ihr paßt, und dafür andere zu kommandieren. Das zweite sind die *Machtmittel*, über die sie verfügt: die Möglichkeit, ihre Privilegien zu verteidigen, den Zustrom an Reichtümern und Dienstbarkeiten auf ihre Konten abzusichern beziehungsweise zu erzwingen.

Zu beidem passen die von uns besichtigten Relikte der industriellen Zivilisation eher schlecht. Herrschaftseliten haben keinen Grund, die Gesellschaft flächendeckend mit Toastern zu überschütten. Sie haben auch kein unmittelbares Interesse daran, daß überall massenhaft Güter hergestellt und über die Weltmeere verschickt werden, ohne je von den Herrschaftseliten konsumiert zu werden. Ganz im Gegenteil – wir werden bei näherer Betrachtung finden, daß die Reichen und Mächtigen der industriellen Gesellschaft zu einem besonders hohen Prozentsatz Dinge konsumieren, die aufwendig und handwerklich hergestellt werden und eben nicht arbeitsteilig und fabrikmäßig. Für ihren Luxuskonsum ist die Industrie eigentlich nicht nötig. Selbstverständlich konsumieren die Mächtigen und Reichen gern Waren von überall her; aber mit Sicherheit nicht die Tonnen und Megatonnen, die hin und her geschickt werden, sondern bestenfalls Bruchteile davon.

Klassischerweise brauchen die Mächtigen auch keine besonders schnellen Fahrzeuge, sondern eher komfortable. Statt dessen sind ihre Fortbewegungsmittel in der industriellen Zivilisation denen der breiten Bevölkerung (jedenfalls der Bevölkerung der artefaktreichen Zonen) wesentlich näher als zu anderen historischen Zeiten, in denen man sich mit Kutschen und Elefantenwagen inmitten eines Volks von FußgängerInnen bewegte. Die Schere zwischen dem materiellen Besitz der Reichen und dem

Besitz der Armen ist in der industriellen Zivilisation ziemlich groß, sehr viel größer als in den meisten vorindustriellen Gesellschaften. Trotzdem ist der Luxus der modernen Reichen von einer schockierenden Einfallslosigkeit. Und diejenigen, die am reichsten sind, sind sehr häufig diejenigen, die überhaupt keine Zeit haben für Luxus und Muße, sondern ständig *arbeiten*. Für Herrschaftseliten in fast allen anderen historischen Gesellschaften, die wir kennen, eine Geschmacklosigkeit.

Man sollte erwarten, daß eine herrschende Gruppe oder Klasse andere für sich arbeiten läßt: für ihre Annehmlichkeiten, für ihre Verteidigung, für Dienstbarkeiten aller Art. Aber doch nicht dafür, Maschinen zu bauen. Herrschende brauchen keine Geräte, die Arbeit sparen; sie verfügen über fremde Arbeit. Man muß keine Klimaanlage haben, wenn man sich fächeln lassen kann. Man sollte auch annehmen, daß Herrschaftseliten sich auf direktem Wege nehmen, was sie für sich beanspruchen und verbrauchen – und nicht, daß sie Waren in gigantischen Mengen auf den Markt werfen lassen. Die Mächtigen haben klassischerweise kein gesteigertes Interesse an Entwicklung, am Hochputschen der Produktion um jeden Preis. Sie bauen unsinnige Artefakte, gewiß; aber genau die Artefakte, die sie wollen, und nicht alle möglichen überall. Sie bauen Pyramiden am Nil als Häuser für ihre Seelen nach dem Tod. Aber sie lassen nicht Tausende von Pyramiden bauen, die vor jedem Haus und in jeder Straße aufgestellt werden. Sie fördern keine Pyramidenindustrie. Dies bedeutete nur, daß Steine und Arbeit für ihre eigenen Luxusbauten schneller knapp würden.

Für die Herstellung von Machtmitteln hat die industrielle Zivilisation schon mehr zu bieten. Die von uns besichtigten Ruinen zeigen uns eine Zivilisation, die bis an die Zähne bewaffnet ist. Sie verfügt über Waffen einer extremen Reichweite, Präzision und Vernichtungskraft, die sehr wohl das gesamte technologische Know-how ausnutzen, das in der großen Industrie zum Ausdruck kommt. Ein erheblicher Teil der Artefakte geht auf das Konto von Rüstung – Fabriken und Forschungsstätten, Waffen und Kontrollstationen. Dieser Teil bildet das Skelett eines weitreichenden Macht- und Kontrollsystems: Streitkräfte und Polizeieinheiten, Gefängnisse und psychiatrische Anstalten, Grenztruppen und Interventionsstreitmächte, Massenvernichtungs- und Präzisionswaffen.

Trotzdem ist es nur ein Teil der Artefaktwelt. Die industrielle Zivilisation schafft mächtige Waffen, aber das scheint nicht der Hauptzweck zu sein. Die großen Computer, die den Einsatz dieser Rüstung steuern, machen Sinn. Aber in jedes Büro und in jede Wohnung einen kleinen Computer zu stellen, ist aus der Perspektive der Machtmittel nicht plausibel. Wir können die U-Boote und Helikopter erklären; aber nicht die Kleinwagen und Staubsauger. Wir wissen jedoch aus den Quellen, daß die herrschenden Gruppen und Schichten der industriellen Ära die umfassende Steigerung der Produktion *wollten*. Ihre machtmäßigen Interventionen dienen nicht dem direkten Beutemachen, dem Abtransport vorhandener Güter. Wo sie erobert, eingegriffen, unterworfen haben, hinterlassen sie eine Struktur, die mehr Artefakte schafft als vorher. Es muß also ein Interesse daran geben.

Auch hinsichtlich der Herrschaftseliten können wir aus den Ruinen also einige Schlußfolgerungen ziehen. Wenn die Herrschenden der industriellen Zivilisation sich der Artefaktkultur bedienten, um ihre Privilegien daraus zu erhalten, so war dies jedenfalls eine äußerst umständliche und verschwenderische Methode. Mehr als essen, schlafen, wohnen und sich kleiden; reisen, sich bilden, sich fortbewegen; sich bedienen lassen, seine Arbeit von anderen erledigen lassen und sich sexuelle Dienstbarkeiten verschaffen – mehr als das kann schließlich kein Mensch. Die Privilegien der industriellen Zivilisation haben dem nichts Nennenswertes hinzugefügt. Wenn die Reichen und Mächtigen der industriellen Zivilisation den Artefaktwahn gewünscht und gefördert haben, dann haben sie es nicht getan, weil ihnen daraus mehr Genuß erwachsen wäre als ihren Vorgängern, die keine Industrie aufbauten. Sie haben es getan, weil sie es nötig hatten; vermutlich, um ihre Privilegien zu erreichen und zu sichern. So gesehen, wäre es plausibel, daß die *gesamte* Welt der Artefakte eine Art *Waffenfunktion* gehabt hat. Die Kühlschränke und Toaster könnten auf eine bestimmte Art und Weise genauso dazu gedient haben, den Zustrom der Abgaben und der Dienstbarkeiten abzusichern, wie dies Gewehre und Stricke tun.

Ferner können wir schließen, daß Herrschaft und Arbeit – jedenfalls eine bestimmte Art von Arbeit – in der industriellen Zivilisation keine Gegensätze gewesen sein können. Neben der verfügbar gemachten, der *kommandierbaren* Arbeit, ohne die es keine derartigen Artefakte gäbe, muß es eine andere Arbeit, eine *kommandierende* Arbeit gegeben haben. Während Muße, im Gegensatz zu anderen Zivilisationen, in der industriellen Zeit kein rechtes Ziel für die Mächtigen gewesen zu sein scheint, war offenbar die kommandierende Arbeit sehr wohl ein Ziel. Sonst wären die Herrschaftseliten der industriellen Zivilisation trotz ihrer Swimming-pools und goldenen Armbanduhren doch recht arme Schlucker gewesen.

Bleibt also die Frage nach dem *Handelskapital*. In allen Gesellschaften gibt es Austausch von Waren. Da der Austausch über größere Entfernungen, Handel eben, im Gegensatz zum Austausch auf lokalen oder regionalen Märkten immer mit dem Problem der Vorfinanzierung verbunden ist, gibt es in den allermeisten Gesellschaften auf den Handel spezialisierte Gruppen, Handelskapital eben. Könnte nicht wenigstens für diese Gruppe, die mit dem Austausch von Waren ihre Geschäfte macht, die industrielle Zivilisation eine sinnvolle Perspektive gewesen sein, die ihre Artefakte erklärt?

Nun, leider gilt auch das nicht. Jedenfalls nicht so ohne weiteres. Das Handelskapital lebt davon, daß man die entsprechenden Waren zu Hause nicht kriegen kann – oder nicht so gut oder nicht so günstig. Der Unterschied zu dem, was regional produziert wird, muß – in der Qualität oder im Preis – so groß sein, daß er die notwendigen Transportkosten und den Profit des Handelskapitals rechtfertigt. In der Regel wurde hauptsächlich mit dem gehandelt, was es zu Hause überhaupt nicht gibt: Gewürze, Edelmetalle, Kunsthandwerk. Das klassische Lebenselixier des Handelskapitals sind die Unterschiede zwischen den Regionen: ihr Klima, ihre Bodenschätze, ihre Traditionen. Eine bedingte Ausnahme stellte immer der Sklavenhandel dar. Menschen gibt es natürlich überall, aber der Sklave wird erst dadurch wirklich zum Sklaven, daß er oder sie von zu Hause verschleppt wird. Es gibt dann keine vertraute Umgebung mehr, in die er oder sie entkommen kann, und keine soziale Heimat, die seiner oder ihrer Rechtlosigkeit Schranken auferlegen könnte. Insofern gilt auch für den Sklavenhandel, daß mit einer Ware gehandelt wird, die es so im eigenen Land nicht gibt.

Das Handelskapital hat in vorindustriellen Gesellschaften nie die Produktion direkt übernommen, um sie mit Maschinen auszustatten und Artefakte zu schaffen. Und das aus gutem Grund: Langfristig sind hier keine komparativen Kostenvorteile zu erwarten. Es macht keinen Sinn, mit hohen Investitionssummen etwas zu produzieren, das überall produziert werden kann. Plantagen und Bergwerke machen vielleicht Sinn, aber keine Fabrikhallen. Denn an sich steht zu erwarten, daß dieser Handel zum Erliegen kommt, weil die so geschaffenen Artefakte – wenn sie denn wirklich absetzbar sind – irgendwann überall produziert werden. Und so gibt es denn in den längsten Zeiten der menschlichen Geschichte zwar viele Orte, wo Maschinen prinzipiell bekannt sind – Kriegsmaschinen etwa finden sich bereits im alten Griechenland, und sowohl die chinesische als auch die arabische Zivilisation waren technisch in der Lage, Maschinen herzustellen. Aber es findet nirgends statt, daß das Handelskapital in eine Maschinenkultur investiert, um sich die Waren selbst zu schaffen, mit denen es handelt. Nicht vor der industriellen Moderne.

Da wir aber aus unseren Ruinen-Rundgängen wissen, daß in der industriellen Zivilisation das Handelskapital sehr wohl damit befaßt war, in Fabriken oder Verlagswerkstätten alle möglichen Artefakte zu produzieren, mit denen dann gehandelt wurde, können wir auch hier eine Schlußfolgerung ziehen. Dieses Vorgehen kann nur sinnvoll gewesen sein, wenn sich auch im Bereich der industriellen Herstellung von Artefakten komparative Kostenvorteile erzielen ließen, und zwar *dauerhafte*; und wenn das Risiko der Investition sich dadurch rechtfertigen ließ, daß die langfristige *Verfügung* über die notwendige Arbeitskraft in vollem Umfang gesichert war. Es muß also Menschen gegeben haben, die langfristig billiger arbeiteten als andere; und sie dürfen keine Chance gehabt haben, sich über Nacht eine andere Existenzmöglichkeit zu suchen.

Was wissen wir also, zusammengefaßt, aus den Ruinen der industriellen Zivilisation – und aus der Tatsache, daß sie eigentlich unmöglich ist? Die industrielle Zivilisation kann nur existieren, wenn Arbeit in schier beliebigen Mengen verfügbar gemacht ist, wenn der alltägliche Widerstand der Menschen gegen ihre Verfügbarkeit – ihr Beharren auf den anderen Zielen und ihr Widerstand gegen die großen Projekte – in hohem Maße gebrochen ist. Die traditionellen sozialen Strukturen müssen zerstört, die klassischen sozialen Regeln gegenseitiger Kontrolle geschleift worden sein. Die gesamte Artefaktwelt muß in ein System eingebunden sein, in dem die Artefakte nicht nur Waren, sondern auch Waffen sind, und zwar alle: Mittel, den Transfer von Gütern und Dienstleistungen zu den privilegierten Gruppen zu sichern. Die industrielle Zivilisation muß verschiedene Arten von Arbeit geschaffen haben: eine beliebig verfügbare, kommandierbare Arbeit; und eine hochgestellte, kommandierende Arbeit, die zur Benutzung fremder Arbeit und Ressourcen berechtigt. Und es muß Arbeit in verschiedenen Regionen der Welt verfügbar gewesen sein, die in unterschiedlich starker Weise unter Bedingungen des Zwangs und der extremen Ausbeutung stattfand.

Wenn wir diese Ergebnisse mit der wirklichen Geschichte abgleichen, sehen wir, daß es auch genauso gelaufen ist. Die neuzeitliche Moderne schafft in Europa und über Europa hinaus genau diese Voraussetzungen, lange bevor die industriellen Artefakte erscheinen. Sie zerbricht die traditionellen sozialen Gemeinschaften und ihre Selbstregelungskräfte und -rechte. Sie macht Arbeit in jedem Sinne verfügbar und teilt sie gleichzeitig in kommandierte und kommandierende Arbeit. Sie lernt, die gesamte Ökonomie als Waffe einzusetzen, und schafft sich Kolonien und abhängige Gebiete, in denen sie die Ausbeutung von Arbeit und Natur auf die Spitze treibt.

Die Bauernkriege in Mitteleuropa, die Hexenverfolgungen und die Inquisition in ganz Europa, die Enteignung des bäuerlichen Landes zugunsten privaten Großbesitzes über die englischen *enclosures* und vergleichbare Prozesse in Mitteleuropa – all diese in hohem Maße gewaltförmigen Auseinandersetzungen zerstören die bäuerliche und städtische Gesellschaft. In diesen Auseinandersetzungen geht es nicht nur um die Regelung von Abgaben, die eine ansonsten sich selbst überlassene Gemeinschaft zu entrichten hat – der moderne Staat tritt darin mit dem Anspruch auf, sämtliche Prozesse der Gesellschaft an ihrer Basis zu regeln, zu bestimmen und zu kontrollieren. Die Formen des alltäglichen Widerstands zu brechen und Verfügbarkeit von Menschen herzustellen, ist das zentrale Projekt der europäischen Staaten des 16. und 17. Jahrhunderts. Sie verfolgen es mit den Mitteln der Kriminalistik und der Bürokratie, aber auch mit den Mitteln der gegenseitigen Bespitzelung und der verschärften patriarchalen Überordnung in Familie und Arbeitsleben. Die Arbeitshäuser dienen lange Zeit nicht dem Profit, sondern der Kontrolle der „gefährlichen Klassen"; die Spinn- und Webhäuser internieren alleinstehende Frauen, die der „Unzucht", der Kriminalität oder der Verelendung beschuldigt sind. Die europäischen Gesellschaften verschreiben sich einer protestantischen (und dann auch katholischen) Arbeitsethik, die ihresgleichen sucht und der sich selbst die herrschenden Eliten nicht entziehen können.

Sie schaffen die berühmte „vorindustrielle Massenarmut", die Bedingung dafür ist, daß Menschen sich um jeden Preis verkaufen müssen – und trotzdem müssen sie erhebliche Gewalt aufwenden, um andere Wege abzuschneiden, um Selbstversorgung, Selbstorganisation, Arbeitsverweigerung und „Kriminalität" zu verhindern. Gleichzeitig teilen sie die Arbeit in eine verfügbare und rechtlose „Gratisarbeit", wie die Subsistenztheorie es genannt hat, und in eine kommandierende Arbeit, die Chancen auf Aufstieg und Anerkennung bietet. Frauen, bäuerliche Bevölkerung, städtische Unterschichten und nicht zuletzt die Bevölkerung der inneren und äußeren Kolonien (unterworfene Ethnien im Inneren sowie eroberte Territorien außerhalb Europas) werden zum Träger unentgeltlicher oder niedrigst bezahlter Arbeits- und Dienstleistungen. Auf der anderen Seite erlaubt das Niederreißen traditioneller sozialer Schranken anderen Gruppen und Schichten eine Arbeit, die in hohem Maße fremde Arbeit benutzen kann und dadurch Reichtum und Macht ermöglicht: eine Arbeit, die die Gratisarbeit anderer zu Artefakten zusammenschieben und diese dann nach Belieben einsetzen, verkaufen, anwenden kann. Die bewaffneten Trupps, die nach Übersee geschickt werden – vollgepackt mit gefrorener Arbeit in Form von Proviant, Ausrüstung, Rüstungen und Waffen, Informationen und wissenschaftlichen Erkenntnissen –, sind das Sinnbild dieses Vorgangs. Aber die ganze Ökonomie der Neuzeit ist durchzogen von „bewaffneten Trupps" im übertragenen Sinne.

Der Merkantilismus und die Kameralistik lehren, daß Ökonomien insgesamt als Waffe verwendet werden können: daß sich über das Erzielen von positiven Außenhandelsbilanzen ebenso effektiv Länder enteignen lassen wie durch direkten Raub. Das Handelskapital steigt in die Produktion dort ein, wo es über die *besonderen Bedingungen* vollständig rechtloser Arbeit verfügt und wo es das Entstehen konkurrierender Frühindustrien mit Gewalt verhindern kann. Die Frühform solcher Produktionsstätten sind die Plantagen und Haziendas, auf denen verschleppte Arbeitskräfte aus Afrika für den Export arbeiten. Die Übertragung dieses Prinzips auf den einheimischen Boden und mit einheimischen Arbeitskräften geschieht zu einem Zeitpunkt, zu dem die Verfügbarkeit externer Billigarbeit ebenso gesichert ist wie die Tatsache, daß die Produkte mit Gewalt und ohne Konkurrenz abgesetzt werden können. Die englischen Spinnfabriken des 18. und frühen 19. Jahrhunderts verbinden unterworfene indische Arbeit, die billige Baumwolle liefert, mit unterworfener englischer Arbeit, die sie zu Tuchen verarbeitet, und mit kolonial beherrschten Arbeitsmärkten, deren einheimische Produktion gewaltsam abgeschafft wird.

Dieser gesamte Prozeß läßt sich hier nur skizzenhaft umreißen. Festzuhalten ist: Die Artefaktwelt der industriellen Zivilisation ist überhaupt nur möglich, weil sie auf ganz bestimmten sozialen Strukturen und historischen Herrschaftsprozessen aufbaut. Es gäbe sie sonst gar nicht – so wie es sie in den meisten Bereichen der menschlichen Geschichte nie gegeben hat und wie sie in den weitesten Gebieten der menschlichen Zivilisation aus sich heraus nie entstanden ist.

Diese soziale Struktur mischt verschiedene Herrschaftsverhältnisse durcheinander; ihre Ausdehnung schafft neue Gewinner und neue Verlierer, oft sogar in einer Person. Die unterworfenen männlichen Arbeiter in den Metropolen sind einerseits Verlierer, weil sie ihrer Souveränität verlustig gehen; sie sind andererseits auch Gewinner, sofern sie sich als patriarchale Familienoberhäupter oder als Bezieher von industriell gefertigten Gütern fremde Arbeit und Leistung ohne große eigene Unterwerfungsleistung aneignen können. Die Frauen in den Metropolen sind einerseits Verlierer, da sie in ihrer überwiegenden Mehrheit als „Gratisarbeiterinnen" unterworfen sind – sei es als niedrigbezahlte, un- oder angelernte Kräfte in der Industrie, sei es als ökonomisch von ihrem Mann abhängige Hausfrauen, sei es als Anbieterinnen von Dienstleistungen aller Art auf den vielen geregelten und ungeregelten Märkten im formellen oder im informellen Sektor. Aber sie können auch Gewinnerinnen sein. Als Käuferinnen von Waren, die in der Dritten Welt billigst produziert werden, eignen sie sich ebenfalls fremde Arbeit problemlos an und sparen genauso wie die Männer ein paar Stunden Zeit durch das Öffnen einer Dose. Als strategisch geschickte Heiraterinnen können sie an der etwaigen Gewinnerposition ihrer Männer teilhaben. Daß sie sich gleichzeitig in einer beherrschten wie in einer Herrschaftsposition befinden, zeigt sich an ihrer Ausgesetztheit gegenüber männlicher Gewalt einerseits und ihrer Kommandogewalt als Arbeitgeberin einer Haushalts-Migrantin oder als weiße Touristin in Fernost andererseits.

Auch die koloniale Eroberung und Durchdringung der Dritten Welt schafft Gewinner und Verlierer gleichzeitig. Sie wäre wahrscheinlich unmöglich gewesen, hätte es nicht immer auch in den unterworfenen Gebieten partielle Interessen an diesem Prozeß gegeben. Tatsächlich gab es nur in den seltensten Fällen eine geschlossene Front gegen die Durchdringung von außen; und in diesen Fällen mißlang sie auch zeitweise oder kostete außerordentlich viel direkte Gewalt. Sie fiel leichter, weil sie in geradezu idealer Weise auch dazu dienen konnte, labile Herrschaftsverhältnisse im Verbund mit den fremden Eroberern zu stabilisieren oder an der neuen Umschichtung der Verhältnisse positiv teilzuhaben. Dies gilt bis heute.

Die Artefakte zu benutzen, schafft Macht und Wohlstand. Es ist das Lebenselixier der industriellen Moderne, daß Zug um Zug alle sozialen Kämpfe darauf ausgerichtet wurden, um die Verfügung über die Artefakte zu kämpfen, nicht um deren Existenz. Wenn es eine Krise dieser industriellen Zivilisation gibt, dann liegt sie darin, daß dieses Dogma nicht mehr unumschränkt gilt. Daran entscheidet sich, ob es sich um eine der vielen Modernisierungskrisen handelt, die an der grundsätzlichen Dynamik dieser Entwicklung nichts ändern, oder um eine prinzipielle Krise, die den Weg zu etwas Neuem freigeben könnte.

In unserer Untersuchung über die Ruinenkultur der industriellen Zivilisation ist das Wort Kapitalismus bislang nicht gefallen. Ohne eine Definition der Bedeutung dieses Begriffs ist das auch nicht sinnvoll. Ich möchte die soziale Struktur und das System der Herrschaftsverhältnisse, die hier als logische und als reale historische Voraussetzungen der industriellen Zivilisation dargestellt worden sind, als *kapitalistische Verhältnisse* oder als *Kapitalismus* definieren. Kapitalismus ist demnach ein gesellschaftliches System beziehungsweise eine Struktur sozialer Verhältnisse, die durch folgende Eigenschaften gekennzeichnet sind: 1. Verfügbarkeit von Arbeit ohne soziale Kontrolle durch die, die sie leisten. 2. Eine herrschaftliche Struktur (zum Beispiel durch den Staat), die diese Verfügbarkeit gewährleistet und Widerstände unter Sanktion stellt. 3. Eine Spaltung der Arbeit in kommandierbare Arbeit und in eine kommandierende Arbeit, die fremde Arbeit benutzen kann und dafür maximale Freiheit genießt. 4. Eine Spaltung in Regionen, die unterschiedlichen Stufen von Zwang und Ausbeutung unterworfen sind. 5. Eine Waffenfunktion der Ökonomie, die durch ökonomische Abhängigkeiten und die unterschiedliche Bewertung von Arbeit eine Unterwerfung schafft, die nicht durch ständige direkte Gewalt abgesichert werden muß. 6. Eine wechselseitige Verschränkung von Herrschaftsverhältnissen, die das absolute Auseinanderfallen in ein Lager von Nur-Gewinnern und ein Lager von Nur-Verlierern verhindert und einen gewissen Rahmen für soziale Mobilität bietet. Eine solche Gesellschaft ist eine kapitalistische Gesellschaft, und sie ist es, die die industrielle Moderne trägt.

Definitionen sind keine Frage von richtig oder falsch, sondern von Zweckmäßigkeit, und ich finde diese Definition zweckmäßig. Sie schließt ein, daß dem Privateigentum an Produktionsmitteln keine solche Bedeutung zukommt, wie es der klassische Marxismus behauptet. Eine kapitalistische Gesellschaft kann die Produktionsmittel auch in Form von Staatseigentum organisieren; das ist nicht der Punkt, auf den es ankommt. Eine Einschätzung der realsozialistischen Staaten des 20. Jahrhunderts muß untersuchen, wie weit die oben genannten Kriterien in ihrem gesellschaftlichen System abgeschwächt waren oder nicht. Ich glaube nicht, daß jemand heute noch behaupten kann, sie seien gar nicht vorhanden gewesen; jedenfalls besagen die Verstaatlichung der Produktion und die Veränderung der gesellschaftlichen Interessenorganisation an sich noch nichts. Dasselbe gilt für die verschiedenen Formen von Entwicklungsdiktaturen in der Dritten Welt. Die Definition schließt auch ein, daß die genannten Kriterien stärker oder schwächer ausgeprägt sein können, daß sich also von unterschiedlichen Graden der Durchkapitalisierung sprechen läßt. Irgendwo gibt es freilich eine Grenze, unterhalb derer dieses Herrschaftssystem nicht mehr funktioniert beziehungsweise die Gesamtdynamik einer Gesellschaft nicht mehr als kapitalistisch zu bezeichnen ist. Ferner schließt die Definition ein, daß eine kapitalistische Gesellschaft nicht unbedingt an den Grenzen eines Nationalstaats endet. Sie geht in der Regel darüber hinaus, weil sie unterschiedlich zugerichtete Regionen einschließt. Es ist allerdings durchaus denkbar, daß sich Gesellschaften – ob in der Form eines Staates oder einer Staatengemeinschaft oder auch ohne klassische Staatsform – aus der Reichweite kapitalistischer Gesellschaften aussondern und einen anderen Weg gehen. Der Kapitalismus muß seine Grenzen nicht unbedingt in einer – ohnehin hypothetischen – Weltrevolution finden. Er kann, wie jede andere gesellschaftliche Ordnung auch, in seiner Reichweite zu schrumpfen beginnen.

Aus der Definition und aus der Erörterung der Voraussetzungen der industriellen Zivilisation ist auch klar, daß Sexismus, Rassismus, gesellschaftliche Herrschafts- und Diskriminierungsverhältnisse jeder Art eine ideale Nährschüssel für kapitalistische Entwicklung darstellen. Kapitalistische Entwicklung benutzt diese Dominanzverhältnisse, befördert sie, transformiert sie unter Umständen aber auch und kann sie in Teilbereichen der kapitalistischen Gesellschaft auch stark abschwächen. Ob es einen Kapitalismus ohne Sexismus und Rassismus geben kann, ist wahrscheinlich eine müßige Frage, so wie die Dinge liegen. Auf jeden Fall gibt es auch unter den Bedingungen des Kapitalismus keinen biologischen Grund, warum weiße Männer in den nördlichen Metropolen seine privilegierte Kerngruppe bilden, sondern ausschließlich historische Gründe. Deshalb verschwindet der Kapitalismus auch nicht automatisch, würde die Zusammensetzung der privilegierten Kerngruppe geöffnet, und selbst dann nicht, würde sie ganz verändert.

Der Kapitalismus hält bis heute ein gesellschaftliches Ordnungssystem zusammen, das geographisch so riesig ist wie kein anderes zuvor. Historisch gehalten hat dieses System bisher einige Jahrhunderte. Es ist die herrschaftstechnische Leistungsfähigkeit des Kapitalismus, ein derart totales System von Verfügbarkeit und Herrschaft zu errichten und aufrechtzuerhalten. Die Möglichkeiten einer „Herrschaft ohne Schuß" – mit Unterbrechungen allerdings –, das heißt ohne offene militärische Gewaltanwendung, in den kapitalistischen Metropolen; die aggressive Mobilisierungsfähigkeit seiner Volkswirtschaften; die stabile und hohe Ausbeutungsrate der Peripherie sind Garanten seines Erfolges gewesen. Demgegenüber gibt es drei offensichtliche Nachteile und Risiken. Da die Möglichkeiten des alltäglichen Widerstands gegen die Verfügbarkeit begrenzt beziehungsweise durch das Gegeneinander-Ausspielen von Standorten auch oft sinnlos sind, muß Widerstand relativ schnell in politischen Widerstand umschlagen – wenn die immanenten sozialen Kämpfe nicht durch Neuzusammensetzungen der Gewinner-Verlierer-Landschaft befriedet werden können, können sie nur noch aufgegeben werden oder in eine politische Infragestellung *des Ganzen* münden. So etwas kommt auch immer wieder vor. Zweitens sind die ökonomischen und ökologischen Kosten dieser gesellschaftlichen Ordnung relativ hoch, weil das System der ökonomischen Abhängigkeiten umständlich und materialreich funktioniert – die desaströsen Folgen für die Umwelt sind bekannt. Drittens sind die jeweiligen Metropolen und die jeweils privilegierten Gruppen in einer so vitalen Weise von ihren Peripherien abhängig, wie das in anderen historischen Gesellschaften nicht der Fall war. Wenn die Peripherien wegbrechen, verschwinden nicht einfach zusätzliche Transferleistungen, sondern das blanke Überleben der Metropolen und der privilegierten Gruppen ist bedroht. Das Schrumpfen des kapitalistischen Systems, wenn es denn an seine historischen Grenzen kommt, ist deshalb keine so harmlose Sache, wie es im Falle historisch vorausgegangener Ordnungssysteme war.

Ohne Kapitalismus gibt es keine Welt der allgegenwärtigen industriellen Artefakte. Das heißt nicht, daß es nicht auch nach dem Kapitalismus Industrien geben kann – aber nicht die totale, durchdringende industrielle Artefaktkultur, die sich noch aus dem Weltraum in ihren Leuchtzeichen ausmachen läßt. Die Artefakte erhalten von der kapitalistischen Gesellschaft ihren Sinn und ihre Funktion: Der Kapitalismus braucht sie, um die Strukturen der Verfügbarkeit und der Spaltung immer aufs neue herzustellen.

Auf dieser Grundlage läßt sich verstehen, warum die *Leitbilder* in *Zukunftsfähiges Deutschland* ebenso oberflächlich plausibel wie hemmungslos naiv sind. Die *Leitbilder* kreisen um das Argument, daß eigentlich niemand die totalen Artefakte bräuchte. Die Menschen könnten „gut leben statt viel haben" ohne die Artefakte; die Herrschaftseliten könnten die Artefakte „dematerialisieren", weil so viele davon schädlich und überflüssig sind. Aber ohne die kapitalistische Struktur der Gesellschaft und der Weltordnung zu erwähnen, sind diese Feststellungen platt und irreführend. Die Artefakte sind keine Gebrauchsgüter, sondern Werkzeuge und Waffen. Und die Agitation der *Leitbilder* funktioniert wie der Versuch, einen Soldaten zum Niederlegen seiner Waffe zu überreden, weil sie doch schließlich schwer und mühsam sei und man sie auch gar nicht essen könne.

Literatur

Bennholdt-Thomsen, Veronika: Zivilisation, moderner Staat und Gewalt. In: Beiträge zur feministischen Theorie und Praxis 13, Köln 1985.

Mies, Maria: Patriarchat und Kapital. Zürich 1989.

Wallerstein, Immanuel: Der historische Kapitalismus. Berlin 1989.

Wirz, Albert: Sklaverei und kapitalistisches Weltsystem. Frankfurt/Main 1984.

Sparen für den Führer

Wer kennt sie nicht, die Plage mit den Kids, die ökologisch frisch indoktriniert aus der Schule kommen und die bewährte Haushaltsführung aufmischen? Während das Auto in der Regel außen vor bleibt – schließlich braucht man die Kiste selbst, um sich zu diversen Freizeitunternehmungen herumfahren zu lassen –, ist das bevorzugte Objekt jugendlicher Öko-Kritik der Müll. Wird er auch sorgfältig genug getrennt? Werden die Joghurtdeckel sauber gespült und getrennt gesammelt? Könnten wir die Dosen nicht zur Weißblech-Annahmestelle bringen? Warum fahren wir nicht alle zwei Tage mit leeren Flaschen zum Bauern und holen Milch?

Das Mißbehagen darüber, daß sich die schulische Beschäftigung mit Ökologie kaum in etwas anderem niederschlägt als in der Anwerbung für einen gewissen totalitären Zugriff auf die Haushalte, ist Alltag. Weniger bekannt ist, daß diese Art des Zugriffs eine längere Geschichte hat, als gemeinhin angenommen wird.

Das Sammeln und Trennen von Müll war ein umweltpolitisches Exerzierfeld der Nazis. In einigen Gauen wurde systematisch Jagd auf verwertbare Abfälle gemacht, und die Schulen waren eine Schaltstelle dieser Mülljagd. Papier, Korken, Tuben, Eisenteile, ja sogar Knochen wurden auf den Schulhöfen in sogenannten Schulvorsammelstellen getrennt. „Dauernd hinterherjagen" sollten die SchülerInnen den Altstoffen – nach dem Willen des Reichskommissars für Altmaterialerfassung, Hans Heck. 1944 protestierte der Regierungspräsident von Stade energisch dagegen, daß die SchülerInnen sogar kriegswirtschaftlich bedeutsame Gebrauchsgegenstände als Altmaterial zwangseinsammelten, um im Punktesystem des schulischen Sammelwettbewerbs brillieren zu können. Vor dem jugendlichen Übereifer, der sich im Einklang mit dem nationalen Volkswohl wußte, schien kaum etwas sicher zu sein.

Ökologie muß nichts Tolles sein. Die Beschäftigung mit Ökologie und die Durchsetzung praktischen Umweltschutzes sind nicht das Privileg von sozialen Bewegungen, die eine emanzipatorische Politik anstreben. Die Existenz ökofaschistischer Theorien und Bewegungen ist kein Ausrutscher, ist weder ein oberflächliches taktisches Manöver noch das Aufgreifen an sich richtiger Probleme in einem falschen Kontext. Es gibt eine in sich logische, kohärente faschistische Ökologie. Der Nationalsozialismus in

Deutschland, der italienische und der japanische Faschismus haben sie angewandt. Manches davon wurde bruchlos in die postfaschistische Nachkriegsentwicklung integriert.

Die faschistische Ökologie ist die äußerste, zynische Zuspitzung der politischen Ökologie des Kapitalismus. Sie war zugleich deren Grenze: eine Zuspitzung, die letztlich an den Widersprüchen und dem Widerstand scheiterte, die sie hervorrief. Der Auftakt der globalen ökologischen Krise wird heute oft auf die 50er Jahre datiert (das sogenannte „1950er-Syndrom"). Tatsächlich steigen die Mengen der Stoff- und Energieumsätze, der warenförmigen Hyperproduktion und das Ausmaß der Verschleuderung natürlicher Ressourcen ab diesem Zeitpunkt sprunghaft an. Wesentliche Grundzüge dieser Entwicklung hatten ihren Testlauf jedoch in der Ökologie des Faschismus. Die politische Ökologie der Nachkriegszeit – der Ära der globalen „Entwicklung" und des Kalten Krieges – muß als ein Modell verstanden werden, die kapitalistische Ökologie weiter voranzutreiben, jedoch die Widersprüche der faschistischen Ökologie zu überwinden.

Daß Umweltschutz und Faschismus keine Gegensätze sein müssen, erkannte schon das bundesdeutsche Umweltbundesamt. 1980 – also noch zu Zeiten der sozialliberalen Regierung Schmidt – gab es eine Studie zur Abfallwirtschaft im Dritten Reich in Auftrag und formulierte offen sein Erkenntnisinteresse, aus den Müllexperimenten der Nazis lernen zu wollen. Tatsächlich hatte die ökologische Kriegswirtschaft der 40er Jahre hier Ansätze eines Öko-Sparens verwirklicht, die auch in die Umweltpolitik der 80er und 90er Jahre ganz gut paßten.

Seit Beginn der neueren Umweltforschung ist immer wieder mit einer gewissen Peinlichkeit konstatiert worden, daß das Dritte Reich eine deutlich „ökologischere" Politik betrieben hatte als die Weimarer Republik, ja auch als die meisten anderen Industriestaaten der 30er Jahre. Das Reichsnaturschutzgesetz von 1935, die Naturschutzverordnung von 1936, die sprunghaft ansteigende Ausweisung von landschaftlichen Schutzgebieten und Naturdenkmälern – all dies veranlaßte den Naturschutzhistoriker Klose 1957, von den Jahren 1935-1939 als von der „hohen Zeit des deutschen Naturschutzes" zu sprechen. Die nationalsozialistische Umweltpolitik endete aber durchaus nicht mit dem Krieg. 1942 wurde die „Reichsanstalt für Wasser- und Luftgüte" eingerichtet. Die preußische Landesanstalt für Wasserhygiene wurde angewiesen, versuchsweise regionale Umweltkataster zu erstellen: Aufstellungen über die regionale Schadstoffbelastung der Luft, die als Grundlage für die Genehmigungsverfahren der Gewerbeaufsichtsämter dienen sollten. Der Bau neuer Industrieanlagen sollte davon abhängig gemacht werden, was der regionalen Luftqualität im Altreich noch zumutbar war. Und auch die NSDAP verfügte über verschiedene Unterorganisationen, die ökologisch aktiv wurden, etwa die „Reichsarbeitsgemeinschaft Schadenverhütung" oder einige der Jugendorganisationen.

Selbstverständlich stießen die genannten umweltschützerischen Bestrebungen auf den Widerstand der Industrie beziehungsweise der sie vertretenden Behörden und NSDAP-Gliederungen. Die Versöhnung von Umwelt und Entwicklung, von Natur und Fortschritt, drückte sich dann beispielsweise darin aus, daß im Zuge des Reichsautobahnbaus eigens ein „Reichslandschaftsanwalt der Reichsautobahnen", Prof. Alwin Seifert, angestellt wurde. Er war für ökologische Korrekturen im Sinne eines „naturverbundenen" Autobahnbaus zuständig. Die fordistische Modernisierung Deutschlands und die stärkere Berücksichtigung ökologischer Aspekte wurden als Einheit gesehen. Die nationalsozialistische Ära legte den Grundstein für modernen Massentourismus. Hitler träumte von Autobahnen an die Krim, die als Freizeitparadies für die deutsche Arbeiterschaft ausgebaut werden sollte. Die organisierte Freizeitpolitik über die Organisation „Kraft durch Freude" (KdF) schuf für breitere Schichten der lohnabhängigen Bevölkerung erstmals die Möglichkeit zu Auslandsurlauben. Sie organisierte auch Wochenendausflüge in Grünerholungsgebiete. All dies diente dazu, „das Volk vor den Schädigungen zu bewahren, wie sie eine Steigerung des Arbeitstempos verursacht" – so 1938 eine zeitgenössische Dissertation über die KdF-Organisation.

Dies war die Innenseite der faschistischen Ökologie. Umweltschutz wurde als soziale Integrationsleistung betrieben, als Stärkung der Volksgenossenschaft sowohl durch erweiterten Konsum als auch durch verbesserte ökologische Lebensqualität. Naturschutz wurde angewandt zur besseren Reproduktion der Arbeitskraft der umworbenen männlichen, arischen Kernbelegschaften in der Industrie. Hierin war die faschistische Ökologie wesentlich konsequenter als die bürgerliche Ära der Weimarer Zeit. Freizeitpolitik, Landschaftsschutz und Maßnahmen zur Luft- und Wasserhygiene sollten das Leben der „racial comrads" (Pollock) erträglicher machen, die Vernutzung des weißen Industrieproletariats in der Metropole begrenzen. Dafür waren andere da. Die Außenseite der faschistischen Ökologie war die ökologische Fundierung und Planung der Vernichtungspolitik.

Es war ein Gemeinplatz der wirtschaftswissenschaftlichen Forschung schon vor 1933, daß das größte ökologische Problem Deutschlands in seiner prekären Rohstofflage bestehe und daß die Versorgung mit Rohstoffen, mit billigen Nahrungsmitteln und mit billiger Arbeitskraft in der Durchdringung der ost- und südosteuropäischen Volkswirtschaften zu suchen sei. Zum einen ging es um die Ausbeutung der Waldbestände, der Öl- und Erzvorkommen im Osten sowie der Ukraine als „Kornkammer" der deutschen Expansion. Zum anderen ging es um eine Grüne Revolution der südosteuropäischen Bauernwirtschaften: Die dort noch stark vorhandenen Subsistenzstrukturen und kleinbäuerlichen Produktionsformen sollten rationalisiert werden – und zwar in exportfähige landwirtschaftliche Monokulturen. Durch Zentralisierung, Maschinisierung und Chemisierung sollte mit weniger Arbeitskraft eine höhere agrarische Produktion erzielt werden, um sie nach Deutschland zu exportieren.

In den Projektionen für einen derart zugerichteten deutsch beherrschten Ostraum wurde von vornherein jede Menge überflüssige Esser diagnostiziert, für die es ernährungsmäßig und ökologisch nicht mehr reichen würde. Bei der gewünschten Effektivierung der Produktion nebst Abschöpfung ihrer Produkte von außen gab es auf den Reißbrettern große Teile der Bevölkerung, die nicht mehr gebraucht würden und deren konsumptive Bedürfnisse nur das agrarische Mehrprodukt schmälern konnten. Die Massenvernichtung im Osten war von Anfang an die Konsequenz der ersehnten ökologischen „Planungsfreiheit". Die Rechnung für den Lebensstandard der Deutschen sollte von den „Fremdvölkern" bezahlt werden.

Der traditionelle Naturschutz sprang schwärmerisch auf diesen Zug auf. „Durch die Ellenbogenfreiheit nach dem gesamten Osten hat unsere so knappe Ernährungsgrundlage ein ganz anderes Aussehen gewonnen. Muß dadurch in Streitfällen nicht oft die Waagschale zugunsten des Naturschutzes sinken, wo er vorher noch zu leicht befunden wurde?" – so schrieb der Naturschützer Münker, der unter anderem im Reichsverband für Deutsche Jugendherbergen aktiv war. Walter Schönichen, eine graue Eminenz des Naturschutzes vor, während und nach dem Dritten Reich, schrieb 1943, durch die Eroberungen werde nach dem Krieg „das bisherige Tempo der Meliorisierung von Urland gemäßigt werden können, und das Schlagwort von der unbedingten Nutzung des letzten Quadratmeters wird seine zwingende Kraft im wesentlichen verloren haben. Wir werden aufatmen".

Die nationalsozialistischen Planer bemühten sich sorgfältig, Katastrophen nur für Menschen, nicht aber für die Natur zu planen. Die sogenannten „Landschaftsregeln" für die „eingegliederten Ostgebiete" vom Dezember 1942 zielten darauf ab, den bloßen Raubbau in eine langfristig nachhaltige Nutzung zu überführen. Umfangreiche Aufforstungen, Heckenpflanzungen zum Schutz vor Bodenerosion, Abwässer- und Emissionskontrollen, Ortsumgehungen und städtische Naherholungsgebiete wurden projektiert. Die noch verbliebenen Reste nicht-kultivierten Waldes sollten vor Abholzung geschützt werden. Es dürfe „keinesfalls bei der Erschließung der Urwälder (im Böhmerwald und in der Slowakei) der wirtschaftliche Fehler wiederholt werden, den die Menschen im Bergbau begangen haben, wo ja der größte Teil des Kohlenvorkommens schon in unwirtschaftlichen Feuerungen verbrannt war, bis man darauf kam, welche ungeheure Menge wertvoller Stoffe darin enthalten sind, die ja nun unwiderbringlich verpufft waren". So ein Beitrag des Wieners Eduard Heimann in „Wald und Holz", dem forstwissenschaftlichen Magazin des „Generalgouvernements" (das heißt dem von Deutschland besetzten und verwalteten „Restpolen" im Unterschied zu den westpolnischen Gebieten, die nach dem Polenfeldzug ins „Altreich" eingegliedert wurden).

Im weitestmöglichen Rahmen des ökologisch Vertretbaren sollte jedes produzierte Surplus ins „Altreich" transferiert werden. Die landwirtschaftlichen Überschußgebiete sollten durch militärische Sperrgürtel gegen die Migration jener abgeriegelt werden, die in den „Zuschußgebieten" dem Hunger überlassen wurden. „Zuschußgebiete" – Gebiete ohne ausreichende eigene Ernährungsgrundlage – waren die großen Städte im Osten und die russischen „Waldzonen". Die Parallele zur Ideologie der „Grünhelm"-Einsätze ist augenfällig. „Viele 10 Millionen Menschen werden in diesen Gebieten überflüssig und werden sterben oder nach Sibirien auswandern müssen. Versuche, die Bevölkerung vor dem Hungertode dadurch zu retten, daß man aus der Schwarzerdzone (das heißt der Ukraine) Überschüsse heranzieht, können nur auf Kosten der Versorgung Europas gehen" und seien daher abzulehnen, hieß es in den „Wirtschaftspolitischen Richtlinien" für die Wirtschaftsorganisation Ost, Gruppe Landwirtschaft.

Die Planung ging der Vertreibung voraus – und die Vertreibung der Vernichtung. Nachdem die jüdische Bevölkerung der eroberten osteuropäischen Gebiete in großen Ghettos zusammengetrieben, die Produktion also von „überflüssigen Essern" und störenden Elementen gesäubert worden war, stellte sich das Problem der Ernährung der Überflüssigen ganz praktisch. Schon ein halbes Jahr vor der Wannsee-Konferenz, die im Januar 1942 die „Endlösung" durch die Vernichtungslager beschloß, schrieb der SS-Sturmbannführer Höppner über das jüdische Ghetto von Lodz, daß die Ernährung des Ghettos bei der herrschenden Versorgungslage nicht mehr lange gewährleistet bleiben könne. Es stelle sich die Frage, ob die direkte Tötung der BewohnerInnen des Ghettos nicht eine humane Alternative zu ihrem langsamen Hungertod sei.

Eberhard Jungfer hat darauf hingewiesen, daß das ideologische Feindbild des „Juden" überwiegend ein Zerrbild nach dem Vorbild der osteuropäischen jüdischen MigrantInnen war – einer Bevölkerungsgruppe, die bereits in den 20er Jahren in den Zustand der Überflüssigkeit gestoßen worden war. In der nazistischen Propaganda war das „Jüdische" das Gegenbild zu einer Bevölkerung, die sich der fordistischen Modernisierung anpaßte und damit eine Position der strukturellen Überordnung über abhängige Volkswirtschaften und Bevölkerungen anstrebte. Die fordistisch Modernisierten waren fleißig, ordentlich, sauber; sie waren abgeschnitten von jeglichen vorindustriellen kulturellen Wurzeln und Sozialstrukturen. Sie lebten in patriarchalen Kleinfamilien, von einem ordentlichen männlichen Lohneinkommen, mit einer gesunden weiblichen Kraft der Hausorganisation; sie bezogen sich positiv auf den Staat und leisteten ihrer Organisation, Erfassung und Verwaltung keinen Widerstand, da sie „nichts zu verbergen hatten" – und darauf hoffen konnten, daß diese Verwaltung insgesamt in ihrem Sinne geschehen würde. „Jüdisch" war alles, was unordentlich und staatsfern lebte; waren Menschen, die sich an kulturellen Verhaltensweisen von Subkulturen orientierten, sich entzogen, nicht sparsam, nicht transparent waren. Menschen, deren Leistungsbezug sich nicht vorwiegend auf die formelle Lohnarbeit richtete, sondern die das soziale „Organisieren" und das Leben im informellen Sektor gewohnt waren.

Diese Gegenüberstellung trennte das, was staatlich anerkannt leben durfte, von dem, was der Vernichtung anheimgestellt wurde: das „goldene Haar" Margarethes vom „aschenen Haar" Sulamiths, wie es in Paul Celans „Todesfuge" heißt. Die kulturelle Kampfposition des Faschismus war die aufs Äußerste zugespitzte Arroganz und zynische Aggressivität, die zu der anvisierten Hierarchisierung der Volkswirtschaften im deutsch beherrschten Großraum paßte. Es ist die Position eines aggressiven und überheblichen Fordismus, der noch nicht gelernt hat, sich zusammenzunehmen.

Wirtschaftlich gesehen ist Fordismus die historische Weiterentwicklung des frühen Kapitalismus. Seine wirtschaftspolitischen Kennzeichen sind oft beschrieben worden: Übergang zur angebotsorientierten industriellen Massenproduktion; Steigerung der Arbeitsproduktivität durch Intensivierung der Arbeit (Stichwort Fließband); ökonomische und politische Integration der Lohnarbeiterschaft in den Staat („Wohlfahrtsstaat"); große Konsumgüterindustrie verdrängt die kleine Warenproduktion; maschinisierte und chemisierte agrarische Produktion auf großflächig organisiertem Grundbesitz verdrängt die kleinbäuerliche Produktion mit ihren subsistenzwirtschaftlichen Anteilen. Die wirtschaftspolitische und binnenwirtschaftliche Beschreibung enthält jedoch nur die halbe Wahrheit.

Als soziales System ist der Fordismus, der sich zwischen den 30er und den 50er Jahren des 20. Jahrhunderts voll durchsetzte, ein Organisationsprinzip von nationaler und internationaler Herrschaft und Abhängigkeit – eine Weiterentwicklung im Sinne der Grundprinzipien des Kapitalismus, wie sie im letzten Kapitel dargelegt wurden. Mit dem Fordismus tritt die Bevölkerungsmehrheit der hochindustrialisierten Großmächte zur Bevölkerung der abhängigen Nationen und zu den marginalisierten Bevölkerungsgruppen im eigenen Land in ein Verhältnis, wie es zuvor zwischen dem industriellen Sektor und dem Rest herrschte. Verstärkte Integration nach innen und verstärkte Ausbeutung nach außen ergänzen einander. Fordismus heißt das ganze, weil wesentliche Elemente dieser Orientierung erstmals in der US-amerikanischen Automobilindustrie und speziell in den Ford-Werken angewandt wurden – nämlich die Verbindung von Massenfertigung, Fließbandverfahren, Hochlohnpolitik und sozialer Befriedung. Hätte der deutsche Faschismus langfristig Erfolg gehabt, würden wir vielleicht von VWismus sprechen, denn der deutsche Volkswagenbau hatte in den 40er Jahren eine ähnliche Leitbildfunktion.

Der NS-Wirtschaftstheoretiker Hans Kehrl propagierte diese Orientierung folgendermaßen: „Im Großraum (das heißt im deutsch beherrschten Eurasien) können deutsche Arbeiter in Zukunft nur für hochwertige und bestbezahlte Arbeit, die den höchsten Lebensstandard ermöglicht, angesetzt werden; Produkte, die diese Voraussetzungen nicht erfüllen, werden wir in immer zunehmendem Maße den Randvölkern überlassen müssen ... Aus dieser Notwendigkeit ergibt sich auch die Notwendigkeit einer steigenden technischen Rationalisierung, und daraus folgt die Möglichkeit, höhere Löhne zu bezahlen." Die *faschistische Ökologie* ist eine spezifische Methode, dieses Konzept materiell abzusichern, und zwar durch folgende vier *Grundprinzipien*:

Erstens: Die hochwertige und bestbezahlte Arbeit ist die „saubere" Arbeit, die durch eine sozial integrative Umweltschutzpolitik gesichert, stabilisiert und loyal gehalten wird: durch umweltpolitische Kontrolle der industriellen Gesundheitsgefährdungen, durch Kompensation in Form organisierter „Naturzufuhr" über Freizeit- und Naherholungspolitik.

Zweitens: Diese Arbeit kann nur hochproduktiv und hochbezahlt sein, weil sie sich unbeschränkt der Rohstoffe, der Naturressourcen und der arbeitsmäßigen Vorleistungen derer bedienen kann, die die „schmutzige" Arbeit machen: die „Randvölker" und die vom sozialen Integrationsprojekt ausgegrenzten Gruppen im eigenen Land.

Drittens: Dieses Verhältnis von Innen und Außen wird durch direkte militärische Gewalt hergestellt und aufrechterhalten, durch Angriffskrieg und militärische Besetzung.

Viertens: Die Nutzung und Verteilung von natürlichen Ressourcen, von menschlicher Natur und von Arbeit im Großraum wird mit äußerster Gewalt effektiviert und optimiert. Das schließt die Vernichtung „überflüssiger" Menschen beziehungsweise ihre Vernichtung durch Arbeit genauso ein wie andererseits die Formen von ökologischer Nachhaltigkeit im Sinne eines Umweltsparens: das Sammeln und Trennen von Müll; die Schonung der „wertvollen" Bevölkerungsteile durch eine totalitäre Gesundheitspolitik; die „vernünftige" Behandlung wertvoller Naturressourcen einschließlich Wald-, Landschafts- und Artenschutz; das Verbot für die „Randvölker", eigene Industrien aufzubauen und Naturressourcen für sich selbst zu verpulvern.

Eine „nachhaltige" Umweltpolitik paßte also gut zur faschistischen Ökologie. Auch die Nazis machten sich Gedanken darüber, daß Fleischkonsum ökologisch kostspieliger ist als Getreidekonsum – und schlachteten in den besetzten Gebieten die Schweine und Hühner, um sie auf deutsche Tische zu bringen und die „Randvölker" auf einen nachhaltigen Konsum zu setzen. Das ökologische Sparen für den Führer war keineswegs borniert. Es kannte sehr wohl Formen der Naturnutzung jenseits des schnellstmöglichen Raubbaus wie auch das, was heutzutage als umweltästhetische Nutzung oder als umweltpolitische Qualitätsziele bezeichnet wird – den Wald zur Erbauung oder Görings Versuche zur Rückzüchtung des ausgerotteten Wisents. Auch für die nachhaltige Entwicklung der Dritten Welt, im Sinne einer „angepaßten" und weniger verschwenderischen wirtschaftlichen Erschließung, finden sich Vordenker. 1942 propagierte Lenschow, Mitarbeiter am Kieler Institut für Weltwirtschaft, die „Eingeborenenwirtschaft" als die langfristig vorteilhaftere Wirtschaftsform für den kolonialen „Ergänzungsraum" Afrika. Sie habe „den großen Vorteil, daß sie die schwarze Arbeitskraft in der Nähe ihrer Wohnorte und innerhalb ihrer Sippenverbände verwertet. Der Einsatz von Kolonisatoren ist wesentlich kleiner als in Farmerkolonien. (Das Kapital rentiert sich) auf der Grundlage der Eingeborenenwirtschaft eindeutig besser als in einer Farmerkolonie. Die Eingeborenen können stärker geschröpft werden".

Das System der faschistischen Ökologie, als spezifische Flanke für eine fordistische Modernisierung in einer spezifisch grausamen Variante, funktionierte bis Stalingrad. Und wenn ökofaschistische Theoretiker aktuell behaupten, die faschistische Variante hätte die heutige Dimension ökologischer Krisenphänomene – das Ozonloch, den Treibhauseffekt, das Waldsterben, die Bodenzerstörung, die Überfischung und so weiter – nicht oder jedenfalls nicht so schnell erreicht, dann haben sie in diesem Punkt wahrscheinlich recht. Die faschistische Ökologie trieb die Inwertsetzung und Vernutzung von Natur umfassend voran, aber sie tat das durchaus nachhaltig und sparsam. Sie vergeudete nach Möglichkeit keine Natur und verwertete alles – den Müll wie die Menschen, die Lebenden wie die Toten.

Das faschistische Modell scheiterte nicht an der Natur. Es scheiterte am Widerstand von Menschen. Der Faschismus war der historisch weitestgehende Versuch, das Selbstbestimmungsrecht, das Menschenrecht und das blanke Überlebensrecht der Menschen außerhalb der hochindustrialisierten Zentren zu liquidieren – wie auch der „Überflüssigen" und der KritikerInnen im eigenen Land –, und er wurde nicht fertig mit dem Widerstand, den dieser äußerste Zynismus letztlich provozieren mußte. Für die Ausgegrenzten hatte er außer Vernichtung oder totaler Unfreiheit nichts zu bieten. Der Widerstandswille der Sowjetunion, die Partisanenkriege in Ost- und Südosteuropa, die unzureichende Kollaboration im Westen und schließlich Sabotage, Kriegsmüdigkeit und Widerstand im Altreich setzten – zusammen mit dem Kriegseintritt der USA – dem deutschen Faschismus die Grenze.

Die faschistische Variante, die Grundprinzipien der kapitalistischen Entwicklung durchzusetzen und gleichzeitig durch eine Ökologie der Sparsamkeit haltbar zu machen, war ökonomisch und ökologisch sehr effizient. Diese Variante vergeudete nichts. Aber ihre schreckliche Effizienz war gleichzeitig der Grund dafür, daß der Faschismus machtpolitisch ineffektiv blieb. Die mit ihm konkurrierenden Ordnungsvarianten, eine fordistische Modernisierung durchzusetzen – das amerikanische und das russische Modell –, setzten sich durch, weil es ihnen möglich war, eine langanhaltende und wirklich breite soziale Mobilisierung für ihre Ziele zu erzeugen. An manchen Punkten hat dies den Charakter einer höheren Raffinesse. Aber das ändert nichts an der Tatsache, daß der Widerstand gegen den Faschismus der kapitalistischen Entwicklung erstmals eine *Grenze* zog. Der Untergang des Faschismus markierte eine Grenze für die konsequente Effektivierung des Kapitalismus, *die nicht überschritten werden konnte.*

Literatur

Aly, Götz – Heim, Susanne: Vordenker der Vernichtung. Frankfurt/Main 1993.

Die Durchdringung des Ostens in Rohstoff- und Landwirtschaft. In: 1999, Heft 4/1987.

Gröning, Gert – Wolschke-Bulmahn, Joachim: Die Liebe zur Landschaft. 3 Bde. München 1986 f.

Huchting, Friedrich: Abfallwirtschaft im Dritten Reich. In: Technikgeschichte Bd. 48, Nr. 3, 1981.

Beiträge zur nationalsozialistischen Gesundheits- und Sozialpolitik. Bd. 10: Modelle für ein deutsches Europa. Ökonomie und Herrschaft im Großraum. Berlin 1991.

Bobby Brown Time

Ende der 60er Jahre setzte der Rockmusiker *Frank Zappa* der sozialen Spezies, die die Ära des Nachkriegsbooms und des *American way of life* beherrschte, das gültige musikalische Denkmal: den Song *Bobby Brown*. Bobby Brown, der von sich selbst sagt: „Oh God, I am the American dream", ist der weiße, männliche Lohnarbeiter mit gesichertem Ein- und Auskommen, der sein Leben zwischen Auto, Fernsehapparat und Mikrowelle verbringt und sich einfach toll findet. – Der Typus des Bobby Brown findet, daß Frauen für Haushalt und Kinder zuständig sind, der Boß für den Gehaltszettel und die Regierung für die Straßenreinigung. Er ist der Meinung, daß er zuviel Steuern zahlt und ihm das Sozialsystem persönlich auf der Tasche liegt; daß die in Afrika einmal arbeiten sollten, damit sie es zu etwas brächten; und daß Verbrecher auf den elektrischen Stuhl gehören. Er schimpft gern auf die Regierung, würde aber nie etwas gegen sie unternehmen. Er ist nicht in der Lage, sich ein Essen zu kochen, dessen Zubereitung über den Vorgang des Erwärmens hinausgeht. Er würde die Freunde seiner Kinder auf der Straße nicht wiedererkennen; er kann sich nicht merken, wer in seiner weiteren Verwandtschaft mit wem wie verwandt ist. Er putzt nie sein Klo und ist ein extrem schlechter Zuhörer. Außerhalb seines Jobs kümmert er sich um nichts und fühlt sich für nichts verantwortlich.

Natürlich ist Bobby Brown auch ein wirklicher Mensch, nicht nur eine Figur, obgleich bisweilen selbst seine engsten Angehörigen daran zweifeln. Dies führt auch immer wieder zu gewissen Verwerfungen: An den Tatsachen des Lebens – Liebe und Tod, Krankheit und Mitgefühl, der Sehnsucht nach Identität und der Frage nach dem Sinn des Lebens – bricht sich die Schablonenhaftigkeit und Scheinsicherheit seiner Existenz. Die physische Wirklichkeit des Lebens, die Schärfe individueller Erfahrungen müssen daher vermieden und verdrängt werden. Was zu einem guten Teil den infantilen Charakter der Kultur und Lebensweise erklärt, die von Bobby Browns dominiert wird, aber auch Momente echter Tragik enthalten kann; ein Großteil der Film- und Fernsehindustrie ist damit beschäftigt, diese Konflikte auf- und wegzuarbeiten. Bobby Brown ist der Soldat des Fordismus, sein treuester Anhänger und Garant seines Erfolges. Jede Variante fordistischer Modernisierung braucht und hat ihre Bobby Browns.

Die eine, die realsozialistische, mutet ihm vielleicht ein größeres Maß an aktiver politischer Loyalität zu; die andere, die „amerikanistische", läßt ihn da weiter von der Leine. Aber es sind Abwandlungen derselben Figur.

Ein Bobby Brown hat wenig zu entscheiden und ist doch entscheidend. Er fällt nicht die großen Entscheidungen in der Gesellschaft, die den herrschenden Eliten vorbehalten sind; aber gegen seine erklärte oder unerklärte Stimmungslage können diese Eliten nur bedingt handeln – jedenfalls in der Ära zwischen den 40er Jahren und der Mitte der 70er, um die es in diesem Kapitel geht. Das liegt an seiner Schlüsselposition in der Organisation der Machtverhältnisse und Herrschaftsbeziehungen. Ein Bobby Brown hat immer einen Boß, ganz gleich, ob er selbst Angestellter oder qualifizierter Arbeiter oder ein kleiner Selbständiger ist, von größeren Fischen abhängig. Aber er ist immer auch selbst ein Boß: Er kommandiert einen sozialen Bereich, er hantiert mit fremder Arbeit, er ist einer ganzen Reihe von Leuten faktisch übergeordnet und konsumiert deren Leistungen. Zusammen bilden sie – Bobby Brown und sein Boß – ein *Team*, eine gesellschaftliche *Firma*, die den Kitt eines weitgespannten Herrschaftsgeflechts organisiert.

Was ist die historische Bedeutung dieses *Teams*, und was sind die herrschaftstechnische Leistung und die ökonomisch-ökologische Problematik dieser *Firma*? Wie gezeigt, hat die industrielle Zivilisation – die moderne Zivilisation, die ständig Artefakte produziert, Maschinen, Fabriken, Waren – ihre Voraussetzungen in der kapitalistischen Gesellschaftsstruktur: der Verfügbarmachung von Arbeit; der Waffenfunktion der Ökonomie; der Nutzung regionaler Zwangssektoren in der Weltgesellschaft. Es handelt sich um eine historisch ungewöhnliche Art der Ausbeutung und der Errichtung und Erhaltung von Herrschaft, aber sie erweist sich als ein zeitweise sehr erfolgreiches Projekt. Unter der Voraussetzung der kapitalistischen Struktur ist dieses Projekt profitabel und sinnvoll für Herrschaftseliten und Handelskapitale, aber eigentlich nicht für die breite Bevölkerung. Es hat, wie erwähnt, den Nachteil, daß sich Widerstand nicht in teilweisem Rückzug artikulieren kann – wie etwa unter den Bedingungen der feudalistischen Gesellschaft, unter denen die Bauern in Krisenzeiten ihre Abgaben reduzierten und sich auf ihre Eigenproduktion konzentrierten –, sondern sehr schnell in politischen, prinzipiellen Widerstand umschlägt. Genau daran drohte das ganze Projekt Ende des 19. Jahrhunderts auch fast zu scheitern.

Die gesellschaftliche Oberklasse der hochindustrialisierten Länder befand sich trotz der spektakulären Ausweitung ihrer technologischen Möglichkeiten und ihrer räumlichen Einflußgebiete um die Jahrhundertwende am Rand eines Abgrunds. Diese Oberklasse war ein sozial und kulturell ziemlich homogener, zahlenmäßig sehr begrenzter *closed shop*; und es gab um 1900 nur wenige Menschen auf der Welt, die diese Klasse sich nicht zu Feinden gemacht hatte. Sie bestand aus den Regierungen der europäischen Großmächte und der USA; den Führungsspitzen des Militärs, der großen Konzerne und der Banken; einer reichen Rest-Elite aus adeligen und bildungsbürgerlichen Familien, die mehr aus Tradition und wegen der Beziehungen dazugehörte als durch einen substantiellen Beitrag zum globalen Herrschaftsprojekt; sowie aus einer jüngeren Gruppe von Bürokraten und Funktionseliten in hohen Verwaltungsaufgaben. Alles in allem eine Truppe von zehntausend Mann gegen den Rest der Welt. Eine Truppe, die nicht von ungefähr unter Angstneurosen und paranoiden Wahnvorstellungen litt und deren liebste Sportart die internationale Großwildjagd war, bei der sich einem auf einen Fingerzug hin alles Bedrohliche sterbend zu Füßen legte.

Im wirklichen Leben lief es nicht so gut. Die kolonialen Gebiete wurden von einer Welle von Aufständen erschüttert: vom Mahdisten-Aufstand in Ägypten bis zu den Unruhen in der Kapkolonie, vom Boxer-Aufstand in China über den persischen Volksaufstand bis zu den bengalischen Bombenattentaten und Boykotten, von der türkischen Nationalbewegung bis zum kubanischen Unabhängigkeitskampf. Aber auch zu Hause war keine Ruhe: Die sozialistischen Organisationen standen auf dem Höhepunkt ihres Massenzulaufs, ebenso eine ganze Reihe unabhängiger oder anarchistischer Arbeiterorganisationen; die proletarische wie auch die bürgerliche Frauenbewegung formierte sich; in den USA organisierte sich die schwarze Bewegung in eigenständigen Zusammenhängen. Man stand, mit den Worten des amerikanischen Justizministers Richard Olney, „am Rand der Anarchie", was bei einem Durchschnitt von 1.000 Streiks pro Jahr (in den USA zwischen 1890 und 1900) keine Übertreibung war. Der Weltkrieg hielt den ganzen Laden noch einmal ein paar Jahre lang zusammen, aber danach war Schluß. 1917/18 war das Zeitalter des *Kapitalismus unter bürgerlicher Hegemonie* unwiderruflich zu Ende.

Was sich in der Folgezeit durchsetzte – in sozialen Kämpfen und Verhandlungen, in sozialen Pakten und sozialen Kriegen –, war der Beginn der Bobby Brown Time. In allen imperialistischen Hauptländern begann das antagonistische Zusammenwachsen der alten staatlichen und wirtschaftlichen Herrschaftselite mit den Führungen der sozialdemokratischen Organisationen (wie auch immer sie hießen). Die soziale Basis, auf der dies möglich wurde, war der Typus des Bobby Brown: der männliche, weiße Lohnarbeiter im erwerbsfähigen Alter, dessen ökonomische Sicherheit und soziale Dominanzstellung gesichert wurden und der im Bündnis mit den erweiterten (und von manchem alten Ballast ausgekämmten) herrschenden Eliten das kapitalistische Projekt weiterführen konnte. Das Minimum an sozialem Privileg bestand aus folgenden Punkten: einem „Familienlohn", das heißt der Staffelung des Lohns beziehungsweise Gehalts nach dem Familienstand in Verbindung mit einer generellen Höherbezahlung männlicher Arbeitskräfte bei gleicher Arbeit; der Abgrenzung von einer weitgehend rechtlosen Migrationsschicht, der die niedrigen Arbeiten übergeben wurden, durch ein institutionalisiertes Ausländerrecht; einer ökonomisch-sozialen Sicherheitsgarantie durch aktive, beschäftigungsorientierte Konjunkturpolitik; einer informellen Bindung der Lohnhöhe an die Gewinnentwicklung, das heißt eine Teilung der Beute.

Mit dem Bündnis von Kapital und Arbeit wuchs zusammen, was zusammengehörte: ein hegemonialer Block, der über mehr Gemeinsamkeiten als Trennendes verfügte. Im Rahmen der Arbeiterbewegung hatten sich Gruppen von Prä-Bobby Browns immer schon auf der Grundlage organisiert, nicht nur dem Kapital bessere Bedingungen abzutrotzen, sondern vor allem auch die eigenen patriarchalen und rassistischen Privilegien zu verteidigen. Sie gerierten sich als Verteidigungsorganisationen gegen die zunehmende soziale Unordnung im Arbeiter-Milieu durch die Ausweitung der Frauen- und Jugendarbeit; und sie waren strategische Kampforganisationen für die internationale Durchsetzung des kapitalistischen Projektes, von dem sie lebten. Bis zur Weltwirtschaftskrise blieb das Bündnis labil und gefährdet, danach wurde es in festere Formen gegossen und bildete die konkurrierenden Modelle fordistischer Modernisierung heraus: die faschistische Variante; die realsozialistische Variante; die amerikanistische Variante.

Das *tag team* von Arbeit und Kapital (für diejenigen, die keine Kinder im fernsehfähigen Alter haben: ein *tag team* ist ein Zweier-Team im Wrestling oder anderen Kampf- oder Showsportarten, das im Ring gemeinsam gegen andere Gegner kämpft) besitzt in der Bobby Brown Time eine durchschlagende Kraft. Es funktioniert als eine Herrschaftsmaschine, die die Ströme von Material und Arbeit um den Globus biegt und Massen von „anderen Menschen" in die Aufrechterhaltung dieser Ordnung zwingt. Es organisiert, kontrolliert und verteidigt gemeinsam den Zustrom von Natur, Ressourcen, billiger ausländischer Zulieferarbeit, billiger inländischer Schmutzarbeit, unentlohnter häuslicher Arbeit.

Natürlich kann eine ausschließlich aus Bobby Browns und kapitalistischen Herrschaftseliten bestehende Gesellschaft keinen Monat lang existieren. Höchstens in der Konservenindustrie könnten die Mitglieder eines *tag teams* ein paar Wochen lang gemeinsam Dosen aufschlitzen, aber das wär's dann. Der direkte gesellschaftliche Nutzen des Teams ist gering und genügt keinesfalls zur Aufrechterhaltung des Lebens. Das Essen muß gekocht, der Haushalt geführt, die Kinder müssen aufgezogen, die Alten und Kranken gepflegt werden. Der Müll muß aus den Straßen weggeräumt, die Fabriken müssen gefegt werden. Die unappetitlichen Arbeiten, die vor und hinter der Wirkungsstätte der Bobby Browns liegen (räumlich, zeitlich und wahrscheinlich auch historisch), müssen erledigt werden: in den Lagerhallen und Schlachthöfen, beim Ausladen der Schiffe und Laster, an den Fließbändern mit der total monotonen und schnell krankmachenden „einfachen" Fertigungstätigkeit, in den Plantagen und Weltmarktfabriken aller Art. Alle diese Arbeiten in Haus, Straße und „einfacher" Produktion beginnen früh und enden spät; sind schmutzig und anstrengend; schlecht oder überhaupt nicht entlohnt; haben keine Tarifverträge, bieten keine Garantien für Alter und Krankheit und keine sozialen Aufstiegsperspektiven. Sie sind die Domäne der Nicht-Bobby Browns: der Hausfrauen und Industriefrauen, der Migranten und Migrantinnen, der Ungelernten und Gehandikapten, all jener, die weltweit *nicht* in denjenigen Vierteln der *big cities* leben, in denen es Straßenbeleuchtung und funktionierende Zigarettenautomaten gibt.

Die *ökologischen Folgen* der Bobby Brown Time waren katastrophal. Daß es sich um ein „Bündnis auf Kosten der Natur" (Zimmer) handelt, ist inzwischen mehrfach dargestellt worden. Die Analyse bleibt jedoch häufig bei eher oberflächlichen Ursachenbeschreibungen stehen. Die ökologische Fatalität der fordistischen Ära wird als kulturelles Problem beschrieben, also als Folge eines „Wegwerf-Lebensstils". Einer anderen Lesart zufolge sind die ökologisch falschen Preise schuld: extrem niedrige Bewertung der Kosten von Rohstoffen und natürlichen Ressourcen und systematische Externalisierung von Kosten. Externalisierung von Kosten bedeutet, daß die realen Kosten, die bei der Herstellung eines Produkts anfallen, zu einem großen Teil weder vom herstellenden Konzern noch von den KäuferInnen getragen, sondern einfach ausgeklammert und von der Gesellschaft insgesamt, von anderen Staaten oder – wie in der Gegenwart üblich – überhaupt nicht bezahlt werden. Wer Erdöl kauft, bezahlt nicht mit für die Kosten, die bei einer ökologischen Reparatur der Förderregion entstehen würden, und auch nicht für die Schädigung der Atmosphäre durch die CO_2-Emission. Wer einen Hamburger kauft oder verkauft, zahlt nicht für die Zerstörung der Regenwälder in Südamerika, die für die Rinderweiden umgelegt werden, und auch nicht für die sozialen und ökologischen Folgen, die daraus für die dort lebende Bevölkerung entstehen. Es wurde errechnet, daß der „reale Preis" für einen Hamburger, der alle diese Kosten enthält, bei etwa 300 Mark liegen müßte.

Schließlich gibt es noch die Lesart, die von blanker Unvernunft ausgeht: Den enorm gestiegenen Produktions- und technischen Eingriffsmöglichkeiten der fordistischen Ära habe kein hinreichendes Wissen um die ökologischen Folgen entsprochen, weshalb diese einfach nicht berücksichtigt worden seien.

Die These, daß es niemand gewußt hätte, läßt sich kaum aufrechterhalten. Ökologische Zerstörungen und ökologische Kosten der Produktion waren durchaus bekannt und beschrieben; dies gilt sowohl für die frühen Phasen der Industrialisierung als auch für die Zeit ab den 1930er Jahren. Die geläufige Sichtweise beinhaltete, daß es Umweltschäden gebe, die sich jedoch durch den Einsatz von Geld und Technik nachträglich beseitigen lassen würden. Auch die sozial-ökologischen Folgen der fordistischen Modernisierung waren keineswegs unbekannt. Der „Protest und Weckruf" des Freiherrn von Pidoll in Wien schrieb bereits 1912 (Wolfgang Sachs hat es ausgegraben): „Woher nimmt der Automobilist das Recht, die Straße, die er sich rühmt zu ‚beherrschen', die doch keineswegs ihm, sondern der ganzen Bevölkerung gehört, diese auf Schritt und Tritt zu behindern und ihr Verhalten zu diktieren? ... Sollen etwa die öffentlichen Straßen ‚menschenrein' gehalten werden?"

Unvernunft und Unwissen sind also keine ausreichende Erklärung. Daß die Preise die ökologischen Kosten systematisch unterschlagen, ist soweit korrekt, hängt sich aber in der Schleife auf: Warum sind die Preise so, wie sie sind? Die Preise entstehen ja nicht automatisch, sondern sind in hohem Maße bestimmt durch das Steuer- und Subventionssystem und durch die Art und Weise, Preise im internationalen Markt durchzudrükken. Unwissen und Unvernunft sind aber auch auf dem Umweg über die „falsche" Preisgestaltung keine Erklärung. Es braucht eine materiell begründete Erklärung. Die ökologische Zerstörungskraft der fordistischen Zeit muß aus ihrer gesellschaftlichen Struktur erklärt werden, aus der Art und Weise der Umsetzung von Interessen in gesellschaftliche Praxis.

Kapitalismus ist demnach ein *machtpolitisches Konzept.* Als eine Methode, Güter zu produzieren, läßt er sich nicht hinreichend beschreiben. Dafür sind seine Güter zu überflüssig und seine Methoden zu unwirtschaftlich. An diesem Punkt liegt die Kritik im Sinne der Nachhaltigkeit völlig richtig: Was soll man von einer Wirtschaftsform halten, die ihre Produkte einem eingebauten Verschleiß *(planned obsolence)* unterwirft, damit sie schneller kaputtgehen? Die mit einer 40prozentigen Verschwendungsquote auf einem weltweiten Nahrungsmittelmarkt rechnet, das heißt einem Verlust von 40% der erzeugten Nahrungsmittel allein auf dem Weg von der Ernte bis auf den Verbrauchermarkt? Deren höchstes Ziel es zu sein scheint, in jedem entlegensten Winkel der Welt denselben häßlichen weißen Plastikstuhl stehen zu haben? Natürlich geht es auch um Profit. Aber was ist schon Geld, wenn man dafür nichts kaufen kann? Was ist Kapital, wenn man es nicht einsetzen kann, um Macht auszuüben?

Letztlich geht es immer nur darum, wer den Transfer von natürlichen Reichtümern, von produzierten Gütern und von Dienstleistungen zu sich hin erzwingen kann und wer nicht; wer in der Lage ist, soziale Macht und Dominanz auszuüben und wer nicht. Alles andere sind nur Mittel – das gilt auch für die meisten nichtkapitalistischen Wirtschafts- und Gesellschaftsformen. Um es mit der angenehmen Deutlichkeit von Herbert Giersch zu sagen, dem ehemaligen Präsidenten des Instituts für Weltwirtschaft in Kiel: „Statt mit Menschen Boden zu erobern, importiert man besser die Früchte des Bodens; statt Menschen in den Krieg zu schicken, läßt man sie besser für den Erwerb von Devisen arbeiten." Letztlich sind beide, Krieg und Handel, alternative und einander ergänzende Mittel, eine „räumliche Ordnung" zu schaffen – eine Lehre, die am Kieler Institut für Weltwirtschaft zu NS-Zeiten entwickelt wurde, als übrigens auch der spätere bundesdeutsche Wirtschaftsminister Karl Schiller dort arbeitete. Unterm Strich geht es nur darum, wie die Transfers erzwungen werden; wie erreicht wird, daß die Ströme von Natur und Arbeit vom Süden in den

Norden führen, aus armen Ländern in reiche, von Armen zu Reichen, von Nichtprivilegierten zu Bobby Browns.

Das entscheidende Element dabei ist, die Möglichkeit eigenständiger und unabhängiger Existenzsicherung weltweit auszuschalten. Die Zerstörung oder Enteignung natürlicher Ressourcen und die Zerschlagung selbsterhaltender regionaler Wirtschaftsformen installiert erst den Zwang, seinen Lebensunterhalt auf den Markt beziehen zu müssen. Philippinische Hausangestellte sind in den arabischen Emiraten so billig, weil es für die Frauen zu Hause keine Alternative gibt, sich selbst und ihre Familien einigermaßen durchzubringen. Die Produkte der agrarischen Monokulturen des Südens sind auf den internationalen Märkten so billig, weil die Böden auf wenige Großgrundbesitzer verteilt sind und der Masse der Menschen nichts anderes übrig bleibt, als die Arbeit ihrer Familien billigst zur Verfügung zu stellen, da sie anders nicht an Nahrungsmittel kommen. Billig heißt nichts anderes als verfügbar. Die Arbeit einer Hausfrau ist billig, wenn und solange andere, unabhängige Existenzmöglichkeiten für Frauen nicht oder nur unter hohen Risiken und Einschränkungen zur Verfügung stehen. Mit Werttheorien und ähnlichem hat das alles nichts zu tun. Das Maß der Verfügbarkeit schafft den Preis, und der Weg der Verfügbarkeit führt über die Ausschaltung der unabhängigen Existenzmöglichkeiten. Es handelt sich um eine Form der indirekten Zwangsarbeit beziehungsweise der indirekt erzwungenen Tribute, in vielerlei Formen und Schattierungen.

Die Innovationen und Projekte der Zeit zwischen den 40er und den 70er Jahren sind zuallererst Wege der Verfügbarmachung und Dominanzerhaltung. Die Kapitalisierung der Landwirtschaft – die industrielle Landwirtschaft in den USA und Europa, die Weiße Revolution in Persien, die Grüne Revolution in Indien – schafft kreditgestützt die Subsistenzlandwirtschaft ab. Daß die Mechanisierung und Chemisierung höhere Erträge bringt, ist ein Abfallprodukt der Entwicklung; vor allem schafft sie Abhängigkeiten, den Zwang, Güter zu kaufen, ohne die nichts mehr gedeiht, und Zug um Zug den Zwang, sich auf großen Besitztümern zu verdingen und den eigenen Kleinbesitz abzutreten. Versuche, nationale Rohstoffe und Naturressourcen weniger verfügbar zu machen, etwa durch Nationalisierung zu höheren Preisen verkaufen zu können, wurden durch eine lange Reihe militärischer und para-militärischer Interventionen ausgeschaltet, vom Sturz der Regierung Mossadegh in Persien 1953 (die die Ölindustrie verstaatlichen wollte) über die US-Militäraktionen in Mittelamerika bis zum Sturz Allendes 1973. Das System des „freien Welthandels" (jedenfalls im Rahmen der „freien Welt") garantiert den Zugriff von „Investoren" überall und damit die bekannten Wege der Enteignung und Vertreibung, der Zerstörung einheimischer Produktionszweige und der Freisetzung von billiger, weil alternativenloser Arbeitskraft. Die US-Regierung verschenkt buchstäblich bis zu drei Viertel der Weizenexporte nach Indien, Ägypten, Brasilien und Südostasien unter dem Vorwand von „Nahrungsmittelhilfe". Nachdem die einheimische Nahrungswirtschaft daraufhin zwangsläufig bankrott geht, übernimmt das Agro-Busineß die weitere „Versorgung" – nun natürlich teuer bezahlt.

Die großen fordistischen Produktionsstätten – Rüstungsindustrie, Automobilindustrie, Maschinenbau, Konsumgüterindustrie – sind vor allem gigantische Transfermaschinen, um den Zustrom von Natur und billiger Arbeit zu erzwingen. Die Standardisierung und Normierung von Produkten und Zwischenprodukten ermöglicht es, weltweit erbrachte Vorleistungen beliebig zu komplexen Endprodukten zusammenzusetzen – und zwar in den hochindustrialisierten Metropolen. Diese Produkte sind Machtmittel, die den weltweiten Zustrom erzwingen: entweder weil sie direkt der Aufrüstung der Metropolen dienen – wie etwa die Rüstungsindustrie – oder weil sie günstige Austauschrelationen mit anderen Ländern schaffen. Die komplexen Produkte kann nur schaffen, wer in der Lage ist, über all ihre Voraussetzungen zu verfügen (Rohstoffe, ausländische Billigarbeit als Vorprodukte, technologisches und wissenschaftliches Know-how), das heißt, nur Staaten mit einer hohen Machtkonzentration und schon erworbenem Reichtum – und sie erzielen für diese Produkte deshalb hohe Profite, ob man sie nun Monopolprofite nennt oder nicht.

Dieselbe Relation herrscht auch zwischen den Bobby Browns und ihrem sozialen Umfeld. Ein Bobby Brown konsumiert die Arbeit seiner Ehefrau und all derer, deren billige Waren er auf dem Markt kauft, um sich zu versorgen und um sie zu einem komplexen Produkt zusammenzubauen, nämlich seiner Arbeitskraft. Die Bezahlung, die er dafür erhält, ermöglicht ihm den Zugriff auf immer mehr Dienstleistungen und Zuarbeiten anderer Menschen. Dies funktioniert nur, weil die gesellschaftliche Ordnung garantiert, daß die hochoffiziellen Arbeitsstellen der Bobby Browns den anderen Menschen nicht zur Verfügung stehen: daß sie durch patriarchale, rassistische, leistungsrassistische und politische Ausgrenzung von diesen Stellen ausgeschlossen sind, jedenfalls in ihrer Mehrheit. Dieser Ausschluß erscheint oft als quasi-natürlich, weil ein Bobby Brown die Leistungen seiner Umwelt darauf verwendet, sich selbst zu einem qualifizierten fordistischen *Werkzeug* umzubauen, das dann gut zu den privilegierten Arbeitsstellen paßt. Wer nicht die privilegierte Lebensweise und die gesellschaftliche Position eines Bobby Brown einnimmt, hat immer Schwierigkeiten, sich mit der gleichen Konsequenz zum glatten Werkzeug umzubauen, und das läßt ihn/sie für diese Arbeitsplätze tatsächlich weniger geeignet erscheinen. Die spezifischen Fähigkeiten des Bobby Brown beruhen ja immer darauf, daß es so unendlich viele Fertigkeiten gibt, die er *nicht* beherrschen muß: all jene Fertigkeiten, die ihm von seinem sozialen Hinterland abgenommen werden. Wird er von diesem Hinterland abgeschnitten, sieht es für ihn ähnlich übel aus wie für die große Industrie, wenn sie von ihrem Hinterland der Zulieferungen abgeschnitten wird: Er klappt zusammen.

Wir können also sagen, daß das gesamte fordistische Projekt nichts anderes ist als die *verbesserte, stabilisierte und verallgemeinerte Organisation von Herrschaftsbeziehungen und Ausbeutungsverhältnissen nach patriarchalen, rassistischen und imperialistischen Kriterien*. Was produziert wird und wie produziert wird, ist eine Form und ein Mittel dafür, die unterschiedlichen Stufen von Privilegien zu organisieren und auf verschiedene Kreise zu verteilen. Die Geld- und Wertverhältnisse sind nichts anderes als die Verteilung der Leistungen, die zur Aufrechterhaltung der Herrschaftsfunktionen erbracht werden müssen. Das ganze hat keine automatische, zwangsläufige Eigendynamik hinter dem Rücken der Beteiligten. Es ist gebunden an die Ziele, die damit erreicht werden, und wo die Eigendynamik der Märkte oder der Gesellschaft dem zuwiderläuft, wird sie durch Steuerungselemente korrigiert. Die *Firma* arbeitet, um ihr soziales *Projekt* durchzusetzen. Die wesentliche Funktion dieser gesellschaftlichen Firma ist, Verfügbarkeit von Arbeit und Natur herzustellen: durch Vernichtung von unabhängigen Existenzmöglichkeiten; durch patriarchale, rassistische und imperialistische Gewaltausübung und strukturellen Ausschluß von privilegierten Positionen; und durch die Verwandlung von Natur und Arbeit in Maschinen der technologischen oder sozialen Kontrolle.

Das Projekt der *Firma*, die Privilegierung des *tag teams* von Herrschaftseliten und Bobby Browns, funktioniert also desto besser, je mehr

Natur zerstört beziehungsweise in Mittel der Kontrolle und Machtausübung umgewandelt wird. Die ökologischen Zerstörungen dieser Phase sind zunächst nur ein Ausdruck des Erfolgs dieses Projektes. Die ökologische Problematik dieses Systems liegt darin, daß es sich um eine so kostspielige Variante des Raubs und der Dominanz handelt. Um einen Sack Erdnüsse zu rauben oder die soziale Dienstbarkeit einer Gruppe von Menschen zu erzwingen, benutzt es einen Revolver von bizarrem Aussehen und phantastischen Ausmaßen: einen Revolver, der nicht nur aus komplizierten High-Tech-Geräten bestehen kann, sondern auch aus der aufwendigen Produktion unsinniger Produkte, aus dem Umpflügen ganzer Landstriche oder der Zerstörung ganzer Volkswirtschaften, aus Mondflügen oder aus Rudeln von Steuerbeamten und Verpackungsdesignern. Der Sack Erdnüsse ist, obwohl auf dem Weltmarkt für ein Butterbrot gehandelt, verdammt teuer, weil so viel dafür getan werden muß, damit er sich in die richtige Richtung bewegt. Herkömmlicher Bankraub ist demgegenüber ökologisch geradezu vorbildlich.

In Analogie zu den *ökologischen Rucksäcken* der Wuppertal-Studie könnte man von den *herrschaftstechnischen Rucksäcken* des Erdnuß-Sacks sprechen: dem Dominanz-Sack der Erdnüsse gewissermaßen. In Brechts *Verhör des Lukullus* wird der römische Feldherr Lukullus letztlich für einen zu großen Dominanz-Sack seiner zivilisatorischen Errungenschaften verurteilt. Das Totengericht im Jenseits kann ihm als einzige Errungenschaft seiner blutigen Taten zugutehalten, daß er von seinen Feldzügen in Asien den Kirschbaum mitbrachte und in Italien heimisch machte. Aber der Preis für diese Errungenschaft – 80.000 Tote – wird als zu hoch befunden, um Lukullus freizusprechen: „Der Kirschbaum! Die Eroberung hätte er machen können mit nur einem Mann! Aber 80.000 schickte er hier herunter!" Für das kapitalistische Herrschaftsprojekt in seiner fordistischen Phase sind solche Bilanzen nicht mehr die kriegerische Ausnahme, sondern der Alltag. Die ruinierten Landschaften, die abgeholzten Wälder und vergifteten Flüsse, die Obdachlosen und Krankgearbeiteten, die Unterernährten und die Umweltkranken, all dies gehört zum Dominanzsack eines Gesellschaftssystems, das die Herrschaft einer kleinen Gruppe alter Säcke und die Wohlgenährtheit einer großen Gruppe mittlerer Säcke absichert.

Die beiden Varianten fordistischer Modernisierung, die den Faschismus als gescheiterten Versuch beerbten – der Realsozialismus und der

Amerikanismus –, akzeptierten von den vier Grundprinzipien der faschistischen Ökologie zwei und modifizierten die beiden anderen. Das machte sie erheblich sympathischer, wesentlich erfolgreicher, allerdings auch ökologisch desaströser. Sie akzeptierten die Notwendigkeit einer sozial integrativen Umweltpolitik: Arbeits- und Gesundheitsschutzmaßnahmen, freizeitpolitische Kompensationen und „saubere" Arbeitsstellen, die den Bobby Browns zugute kamen. Sie akzeptierten ferner die Notwendigkeit, daß diese hochproduktive und hochbezahlte Arbeit der ökologischen Ausbeutung abhängiger Gebiete bedarf: ihrer Rohstoffe, ihrer Naturressourcen und der Schmutzarbeit ihrer Bevölkerung. Die Sowjetunion organisierte in diesem Sinne ihre inneren Kolonien: die Republiken, Regionen und Menschen, die mit landwirtschaftlicher Zulieferung, Rohstoffabbau und „niedrigproduktiver" Arbeit das technologische und soziale Projekt der russischen Bobby Browns stützten. Sie nahm die europäischen Verbündeten in dieses Projekt auf und profitierte im Verhältnis zu ihren Einflußstaaten in der Dritten Welt ebenfalls von den quasi-kolonialen *terms of trade*, auch wenn sie im Verhältnis besser zahlte als die USA.

Beide Varianten verließen sich jedoch im Verhältnis zu den abhängigen Gebieten und Staaten *nicht* auf rein militärische Gewalt und Besetzung. Sie setzten statt dessen verstärkt auf indirekte Abhängigkeiten, technologischer und handelspolitischer Art etwa, und bedienten gleichzeitig das Eigeninteresse neuer nationaler (oder regionaler) Eliten in den abhängigen Gebieten. Dadurch versicherten sie sich deren eigenen Engagements, die Durchsetzung und Absicherung der kapitalistischen Erschließung ihrer Gebiete durchzusetzen. – Schließlich organisierten der Realsozialismus und der Amerikanismus die Verteilung und Nutzung von Ressourcen und von Arbeit *nicht* mit dem Ziel *äußerster* Effizienz und Optimierung. Beide griffen *nicht* durchwegs und offen zu den Mitteln der Vernichtung, auch wenn sie vernichtende Wirkungen ihrer Vorgehensweise sehr wohl tolerierten und einkalkulierten. Sie behaupteten zwar, effizient oder geplant vorzugehen; aber sie ließen sehr wohl Raum für Verschwendung und Partizipation. Sie waren nicht sparsam im Einsatz von Natur und Arbeit, und sie ließen in gewissem Rahmen Aneignungsstrategien anderer Gruppen zu.

Realsozialismus und Amerikanismus verzichteten darauf, die von ihnen gepflegte soziale Kerngruppe der Bobby Browns juristisch abzuschließen, sondern installierten eine relative soziale Offenheit dieser Gruppe.

Wer in der Lage und bereit war, sich als effektives Werkzeug nach dem Vorbild der Bobby Browns zuzurichten und einzubringen, der/die konnte zumindest theoretisch auch einer werden – selbst wenn er/sie eine Frau war; schwarz war; aus den asiatischen Teilrepubliken der Sowjetunion stammte und so weiter. Die strukturellen Ausschlußmöglichkeiten wirkten natürlich, aber sie wurden nicht bis aufs Letzte „dicht" gehalten, sie ließen individuelle soziale Aufwärts-Mobilität zu. Der Realsozialismus und der Amerikanismus nannten das Demokratie oder Emanzipation: die Freiheit, sich selbst zu einem so effektiven Werkzeug des fordistischen Projektes zuzurichten, daß man/frau in die soziale Dominanzgruppe der Bobby Browns aufsteigen konnte. Entscheidend war, daß es alle versuchen konnten, es durch die strukturellen Ausschlußinstrumente aber nur einigen gelang.

Die Herrschaftsstruktur der Nachkriegsordnung bildete sich also sowohl durch strategisches Kalkül als auch durch die Erfahrung sozialer Ansprüche und politischen Widerstands heraus. Die neue Herrschaftsstruktur, ob in der realsozialistischen oder in der amerikanistischen Variante, erweiterte die Koalition des *tag teams* von Arbeit und Kapital um die nationalen Eliten der Dritten Welt – soweit diese kooperationswillig waren – und um die diffuse Gruppe der „Brownisten" und „Brownistinnen": potentielle Aufsteiger und Aufsteigerinnen, die durch positiven Bezug auf die Spielregeln zumindest hoffen konnten, in die Gruppe der Bobby Browns aufgenommen zu werden. Die Leistungskraft der gesellschaftlichen *Firma* erhöhte sich gerade dadurch, daß sie erheblich schlampiger und laxer geführt wurde als die nationalsozialistische Maschinerie, daß sie Nischen und informelle Aneignungschancen bot.

Die sozialen und politischen Versprechungen des Realsozialismus und des Amerikanismus waren nicht alle leer. Beide Varianten enthielten – als Reaktion auf den Druck der antikolonialen Kämpfe, der Arbeitskämpfe, der politischen Radikalisierungen der 30er und 40er Jahre – eine Reihe substantieller sozialer Garantien: Arbeit, Gesundheitsversorgung und Sicherung eines Existenzminimums zumindest für das Gebiet der hochindustrialisierten Zentrumsstaaten sowie ein Recht auf Entwicklung und Bereicherung zumindest für nationale Oberschichten in der Dritten Welt. Emanzipationsbewegungen auf der Grundlage ihrer politischen Versprechungen – wenn auch immer verpflichtet auf das kapitalistische Projekt – fanden statt. Vor allem profitierten beide Systeme davon, daß sie persönliche Auswege aus peripheren Sozialverhältnissen und Gemeinschaften anboten, die ja tatsächlich nicht das Gelbe vom Ei waren, sondern borniert, genauso patriarchal, aber statisch und ohne individuelle Mobilitätsperspektive. Die Ordnung des Dorfs, der Familie, der traditionellen Sozialsysteme zu verlassen, bot – bei aller Kälte des kapitalistischen Projektes – Chancen des individuellen Entkommens und relativer Befreiung. Und zwar weltweit. Coca Cola und die FDJ, ein Job in der Stadt oder die Mitgliedschaft in der Kommunistischen Partei hatten ihre Sogwirkung und Symbolkraft nicht nur, weil sie Annäherung an die Fleischtöpfe bedeuten konnten. Sie waren auch Attribute der Absage an die Borniertheit der peripheren Verhältnisse. Ohne diese Dynamik wäre die enorme Akzeptanz des Realsozialismus und des Amerikanismus bis in die Mitte der 70er Jahre nicht möglich gewesen.

Beide Varianten waren machtpolitisch sehr effektiv – ihre Wirkung durchschlagend und erfolgreich. Ökologisch und ökonomisch waren sie dagegen äußerst ineffizient, das heißt verschwenderisch. Die ökologische und ökonomische Krise, die Mitte der 70er Jahre eintrat, hatte ihren Ursprung darin, daß immer gewaltigere Mengen an Produktion, immer riesigere Stoff- und Energieströme, immer radikalere Naturausbeutungen notwendig wurden, um dieses Herrschaftsmodell aufrechtzuerhalten. Die Kosten stiegen ins Gigantische. Die Bedeutung der Systemkonkurrenz darf dabei nicht überschätzt werden. Die Rivalität beider Varianten erzwang soziale Zugeständnisse und legitimierte andererseits schärfere Kontrollmethoden; wahrscheinlich glich sich der Effekt unterm Strich fast aus. Die Anspruchsrevolution, die beide Varianten freisetzten, hatte ihre eigene Dynamik, unabhängig von der Systemrivalität. Die ökologische und ökonomische Krise, in die das fordistische Herrschaftssystem (in beiden Varianten) ab der Mitte der 70er Jahre geriet, ist ihrem Wesen nach eine Herrschaftskrise.

Sie ist zu diesem Zeitpunkt noch keine soziale Krise: keine Krise, in der die politische Zustimmung und soziale Orientierung am kapitalistischen Projekt grundsätzlich abnimmt, in der sich diese Haltung offensiv artikuliert und das kapitalistische Projekt damit in ernsthafte Gefahr bringt. Aber sie droht immer wieder, es zu werden. Das fordistische Modell und die Bobby Brown Time stürzen in einen rapiden Verfallsprozeß, funktionieren nicht mehr, werden aufgekündigt. Es beginnt die Suche nach neuen Varianten der Herrschaftssicherung.

Die Aufgabenstellung ist klar: Eine neue Variante muß mindestens so effektiv sein wie die alte, aber effizienter, weniger verschwenderisch. Das kapitalistische Projekt muß grüner und geplanter werden. Eine solche Aufgabe löst man nicht am Schreibtisch (und auch nicht am Runden Tisch), aber das bedeutet nicht, daß sie in den Planungsetagen der gesellschaftlichen Kräfte nicht bearbeitet würde. Auf den Fluren dieser Bürohäuser treffen wir dann auch die Anwälte der Nachhaltigkeit.

Literatur

Dietrich, Heinz: Ironien der Weltgeschichte. Strukturparallelen zwischen Nazi-Lebensraum und Erster/Dritter Welt heute. In: Das Fünfhundertjährige Reich. Bonn 1980.

Hartmann, Detlev: Leben als Sabotage. Zur Krise der technologischen Gewalt. 2. Aufl. Berlin (West) 1988.

Roth, Karl-Heinz: Vernichtung und Entwicklung. Die nazistische „Neuordnung" und Bretton Woods. 1985.

Sachs, Wolfgang: Die auto-mobile Gesellschaft. In: Brüggemeier, Franz-Josef – Rommelspacher, Thomas: Besiegte Natur. Geschichte der Umwelt im 19. und 20. Jahrhundert. 2. Aufl. München 1989.

Werlhof, Claudia von: Der Proletarier ist tot. Es lebe die Hausfrau? In: Bennholdt-Thomsen, Veronika – Mies, Maria – Werlhof, Claudia von: Frauen, die letzte Kolonie. Reinbek 1983.

Zimmer, Jochen: Soziales Wandern. Zur proletarischen Naturaneignung. In: Brüggemeier, Franz-Josef – Rommelspacher, Thomas: Besiegte Natur. Geschichte der Umwelt im 19. und 20. Jahrhundert. 2. Aufl. München 1989.

Unterwegs zur globalen
lean production

1994 wurde der „Große Umweltpreis für die Wiener Wirtschaft" vergeben. Unter der prominenten Jury – unter anderem von Dennis Meadows, *Club-of-Rome*-Autor der *Grenzen des Wachstums* und Mitautor der *Neuen Grenzen des Wachstums* – wurden „Unternehmen für innovative, umweltfreundliche Produkte und Verfahren ausgezeichnet". Die Programmatik des Preises erweist sich auf der Höhe der Zeit: „Ökonomie und Ökologie sind heute längst kein Widerspruch mehr, sondern eine fruchtbare Symbiose mit unerwarteten Synergien eingegangen. Trotz alledem bleibt noch viel zu tun: Das Zeitalter der Umweltreparatur und Sanierung muß der Epoche der vorausschauenden Umweltzerstörungsvorbeugung weichen. In Zukunft geht es darum, schon bei der Planung und Vorbereitung von Prozessen auf Umweltschonung und Umweltgerechtigkeit zu achten." Ein nachhaltiges Programm also.

Unter den 26 prämierten Beiträgen befindet sich die batteriebetriebene Urinalspülung *T 600* der Robert Kühnel GmbH. Sie steuert, wie von vielen öffentlichen Männertoiletten gewohnt, die Wasserspülung durch einen Infrarotsensor, der bemerkt, ob jemand vorm Becken steht. Die Innovation, dieses Verfahren endlich auch batteriebetrieben anzubieten, ermöglicht die nachträgliche Aufrüstung von Toiletten auch ohne aufwendige Verlegung einer neuen Stromleitung. Die Wasserersparnis soll enorm sein.

In der Landschaft der Umweltpreise liegen Kühnheit und Irrsinn nahe beieinander. Ich halte die diversen Umweltpreise der 90er Jahre und ihre Einsendungen für eine ideale Quelle späterer historischer Arbeiten und kulturhistorischer Ausstellungen – etwa in fünfzig bis hundert Jahren. Sie zeichnen die Denkmuster der ökologischen und gesellschaftlichen Wende im letzten Viertel des 20. Jahrhunderts anschaulich nach. *T 600* ist ein gutes Beispiel für ökotechnokratische Modernisierung. Natürlich ist es absurd, an Hunderten und Tausenden von Pinkelbecken jahraus, jahrein die Batterien auszuwechseln, um Wasser zu sparen. Natürlich braucht es keine Infrarotsteuerung, um eine Spülung dann in Betätigung zu setzen, wenn sie gebraucht wird, und natürlich täte ein Fußschalter, der spült, solange er getreten wird, denselben Dienst. Aber es wäre nicht dasselbe.

T 600 erhält das Prinzip, daß die Spülung sich wie von Geisterhand bewegt in Betrieb setzen muß, aber modernisiert dieses Prinzip ökologisch. *T 600* tut dies, wie die meisten ökotechnologischen Innovationen, mit generösem Einsatz von Material, vorzugsweise noch von Elektronik und Computersteuerung, um eine stolze Bilanz eingesparter Wassereimer zu präsentieren. Diese Innovationen sind verschwenderisch im Sparen, irrational in ihrer Vernunft; und sie sind nicht kleinlich darin, Mühe darauf zu verwenden, daß alles ökologischer wird und sich trotzdem so wenig wie möglich verändert.

Zugegebenermaßen ist die Urinalspülung *T 600* ein besonders delikates Artefakt ökopatriarchaler Technikblindheit: Männer modernisieren ökologisch ihr Pinkeln. Andererseits richtet sie unterm Strich wenig an im Vergleich zu anderen, ernsthafteren ökologischen Modernisierungsprojekten. Sie hat den nostalgischen Charme eines Fin de siècle der Industriezeit. Deswegen empfehle ich sie dringend für ein Museum des ausgehenden 20. Jahrhunderts. Sie gehört zu den hübschen Abwegigkeiten genauso wie jene Forschungsstudie, die kürzlich herausfand, daß Menschen mit einer Größe von 1,50 Meter und einem Gewicht von 50 Kilo das optimale Verhältnis von Nahrungsaufnahme und Körperleistung bringen. 1,50 auf 50 ist demnach das ideale Format für den nachhaltigen Menschen, das leider im Verlauf der letzten paar hundert Jahre verlorenging. Welche Maßnahmen die Studie vorschlägt, hier eine nachhaltige Umorientierung durchzusetzen, entzieht sich meiner Kenntnis.

Die großen Projekte der ökologischen Modernisierung sind weniger charmant. Sie folgen dem Prinzip des ökologischen Sparens: das gleiche erzielen, aber mit weniger ökologischen Kosten. Und sie folgen dem Prinzip, trotzdem alles zu verbrauchen, aber ohne zuviel davon sinnlos zu verpulvern. In dieser Art des Öko-Sparens ohne Veränderung sind sie unschlagbar. Sie gefallen sich darin, daß sie dies ohne falsche Sentimentalität für die Natur tun und daß ihr Vorgehen harten Kosten-Nutzen-Rechnungen standhält. Die bessere Vernutzung der Natur hat ihren Profit. Sie hat auch ihren Preis, und der muß bezahlt werden.

1970 legte die US-amerikanische Regierung das RARE-Programm auf. RARE steht für „Roadless and Remote Areas Review and Evaluation", zu deutsch: Sichtung und Bewertung der abgelegenen und verkehrstechnisch nicht erschlossenen Gebiete. Viele der großen unerschlossenen Gebiete der USA, mit denen sich RARE beschäftigte, stehen unter Nutzungsbeschränkungen aus der Zeit des großflächigen Naturschutzes. Zu Beginn des 20. Jahrhunderts waren große Flächen durch staatliche Schutzgesetze von der Nutzung ausgenommen worden, ohne daß man sich über den ökologischen Wert dieser Gebiete und über den ökologischen Nutzen dieser Maßnahme allzuweit im klaren war. RARE sollte diese Klarheit schaffen, unter der lauteren Zielsetzung, den ökologischen Reichtum dieser Gebiete besser zu schützen. Man verkartete den Bestand seltener oder gefährdeter Arten, typisierte die Habitate, schätzte den notwendigen Geländebedarf dieser Arten und legte dar, welche Funktionen die verschiedenen Gebiete als Einzugsbereiche, Verbreitungsgebiete und Korridore für diese Arten hatten.

Drei Jahre später – die zweite Regierung Nixon hatte inzwischen rigide Führungswechsel im National Parc Service und anderen Umweltbehörden durchgesetzt und ihnen externe Evaluierungskommissionen aufgedrückt – beschloß der Kongreß RARE II. Die erneute, verbesserte Erfassung der Natur endete mit dem Ergebnis, daß ungefähr die Hälfte der untersuchten Flächen von entscheidender Bedeutung dafür war, die wichtigsten Tier- und Pflanzenarten und Habitate zu erhalten. Folglich könnte man die andere Hälfte der bislang unerschlossenen Gebiete beruhigt umpflügen: sie für Holzausschlag, Erz-, Erdöl- und Gasförderung, für Besiedlung und Straßenbau freigeben. Man mußte es nur richtig machen und die richtigen Flächen dafür auswählen, dann könnten die ökologischen Kosten stark begrenzt werden. Genau dies beschloß der Kongreß, unter dem Toben der Naturschützer.

Die Jahre seit 1970 sind eine Zeit des Umweltschutzes *und* der Naturzerstörung, der forcierten Inwertsetzung natürlicher Reichtümer in der Dritten Welt *und* eines immer stärkeren Hinwirkens auf Industrialisierungsgrenzen für die Länder des Südens. Dieses auf den ersten Blick verwirrende Bild klärt sich, wenn man es unter dem Gesichtspunkt der langfristigen *Verteilung* und Umverteilung von natürlichen Ressourcen (und der Verteilung der damit verbundenen ökologischen Schädigungen) betrachtet. Es handelt sich um eine Zeit des ökologischen *Geizes*. Ein Geizhals verändert nicht die Form, in der er Reichtümer zusammenrafft; er will nur möglichst wenig davon abgeben, und er verschwendet möglichst wenig davon für „Unnützes" und „Luxus". Die globale ökologische Situation ist heute um ein Vielfaches schlechter als vor zwanzig Jahren; aber sie ist durch eine Politik der ökologischen Umverteilung und des Umweltgeizes zusammengehalten. Perfiderweise sind die offensichtlich ökologischen Instrumente – die internationalen Umweltabkommen, die nationalen Umweltgesetze, die Naturschutzbestimmungen – von relativ geringer Bedeutung im Vergleich zu den Veränderungen der ökonomischen Struktur, deren ökologische Verteilungsfunktion nicht so leicht erkennbar ist.

Eines der größten Projekte ökologischer Umverteilung war die sogenannte Ölkrise 1972/73. Die arabischen Erdöl-Förderländer benutzten die OPEC als Kartell, reduzierten die Fördermenge und trieben den Preis auf bis dahin astronomische Höhen. Eine militärische Lösung war nicht in Sicht. Nicht gegen eine geschlossene Front der arabischen Länder; nicht in gerade in Vietnam blutig gelaufenen Kampfstiefeln; nicht vor dem Hintergrund der sozialen Unruhen, die ein imperialistisches Abenteuer gerade eben in den Metropolen ausgelöst hatte; nicht angesichts zu geringer nationaler Ölreserven, also einer hohen Verletzlichkeit der eigenen Ökonomie, falls es als Reaktion zu einem Totalstop der Lieferungen kommen sollte. Eigentlich war es auch nicht nötig. Das Öl floß ja noch. Teurer und knapper zwar, aber es floß, und solange es in die richtige Richtung floß, konnte alles gutgehen.

Damals gab es die autofreien Sonntage. Sonntags durfte man in diesen Wochen nicht mehr Auto fahren. Man konnte auf den Landstraßen mit dem Hund spazierengehen und in der Stadt auf den Straßen spielen. Öl mußte gespart werden; es durfte nicht sinnlos für private Mobilität verheizt werden. Das Sparen am privaten Konsum sollte die nationalen Reserven schützen, sprich die Notwendigkeiten der Industrie. Gleichzeitig wurde ein Bündel langfristiger Vorsichtsmaßnahmen eingeleitet. Die nationalen Reserven wurden erhöht; die Erdölförderung auf eigenem Gebiet und in anderen Ländern intensiviert; und eine Welle von technischen Energieeinsparungen wurde gefunden und umgesetzt, durch massive Unterstützung seitens der staatlichen Forschungspolitik. Der generelle Preisanstieg für Rohöl machte die Erschließung nationaler Ölvorkommen in den Industrieländern selbst, vor allem in den USA, wieder profitabel. Die Ölförderung auf US-Territorium war, wie Barry Commoner gezeigt hat, nicht etwa wegen Erschöpfung der Vorkommen zurückgegangen, sondern wegen der ungleich höheren Profitrate, die die Förderung im Ausland versprach.

Das eigentlich Interessante an der Ölkrise ist ein Vergleich der ökologischen Verteilungsstruktur vor und nach den Ereignissen. Unterm Strich blieb der Erdölverbrauch der reichen Industrieländer langfristig gleich; er sank zeitweise ab und überschritt erst Ende der 80er wieder das Niveau vor der Ölkrise. Das höhere Preisniveau führte zur Anhäufung von Geld, den sogenannten „Petrodollars", in den Händen der kleinen Herrschaftselite der Hauptförderländer am Golf und wurde – abgesehen von dem kleinen Luxus, den man sich so leistet – ganz überwiegend in den Aktiengesellschaften der Triade (USA, Japan, Europa) angelegt, so daß dort alles beim alten blieb. Der Ölstrom in die ärmsten Länder der Welt verebbte dagegen weitgehend: Der Preissprung sorgte dafür, daß eine ganze Reihe von Ländern nur noch sehr wenig Öl beanspruchen konnte. Das Programm einer flächendeckenden „nachholenden Entwicklung" war damit für diese Länder gestorben, ohne daß jemand das auf einer internationalen Konferenz hätte beschließen müssen.

Gleichzeitig polarisierte sich sowohl in den Ländern der Ersten Welt als auch in den großen, als „Schwellenländer" gehandelten Volkswirtschaften innerhalb der Dritten Welt die ökologische Verteilungsstruktur. Dies hatte nun gar nichts Urwüchsig-Markthaftes mehr an sich, sondern wurde gezielt über staatliche Politik organisiert: Der private Konsum von Benzin und Heizöl wurde horrend besteuert, während der Erdölverbrauch der Industrie in Deutschland immer noch steuerfrei ist, genauso wie übrigens das Flugbenzin. Die Reaktion auf die Verknappung von Erdöl bestand darin, ökologisch umzuverteilen, und zwar von unten nach oben. Technologische Effizienzsteigerung und Einsparung beim privaten Konsum sicherten die Versorgung der Industrie und ihr weiteres Wachstum. Das trifft sich ganz hübsch mit der Beobachtung, daß in den 60er Jahren in Kalifornien eine regionale Kontrollinstitution für Luftverschmutzung ins Leben gerufen wurde *(Bay Area Air Pollution Control, BAAPC)*, deren Direktoren solange entlassen wurden, bis sie nicht mehr die Industrie, sondern den privaten Autoverkehr als einzigen Hauptverschmutzer ausmachten. Die nationale Umverteilung spiegelte das wider, was auch international geschah: Global sorgten die Eröffnung neuer Fördergebiete und die Einsparung beim Ölkonsum der ärmsten Länder dafür, daß die Versorgung und das Wachstum der Ökonomien des Nordens gesichert blieben.

In den Ländern des Südens wurde die entsprechende Umverteilung von unten nach oben durch die *Strukturanpassungsprogramme (SAPs)* der Weltbank vorangetrieben. Die nationalen Eliten, die von den bis dahin erfolgten Industrialisierungsanläufen profitiert hatten, wurden verstärkt als Schergen der Umverteilung in die Pflicht genommen. Ihre Abhängigkeit von externen Krediten wurde der Hebel dafür, sie zu einer Umverteilung der nationalen Haushalte zu zwingen: Senkung der Sozialleistungen, Streichung der Nahrungsmittelsubventionen und Abbau von öffentlichen Arbeitsplätzen; dafür Steigerung der Industriesubventionen, Investition in „Umweltdumping"-Angebote und Ausbau der militärisch-polizeilichen Unterstützung für internationales Anlagekapital im Land. Das ist für die nationale Oberschicht unangenehm, denn es erhöht die Gefahr von Aufstandsbewegungen und politischem Protest. Aber damit gibt es jetzt kein Mitleid mehr.

Vom Ergebnis her betrachtet, setzte die Politik der Weltbank und der anderen nationalen und internationalen Entwicklungsinstitutionen ebenfalls eine ökologische Umverteilung durch und drehte die Spirale von Naturzerstörung und Öko-Sparen eine Runde weiter. Die großen Projekte, die in den 70er und 80er Jahren in Gang gesetzt wurden, betrafen die Inwertsetzung von Naturressourcen und die Förderung aktiver Weltmarktintegration. Die internationalen Bankenkonsortien förderten gern riesige Staudamm-Projekte wie den Narmada-Staudamm in Indien, bei denen die ansässige Bevölkerung von ihren natürlichen Ressourcen an Boden und Anbau enteignet wurde – auf denkbar einfachste Weise: Ihre Gebiete wurden geflutet. Die Projekte in den Bereichen Bergbau, Ölförderung, Straßenbau, Energieförderung, agrarische Modernisierung und Fischerei ermöglichten es, daß noch viel mehr von den natürlichen Ressourcen der Länder des Südens auf den Markt geworfen wurde und folgerichtig gen Norden entschwand. Gleichzeitig drückte die Politik der aktiven Weltmarktintegration und der Strukturanpassung präzise den neuen ökologischen Geiz aus. Der Aufbau einer breiten, integrierten nationalen Industrie war fortan kein Ziel mehr, das für die Dritte Welt anvisiert wurde.

Aktive Weltmarktintegration bedeutet, sich eine ganz bestimmte Nische und Funktion in der weltweiten Arbeitsteilung zu suchen und nur noch das aufzubauen, was diese Funktion stützt. In aller Regel heißt das für Länder des Südens, ihre alte koloniale Rolle als Exporteur von Erzen, Öl, Holz, Kaffee, Südfrüchten und so weiter vorbehaltlos zu akzeptieren und als letzten Schrei der Entwicklungstheorie zu verklären. Dazu gehört dann auch, daß diese Produkte auf dem Weltmarkt zu immer niedrigeren Preisen gehandelt werden und daß irgendwann nichts mehr da ist, was man verkaufen kann: wenn die Wälder abgeholzt, die Böden erodiert oder die Bodenschätze eines Tages vollständig ausgebeutet sind. Es kann aber auch bedeuten, auf „komparative Kostenvorteile" in der Fertigung zu setzen, sprich Massenartikel für ganz bestimmte Sektoren des Weltmarkts zu produzieren, und zwar superbillig mit superbilligen Arbeitskräften. Das Parade-Beispiel sind die „vier kleinen Tiger" in Ostasien: Taiwan, Südkorea, Singapur und Hongkong. Gestützt auf solide autoritäre Staats- und Gesellschaftsstrukturen, arbeiten sie als Werkbänke für die internationale Elektronik-, Textil- und Spielzeugindustrie. Sie sind prädestiniert dafür, weil sie – mit Ausnahme Singapurs – Frontstaaten im Kalten Krieg und daher besonders förderungswürdig durch den Westen waren; und weil sie sehr klein und daher besonders billig sind.

Daß diese Länder so klein sind, paßt gut zu der Tendenz, nicht mehr große Nationen irgendwie zu entwickeln, sondern nur noch begrenzte ökonomische Inseln zu schaffen und weltweit miteinander zu vernetzen. Große Nationen sind teuer und bereiten Streß. Sie bieten zwar zunächst den Vorteil, daß sie über ökologische Ressourcen, Arbeitskraft-Potentiale und landwirtschaftliche Ernährungs-Potentiale für diese Arbeitskräfte verfügen, die eine Industrialisierung in den zentralen Regionen stützen können. Wer einen Berg aufschütten will, muß schließlich irgendwo ein Loch graben; die Mittel („Faktoren") für eine Industrialisierung müssen anderswo abgezogen werden. Auf die Dauer wird diese innere Kolonisierung, die Beschaffung der Faktoren aus der eigenen Gesellschaft, jedoch zum Bumerang. Die ökologisch-ökonomische Umverteilung innerhalb ein und derselben Nation, anfangs bequem und vorteilhaft, wird mit der Zeit beschwerlich und riskant. Der Raubbau an Natur und Arbeit wirft Folgekosten auf, die bezahlt sein wollen. Die Zerstörung selbstversorgender Wirtschaftsformen auf dem Land bringt die Menschen dazu, den Ort des Reichtums aufzusuchen und dort zu probieren, auf jede mögliche Art und Weise etwas davon für sich abzuzweigen. Die heute am höchsten verschuldeten Länder der Dritten Welt haben meistens diesen Zyklus durchlaufen: eine vielversprechende Raubbau-Industrialisierung und dann ein Erlahmen, eine Kostenexplosion durch Sozialleistungen und Importsubventionen, durch aufwendige innere Aufrüstung und großzügige strukturelle Bestechung von Gruppen. Die herrschende politische Klasse zahlt all das, um nicht durch Aufstände der Ausgeplünderten hinweggefegt zu werden.

Das Rezept der Kleinstaaten ist dagegen: Bezahlt wird nicht. Da die ökologischen Ressourcen und ein großer Teil der Arbeitskraft von vornherein importiert werden, fallen die Folgekosten anderswo an, nicht im eigenen Land. Die Vernutzung von Natur und der Entzug von Arbeitskraft findet in einem Land statt, die industrielle Entwicklung in einem anderen. Deshalb kann ein Land wie Mexiko oder Brasilien mit der stürmischen Dynamik von Hongkong oder Taiwan nicht konkurrieren (außer es gelingt, die ausgeplünderten Regionen politisch so zu marginalisieren und militärisch zu kontrollieren, daß ihr Status tatsächlich dem eines kolonisierten Auslands gleicht). Denn der ganze erfolgreiche Raubbau wird plötzlich zu einer sozialen Last, die an der Kostenstruktur der industriellen Entwicklung klebt und hängt. Die gesamte Politik der Deregulierung richtet sich darauf, diese Last abzuschütteln, die Dynamik der weltmarktorientierten Industriesektoren vom Finanzsumpf der ruinierten Kostgänger abzukoppeln. Sie beginnt als Chicago School mit Rezepten, die nach dem Sturz Allendes in Chile ausprobiert werden. Über die Politik der Strukturanpassung wird sie zur autoritären Leitlinie für alle Dritte-Welt-Länder, die von Weltbank-Krediten abhängig sind; als Thatcherismus oder Reagonomics kehrt sie in den 80er Jahren auch in die Politik der Ersten Welt selbst zurück. Der große Bergarbeiter-Streik der 80er in Großbritannien drehte sich um genau diese Abschüttelung eines ganzen Wirtschaftssektors, der nicht mehr sozial alimentiert werden sollte.

Es besteht kein Widerspruch zwischen nachhaltiger Entwicklung und Globalisierung, zwischen Öko-Sparen und Deregulierung, wie oft behauptet wird. Diesen vermeintlichen inneren Widerspruch des herrschenden Weltsystems gibt es nicht. Selbstverständlich produziert es absurde ökologische Kosten, eine Glühbirne zweimal um den Globus zu schicken, bis sie endlich ihren Weg aus ihrer südkoreanischen Herkunft in eine thailändische Lampe und dann in ein deutsches Wohnzimmer gefunden hat. Als Ganzes gesehen aber folgt die stramme neue globale Arbeitsteilung strikt dem Prinzip, jedes Einzelteil dort zu produzieren, wo es mit den geringsten bezahlten Folgekosten geschieht. Und das heißt: dort, wo die wenigsten Ressourcen aufgewendet werden müssen, um zu bezahlen. Der ganze Apparat von Sozialabgaben, Steuern, Arbeitsschutzverordnungen und Umweltauflagen, der in einer hochentwickelten Industrienation an jedem Handgriff dranhängt, ist schließlich nur eine geldförmige Zwischenform zur Inanspruchnahme von ökonomischen und ökologischen Ressourcen durch breitere Kreise von Bevölkerung.

Wer in den Maquiladoras – steuer- und zollbefreite US-amerikanische Weltmarktfabriken auf mexikanischem Gebiet – produziert, muß die Umwelt nicht reparieren, die dabei draufgeht; die Invalidenrenten nicht zahlen, die anfallen. Wer wie Shell im Niger-Delta nach Öl bohrt, unter den Bedingungen eines diktatorischen Regimes und eines allgemeinen Sozialabbaus, der muß sein Öl nicht wegwischen, das danebenläuft, und die Äcker nicht regenerieren, die versaut werden. Und das heißt: Er muß keine Ressourcen abgeben. Die schwarze Soße in Nigerias Küstenlandschaft versickern zu lassen, ist nicht nur viel billiger als eine „saubere", weil stärker kontrollierte Förderstelle in der Nordsee oder auf amerikanischem Gebiet – es spart auch Ressourcen. Ökonomische und ökologische Einsparung sind ein und dasselbe. Wer weniger zahlt, hat weniger Hände, die einkaufen und verbrauchen.

Unter den Bedingungen des weltweiten Herrschaftssystems ist die neue globale Arbeitsteilung, ihre streng funktionale Ausdifferenzierung unter dem Marktdiktat und der Gewalt der Freihandelsinstitutionen wie dem GATT ökonomisch und ökologisch völlig sinnvoll. Sie entspricht viel eher einer internationalen Planwirtschaft. Daß die ökonomischen Bedingungen der autoritären Freihandelsordnung kaum erlauben, irgend etwas zu produzieren, das nicht der zugewiesenen Nische und ökonomischen „Aufgabe" entspricht, ist gleichzeitig ein ausgewiesenes ökologisches Sparprogramm.

Das alles erfolgt nicht direkt durch Verschwörung, aber es ist auch kein Zufall und keine blinde Eigendynamik. Es ist die Entfaltung von künstlichen Naturgesetzen, deren Wirken den Kräfteverhältnissen und Interessen entspricht und von ihnen auch immer wieder in die gewünschte Richtung korrigiert wird. Die Interessen aller Beteiligten und das Gewicht, das ihre Macht diesen Interessen jeweils verleiht, bilden eine Art Schwerkraft, in der die Einzelentscheidungen so fallen, daß sie zur Tendenz des Ganzen passen. Die Marktdynamik würde nicht greifen, wenn sie nicht von einer ausreichenden Koalition von Akteuren als probates Mittel der ökonomischen und ökologischen Verteilung akzeptiert würde. Wo sie das nicht ist, wird sie oft genug durchlöchert und schlicht aufgehoben; Protektionismus und Freihandel sind funktionale Mittel wie Gas und Bremse, das eine ist nicht kapitalistischer als das andere. Protektionismus üben und Freihandel durchsetzen kann unter den Bedingungen des kapitalistischen Marktes nur der ökonomisch Starke, und die ökonomisch starken Staaten setzen *beide* Mittel ein, um den Markt nach *ihren* Interessen zu ordnen.

Die Reflexion der Beteiligten spielt deshalb sehr wohl auch eine Rolle: Es ist der Platz für Strategien, für eine institutionelle Optimierung der Gesamtstruktur entsprechend dem Interessen-Kraftfeld. Internationale Institutionen wie Weltbank und Internationaler Währungsfonds (IWF) haben hier eine gewisse Bedeutung. Die eigentliche Entwicklungs-, Planungs- und Verteilungsinstanz sind aber die Multis: die multinationalen (oder transnationalen) Konzerne.

Die Multis organisieren die Ströme der Ressourcen und die Verteilungsstruktur der Volkswirtschaften. Sie machen die Fünfjahrespläne der globalen Planwirtschaft. Seit Beginn der 70er Jahre wachsen sie zügig in diese Aufgabe hinein. Sie unterwandern die internationalen Institutionen und fördern die wissenschaftlichen Umweltstudien, mit denen die Naturzerstörung quantifizierbar, planbar und zum Anlaß ökologischer Umverteilung wird.

Das Jammern über die Eigengesetzlichkeiten des kapitalistischen Marktes oder einer anonymen Globalisierung klingt ebenso lächerlich wie das Klagen über die ausgewählte Bösartigkeit der Multis und ihrer Führungsspitzen, als wären sie Haie im ansonsten schönen Meer der Zivilgesellschaft. Die Multis tun einen Job. Einen schmutzigen und zynischen, aber durchaus funktionalen Job. Sie sind nicht einfach Vagabunden auf eigene Rechnung, sie sind Agenten der herrschenden Weltordnung, Instanzen der Planung, Verteilung und Kontrolle auf der Grundlage von Strategien der Herrschaftssicherung, die nicht nur ihnen selbst zugute kommen.

Internationalisierung der Produktion und der Eigentumsverhältnisse findet schon lange vorher statt. Die US-amerikanischen Weltkonzerne hatten schon 1966 ein Drittel ihrer Beschäftigten außerhalb der USA. AEG, Hoechst und Volkswagen produzieren schon seit den frühen 50er Jahren in Lateinamerika. Das Ausmaß mag sich stetig vergrößert haben; aber die Welt ist nicht plötzlich in den 80er Jahren globalisiert. Nicht so sehr das *Ausmaß* der Internationalisierung, sondern die *Strategien* der Multis haben sich verändert. Die *globale Fabrik* ist eine veränderte Strategie. Ökonomisch mag man das den Übergang von der beschaffungsorientierten über die absatzorientierte hin zur kostenorientierten Direktinvestition im Ausland nennen. Aber es gibt keine ökonomische Eigengesetzlichkeit, die das erzwingt; der Strategiewandel muß durchgesetzt und ermöglicht werden. Die Rechnung geht so nur auf, wenn ihr der Weg mit Gewalt bereitet wird – wenn nämlich genau dieses Abschütteln der Kostgänger verwirklicht wird, das die globale Fabrik überhaupt erst wirtschaftlich macht, ökonomisch wie ökologisch. Das können die Multis auch nicht selbst tun. Sie brauchen die aktive Kooperation der Staatsmacht und die stille Akzeptanz der Bevölkerungen in den Ländern des Nordens, wo ihre Konzernzentralen stehen. Und stehenbleiben werden.

Es stand nicht formal in der Stellenausschreibung, aber es war auch mehr als ein Zufall, daß Robert McNamara, der als Präsident der Weltbank die neue strategische Orientierung durchzustylen half, zuvor Verteidigungsminister der USA war. Es paßt zum Waffencharakter der globalen Ökonomie. McNamara verstand die Umstrukturierung der Weltbank, für die er die Strukturanpassung erfand und Geldmittel in schwindelerregender Höhe besorgte, als Dienst an der Verteidigung und Dominanz der „freien Welt", insbesondere der USA. „Eine Nation kann einen Punkt erreichen, an dem sie sich nicht einfach mehr Sicherheit kaufen kann, indem sie mehr militärische Waffen und Geräte erwirbt. An dem Punkt sind wir angekommen", schrieb er in *The Essence of Security*. Zwischen diesen Zeilen steht unausgesprochen die Erfahrung Vietnam. Die globale Firma ist auch eine Antwort auf diese Erfahrung. Die Förderung der Multis und ihrer Politik ist nicht nur Zugeständnis an deren durchaus respektable Hausmacht, sondern auch ein veränderter Auftrag, die Kreation einer neuen internationalen Wirtschaftsbürokratie.

Der Gegenspieler der Multis sind die internationalen Umweltorganisationen, die großen NGOs: Greenpeace, der WWF, aber auch viele weniger bekannte Lobbyorganisationen vor allem im Bereich von „Umwelt und Entwicklung". Das liegt daran, daß die Multis und die internationalen Institutionen bei ihrem Job des öfteren über die Stränge schlagen. Während die Multis wie Staubsauger die Welt absuchen (das sogenannte *global sourcing*), um Profite aufzuspüren und dabei Strukturen der Verteilung und Kontrolle zu effektivieren, neigen sie dazu, Porzellan zu zerschlagen, das vielleicht noch gebraucht wird. Das können wertvolle Naturressourcen sein oder die Biosphäre als ganze. Hier treten die NGOs als Korrektiv auf. Sie protestieren, informieren, machen Druck und überzeugen. Im ungünstigsten Fall verfolgen sie dabei nur das direkte Eigeninteresse des Nordens bei der ökologischen Verteilung: wenn es um die Nordsee geht, um das Klima, das Ozonloch. Hier sind Eigeninteressen großer Kreise im Norden selbst bedroht, einschließlich der Herrschaftseliten selbst – ein immer größeres Ozonloch bedroht über die Krebsgefahr potentiell jeden. Im günstigsten Fall drücken die NGOs eine echte moralische Empörung über die absoluten Knaller im Multigeschäft aus: die großen Katastrophen wie Bhopal, Seveso, Tschernobyl, die Tankerhavarien und so weiter. Im Normalfall liegt ihre Tätigkeit irgendwo dazwischen: beim Protest gegen weltweite Verschleuderung ökologischer Ressourcen und gegen eine allzugroße Selbstherrlichkeit der Multis, gegen eine allzu offene Menschenverachtung. Die NGOs sind das dezentrale Umweltministerium der neuen Weltordnung, in der die Multis das Wirtschaftsministerium stellen.

Im Ping-Pong zwischen den Multis und den NGOs regelt sich das Projekt der neuen Zeit: die globale *lean production*, ökonomisch wie ökologisch. *Lean production* bedeutet schlanke Produktion und ist ein Begriff, der ursprünglich eine bestimmte Konzernstrategie beschrieb. Die Produktion eines Konzerns wird entschlackt und verschlankt, indem sie einer differenzierteren und strafferen weltweiten Arbeitsteilung unterworfen wird. An die Stelle der Fabriken mit hoher Fertigungstiefe, zuverlässigem Stammpersonal und gleichbleibenden Produkten tritt der weltweite Verbund mit vollständiger Flexibilisierung. Alles wird dorthin verlagert, wo es am kostengünstigsten ist; träges Stammpersonal wird ebenso abgebaut wie das eingerostete mittlere Management; die Zentrale steuert die meisten Vorgänge selbst; für viele Teilprozesse werden keine eigenen Maschinen gekauft, sondern Aufträge vergeben, um nicht auf unflexibler Investitionsmasse sitzenzubleiben, wenn der Bedarf sich ändert. Unterhalb der Zentrale verschwindet der klassische Manager; an seine Stelle treten der Controller und der Animateur: der eine, um im weltweiten Verbund weiterer Effektivierungs- und Einsparungsmöglichkeiten nachzujagen, der andere, um Belegschaften ohne Perspektive und Rechte mit Gruppendynamik bei Laune und Motivation zu halten.

Die Umstrukturierung der internationalen Ordnung, zu der nachhaltiges Öko-Sparen genauso gehört wie Strukturanpassung, High-Tech und „Globalisierung", folgt genau diesem Prinzip der *lean production*, übertragen auf den gesamten Globus. Die Studie *Zukunftsfähiges Deutschland* definiert „Zukunftsfähigkeit" als Verbindung von Nachhaltigkeit und internationaler Wettbewerbsfähigkeit und bringt es damit genau auf den Punkt: Die Debatte um nachhaltige Entwicklung formuliert das Programm dieser *globalen lean production* von der ökologischen Seite her, die Debatten um Globalisierung formulieren es von der ökonomischen Seite.

Zwischen beiden gibt es keinen Widerspruch. Es geht um die nachhaltige Bewirtschaftung der Welt, die Optimierung des internationalen Herrschaftssystems.

Das mittlere Management, das abgeschafft wird, sind die nationalen Eliten der Dritten Welt und große Teile des politischen Apparates in den Haupt-Industrieländern selbst. Die Gruppe, die Entscheidungen von strategischer Bedeutung trifft, wird kleiner. Unrentable Bereiche werden abgestoßen: Eine Fülle nationaler Konflikte und Bürgerkriege dreht sich darum, wie Regionen mit Chancen auf aktive Weltmarktintegration sich von ihren nationalen Kostgängern trennen. Der Zerfall der Sowjetunion, aber auch die Implosion vieler Staatswesen in der Dritten Welt steht dafür, daß es für die Annäherung an den Weltmarkt *als Nation* nicht mehr reicht, bloß noch für die Annäherung als Region. Der Preis einer Annäherung als Nation an die Erste Welt ist unbezahlbar geworden, die Perspektive nur realisierbar für einzelne Gruppen: bestimmte Unternehmensgruppen, bestimmte Belegschaften, bestimmte Clans und Seilschaften. Vollbeschäftigung und eine halbwegs abgerundete nationale Produktionspalette sind nirgends mehr Ziel, auch im Norden nicht mehr: Was nicht optimierbar ist für den internationalen Produktionsprozeß, fliegt raus. Die unsinnige Breiten-Industrialisierung der Schwellenländer wird gestoppt und auf Kernbereiche zusammengetrimmt, die ökologischen Ressourcen werden möglichst nur da eingesetzt, wo sie dem internationalisierten Produktionsprozeß direkt dienen.

Der Übergang zur *globalen lean production* markiert das Ende von Amerikanismus und Realsozialismus, den beiden rivalisierenden Varianten fordistischer Entwicklung. Er markiert auch das Ende der Bobby Brown Time. Der Übergangsprozeß läßt sich am einfachsten als eine Geschichte der Kündigungen beschreiben. Gekündigt wird den Bobby Browns (Massenarbeitslosigkeit); den nationalen Eliten und Mittelschichten in der Dritten Welt (Strukturanpassung); großen Teilen der Bevölkerung in der Ersten Welt (Sozial-Dumping und Marginalisierung). An ihre Stelle treten die neuen „Leistungsträger", eine Art Offizierskaste der Produktion und Verwaltung, zu der die Yuppie-Generation der 80er nur das Durchgangsstadium war; die ökonomischen Inseln überall, die nur in seltenen Fällen ganze Staaten umfassen wie im Fall der „kleinen Tiger"; die nationale Zwei-Drittel-Gesellschaft auch in der Ersten Welt, die mit Zonen durchzogen ist, die eine Art Dritte Welt in der Ersten darstellen.

Das sind keine Metaphern. All das passiert tatsächlich und buchstäblich. Von den 30.000 Leuten, die AT&T in den nächsten Jahren kündigen will, sind die Hälfte Manager; Findige bieten inzwischen schon Therapien für Manager an, die unter Entlassungsängsten leiden. In den afrikanischen Staaten ist fast die Hälfte der Staatsangestellten auf die Straße gesetzt oder in ihren Bezügen so gekürzt worden, daß ihre alte Tätigkeit nur mehr ein Nebenjob ist. Entwicklungstheoretiker wie Ulrich Menzel diskutieren offen, daß Formen einer direkten „Treuhandschaft" über Länder der Dritten Welt effektiver und billiger wären als deren Selbstverwaltung, die korrupt und unpraktisch sei. Die verdeckte Arbeitslosigkeit in den realsozialistischen Staaten, wo Menschen ohne reale Beschäftigung in den Fabriken herumhingen, war eine prima Sache im Verhältnis zu der offenen Arbeitslosigkeit, die zum gleichen Zeitpunkt in den westlichen Staaten zur Normalität geworden ist.

Die technologischen Offensiven, die seit den 70er Jahren beherrschend geworden sind, erklären sich ausschließlich vor dem Hintergrund dieses Programms. Informationstechnologien und Biotechnologie, Neue Werkstoffe und Fertigungsautomation boomen, weil sie so gut zu diesem Programm passen. Computer stützen die Organisation der globalen Fabrik ebenso, wie sie den durchgeplanten Zugriff und die langfristige Vernutzung natürlicher Ressourcen erleichtern. Biotechnologien in der Landwirtschaft erlauben es, agrarische Produktion immer unabhängiger von natürlichen Gegebenheiten zu betreiben und nach Herzenslust zu verlagern, jedenfalls in einigen Jahren. Die gentechnisch manipulierten Sorten sind so attraktiv, weil sie eine Produktion von agrarischen Rohstoffen ermöglichen, die keine verschwenderischen Zwischenstufen mehr hat: keine Bauern und Bäuerinnen, keine Höfe und kein bäuerliches Management, keine ineffektiven Wege, aus natürlich Vorgefundenem das Gewünschte erst mühsam destillieren, züchten, umformen zu müssen. Zwischen Sonnenenergie und Boden auf der einen Seite und dem Schnitzel auf der anderen wird irgendwann nicht einmal mehr ein Schwein als Zwischenstufe nötig sein. In der engen Rationalität der globalen Fabrik erscheint das ökologisch äußerst sparsam.

Auf die maßlos überschätzte ökonomische und ökologische Nützlichkeit dieser Technologien wird noch einzugehen sein. Vorrangig ist, daß sie als Mittel der Aneignung von Arbeit über weiteste Entfernungen, als Mittel der Umverteilung von natürlichen Ressourcen und ökologischer

Lebensqualität sowie als Mittel der Kontrolle dienen. Sie gehören in das strategische Gesamtprojekt, schneller zu laufen und sich gleichzeitig die Kräfte einzuteilen. Sie sind das geeignete Inventar für die neue globale Planwirtschaft, die überall nach Verwertbarem schnüffelt und überall Sparmaßnahmen ansetzt, um noch schneller verschwenden zu können.

Warum aber geht die Entwicklung in diese Richtung? Was ist der Grund für den Strategiewechsel der globalen Oberschicht, die sich zusammensetzt aus den oberen Etagen der wenigen Nationalstaaten von Weltmachtrang, der wenigen Konzerne von weltmarktbestimmendem Einfluß, der wenigen internationalen Institutionen mit realer Macht? Warum kann nicht alles bleiben, wie es ist? Warum geht die Bobby Brown-Zeit zu Ende?

Wir könnten an dieser Stelle eine kleine Bibliothek ökonomischer Theorien öffnen, die uns allein durch ihre Langeweile zu verstehen geben, daß ihre Betrachtungsweise am Kern der Sache vorbeigeht. Die meisten ökonomischen Theorien leiden darunter, sich in der Betrachtung seltsamer Tiere zu verlieren, die man nicht sehen kann: des „Kapitals", des „Weltmarkts", der „Entwicklung der Produktion" oder des „technischen Fortschritts". Je nach politischer Couleur werden die Widersprüche und Schwierigkeiten dieser völlig abstrakten Gebilde studiert, ihr Herzflimmern und ihre Schweißausbrüche verzeichnet und daraus die Gegenwart und die Zukunft gelesen. Aber alle diese Gebilde sind keine Subjekte. Sie tun nichts, sie haben kein Eigenleben. Die Lage klärt sich, wenn wir sie als das begreifen, was sie sind: Mittel, die von Menschen benutzt werden. Wirkliche Subjekte sind Menschen, Gruppen von Menschen, und ihre Interessen sind die nach Aneignung und Dominanz, nach Einfluß und Privilegien. Strukturen, die von Menschen geschaffen werden, beziehen auch ihre Probleme und Grenzen von Menschen.

Unter diesem Blickwinkel erscheint der Strategiewechsel der globalen Oberschichten, von der *Bobby Brown Time* zur *globalen lean production*, als ein Umbau des globalen Herrschaftssystems, und seine Ursachen sind soziale, gesellschaftliche Ursachen. Es geht um Gruppen von Leuten, die ihre Position im Gefüge der verschiedenen Dominanzverhältnisse – der imperialistischen, patriarchalen, rassistischen, nationalchauvinistischen Dominanzverhältnisse, die von der kapitalistischen Struktur gesichert werden – zu verteidigen beziehungsweise zu verbessern suchen. Oder, auf der anderen Seite, die gegen diese Dominanzverhältnisse jeweils opponieren beziehungsweise sich Auswege daraus suchen. Alles andere sind

Instrumente. Ökonomische Verhältnisse haben durchaus ein gewisses Eigenleben und sind nicht bis ins letzte planbar. Aber daß sich eine Struktur durchsetzt, die gegen die Interessen *aller* Beteiligten steht und von *keiner* Gruppe für sich genutzt werden kann, ist nicht denkbar. Sie würde geändert.

Kapitalismus, definiert als Verfügbarmachung von Arbeit, Spaltung in kommandierbare und kommandierende Arbeit, Waffenfunktion der Ökonomie und regional abgestufte Zwangsproduktion – Kapitalismus kann auf vielerlei Art und Weise funktionieren. Trusts, Marktabsprachen, Subventionierung, Sonderregelungen et cetera sind nicht die Ausnahme, sondern die Regel. „Wieviel Markt" und „wieviel Plan" ist eine Frage des jeweils historisch aktuellen *Deals* zwischen verschiedenen Beteiligten: zwischen Konzernen und Staat, zwischen Konzern und Konzern, zwischen Staat und Staat. Produktionsrückgänge und Pleiten, Arbeitslosigkeit und Umweltverschmutzung, Versorgungslücken und Überproduktion sind die Normalität und beschreiben deshalb noch keine Krise.

Was das Ende der Bobby Brown Time besiegelt, ist keine Krise, sondern ein bestimmtes *Problem*: das tendenzielle *Versagen* des Amerikanismus und des Realsozialismus als Strategie der *Herrschaftssicherung*. Der Erfolg dieser Strategie schwächt sich ab, sie gewährleistet nicht mehr hinreichend die herrschenden Dominanzverhältnisse. Im Verlauf der 60er Jahre wird dies deutlich. Und 1968 ist unübersehbar, daß die beiden siegreichen Varianten des Fordismus nicht mehr das leisten, was sie leisten sollten: die Herrschaft von Nordländern über Südländer, von Männern über Frauen, von Weißen über Nicht-Weiße, von Reichen über Arme in einer zeitgemäßen Form abzusichern und auszubauen.

1968 taumelten beide Varianten in ein tiefes Trauma: Vietnam für den Amerikanismus, die Tschechoslowakei für den Realsozialismus. Daß die mächtigste Nation der Welt nicht gegen eine Guerilla-Armee in einem asiatischen Agrarland gewinnen konnte, gab Robert McNamara nicht umsonst zu denken. Daß ihr Gegenspieler im Kalten Krieg sich veranlaßt sah, ein weltweit beachtetes Reformprojekt, das sich ausdrücklich auf sozialistische Vorstellungen bezog, militärisch zu zerschlagen – und in Form der Breschnew-Doktrin gleich noch die Versicherung nachzuschieben, dies im Rahmen des eigenen Einflußgebiets jederzeit wieder zu tun –, war kaum weniger schlimm. Beides, der Abzug aus Vietnam und der Einmarsch in der CSSR, waren unterschiedliche Formen desselben Eingeständnisses: nicht mehr gewinnen zu können. Einen sozialistischen Wahlsieg in der kapitalistischen Hemisphäre – der bis dahin durchaus noch im Bereich des Möglichen gelegen war – konnte man ab da ebenso getrost zu den Akten legen wie die Idee, die USA könnten noch einmal einen derart offenen Kolonialkrieg in dieser Länge und mit derart vielen toten amerikanischen Soldaten führen. Beides war vorbei. Und beides geschah, weil die Ordnungsfunktion beider Varianten, in ihrem Inneren und nach außen, brüchig geworden war.

Die 60er Jahre waren Jahre des offenen Unmuts gegen die inneren und äußeren Dominanzverhältnisse beider Gesellschaften. Die USA und Westeuropa erlebten die Aufstände der schwarzen Bewegung, der Jugendlichen, die Radikalisierung der feministischen Bewegung, Streiks und Unruhen, die kulturrevolutionären Anfeindungen aus der Alternativszene. 1968 war der Punkt, an dem diese Ansätze unter dem Eindruck des Vietnam-Traumas zu einer gemeinsamen Frontstellung zusammenfallen konnten; und aus diesem Grund war der Krieg nach außen nicht mehr zu führen. In der Sowjetunion und Osteuropa ereigneten sich Streiks während der gesamten 60er Jahre, Hungerrevolten und Zusammenstöße mit Jugendlichen in den nicht-russischen Republiken. Der Auszug aus den fordistischen Dominanzverhältnissen hatte dieselben Wegmarken wie im Westen: Steigende Scheidungs- und sinkende Geburtenraten begleiteten die Demontage der Kleinfamilie durch die Frauen; alternative Nischen und Ränder in der Gesellschaft wuchsen; der stille Boykott der Arbeitsleistung wurde (nicht bei den Bobby Browns, sondern bei den ihnen untergeordneten „MassenarbeiterInnen") zur verbreiteten gesellschaftlichen Praxis. Was die imperialistische Dominanz anbelangte, nahm die Dekolonisierung gerade in Afrika und Asien überwiegend anti-amerikanistische Züge an. Das gestiegene Selbstbewußtsein der jungen Nationen, das sich auch in ihrem zahlenmäßigen Gewicht in der UNO ausdrückte, war aber auch für die Sowjetunion keine reine Freude. Die Ansprüche dieser Nationen stiegen, die terms of trade (das heißt die ungleiche geldmäßige Bewertung von Rohstoffexporten der Dritten Welt im Verhältnis zu den Industrieexporten der Ersten beziehungsweise Zweiten Welt) verschoben sich zu ihren Gunsten. Der Preis der politischen „Freundschaft" stieg. Die ökonomischen Krisenphänomene, die weltweit auftraten, mußten keineswegs bedeuten, daß es der Mehrzahl der Menschen schlechter ging. Sie waren aber der Ausdruck dessen, daß die Struktur von Ausbeutung und

Kommando, vom Entreißen und Verschieben von Arbeit und Ressourcen, ins Stocken geraten war. Sie symbolisierten den angegriffenen Zustand der Herrschaftsverhältnisse.

Die Bobby Browns, auf die beide Systemvarianten so große Hoffnungen gesetzt und die sie sich eine Menge kosten lassen hatten, erwiesen sich in dieser Situation – herrschaftstechnisch gesehen – als totaler Flop. Außer zu Leserbriefen in der BILD-Zeitung und mahnenden Reden auf den Parteiversammlungen waren sie praktisch zu nichts zu gebrauchen. Ihre Funktion im Amerikanismus wie im Realsozialismus – die Dominanzverhältnisse in die Familien, Fabriken und gesellschaftlichen Institutionen zu transportieren und in den politischen Organisationen das Widerspruchspotential zu neutralisieren – bröckelte ihnen unter den Händen weg. Sie wurden, hier wie drüben, als hoffnungslose *plastic people* zum Feindbild der Gegenbewegungen und schadeten mehr, als sie nutzten.

Das war der entscheidende Hintergrund für den gesellschaftlichen Strategiewechsel. Während die Kosten der fordistischen Garantien immer höher wurden, sank ihre Wirkung als Instrument der Herrschaftssicherung beständig, und zwar im Westen wie im Osten. Der Realsozialismus wie der Amerikanismus – das heißt ihre Herrschaftseliten und ökonomisch-politischen Kerngruppen – öffneten sich für die neue Strategie der globalen *lean production*, weil der Kreislauf der Herrschafts- und Privilegiensicherung in der bisherigen Variante nicht mehr funktionierte. Sie taten dies selbst um den Preis staatlichen Zerfalls und der sozialen Unsicherheit ihrer bisherigen Anhängerschaft. Die relativen fordistischen Garantien waren zum Kampffeld steigender Ansprüche gerade der Nicht-Bobby-Browns geworden, während gleichzeitig die radikale System- und Herrschaftskritik zunahm. Dieses Problem fand seinen Ausdruck auch in einer veränderten Massenstimmung der patriarchal-fordistisch integrierten Bevölkerungsteile, die sowohl den Reaganismus als auch die kommunistische Selbstauflösung unterstützten. Sie wollten im Zweifelsfall lieber auf bisherige soziale Garantien verzichten, wenn dafür ein gesellschaftliches Klima erreicht wurde, in dem wieder klargestellt wurde, wer Herr im Haus war. Die Bestätigung patriarchaler, rassistischer, leistungsrassistischer und bürgerlicher Werte und Herrschaftsstrukturen wurde wichtiger als das eigene soziale Risiko, das mit dem Strategiewandel verbunden war.

Daß der Strategiewechsel *möglich* wurde, lag nicht zuletzt an den herrschaftskritischen Gegenbewegungen selbst. Bei allem Widerspruch legte ihr Verhaftetsein an patriarchale Interessen und an das kapitalistische Entwicklungsprojekt als ganzes (das man irgendwie vernünftig zu befreien hoffte) den Grundstein zur neuen Koalition und Strategie. Das alte *tag team* von Arbeit und Kapital verblaßte, das Ende der Beschäftigungsgarantien und das Ende der Garantien für Nationalwirtschaften räumte seine Grundlagen aus. Die neue globale *Firma* stützte sich nicht mehr auf die Bobby Browns. Sie integrierte einen erheblichen Teil der neuen sozialen Bewegungen. Die soziale Öffnung ließ den Aufstieg für *einzelne* Repräsentanten aus der Riesengruppe der Frauen, Nicht-Weißen, nicht klassisch bürgerlich Sozialisierten, Nicht-Europäischen zu. Sie akzeptierte die Mitsprache dieser Repräsentanten und damit einen relativen Einfluß ihrer Herkunftsgruppen auf *einzelne* Entscheidungen und Gestaltungsfragen, gebunden allerdings an den Fortschritt des kapitalistischen Projektes. Der Nachweis für die kapitalistische Unbedenklichkeit war die eiserne Voraussetzung dieser einzelnen Erfolge.

Wenn heute einige von einer neuen zukünftigen Elite aus „rationalen" Unternehmen, VertreterInnen der ökologischen NGOs, „modernen" Staatsbürokraten und multinationalen Konzernen sprechen, die sich die Führerschaft für die weitere gesellschaftliche Entwicklung nehmen wird, dann ist das nicht falsch. Hier findet eine Integration und ein personeller Austausch statt, so wie in der ersten Jahrhunderthälfte die alte Herrschaftselite einzelne Repräsentanten der Sozialdemokratie akzeptierte, aufnahm und mit ihnen zusammenwuchs. Es ist, wie gesagt, eine Art neuer Offizierskaste, die hier entsteht. Effizient im Denken, soldatisch in der Organisation, launig im Kasino und meilenweit getrennt von den Erfahrungen und der Alltagspraxis normaler Menschen. Fähig zur Kritik und zum Widerspruch, wo es um die *Verbesserung* des kapitalistischen Projektes geht; und persönlich gar nicht mehr in der Lage, *Alternativen* dazu überhaupt zu denken.

Die Ökonomisierung der gesellschaftlichen Verhältnisse wurde zum vorherrschenden Instrument der neuen globalen Firma. Die verstärkte Wiedereinführung ökonomischer Zwänge an allen Ecken und Enden restaurierte die Dominanzverhältnisse. Die Globalisierung schuf probate neue Zwangsmittel. Der Umbau zu „Standorten" läßt keine ernsthafte systemimmanente Alternative mehr erkennen: Die Nation wird zu einer kleinen, effizienten *Firma*, die auf dem Weltmarkt eine ganz bestimmte sektorale Funktion ausfüllt und damit Cash macht; der Rest der Bevölkerung wird sozial befriedet mit dem, was dabei abfällt. Bis jetzt klappt das ganz gut.

Die Ökonomisierung und Globalisierung hat einen hohen ökologischen Preis. Die Nachhaltigkeit ist der Weg, ihn bezahlbar zu machen: durch Sparsamkeit, Effektivität und Umverteilung. Wer meint, mit der Nachhaltigkeit gegen die herrschende Weltwirtschaftsordnung argumentieren zu können, mit der Begrenztheit der natürlichen Ressourcen der beschleunigten Globalisierung ins Gewissen reden zu können, der irrt. Er rennt offene Türen ein. Die herrschende ökologische Modernisierung (die verstärkte Reflexion über ökologische Konsequenzen und die reale Begrenzung einzelner Katastrophen) ist der logische Gegenpart zur Globalisierung und Ökonomisierung. Die Idee von Lawrence Summers, Nachfolger McNamaras bei der Weltbank, die Nationen der Dritten Welt seien „ineffizient unterverschmutzt", man könne also mehr ökologische Umweltlasten dort hinverlagern, und die Idee der Nachhaltigkeits-Studien, durch Technik, soziale Steuerung und Außenverlagerung die ökologischen Lasten im Norden begrenzt zu halten, passen zusammen. Im Fetisch der wissenschaftlichen Planung ist sich die neue Elite ohnehin einig. Was auch immer in den Studien geschildert werden mag: In der Realität ist es so. Beide Seiten, Nachhaltigkeit und Ökonomisierung/Globalisierung, sind Bestandteil des Umbaus des Herrschaftssystems hin zur globalen ökonomisch-ökologischen *lean production*.

Die Aufzählung der ökologisch-ökonomischen *Kosten* dieses Projektes ist weitgehend uninteressant für die Frage nach seinem Schicksal, solange die *Verteilung* dieser Kosten systemkonform funktioniert. Deshalb ist der Ansatz der nationalen Nachhaltigkeits-Studien so entpolitisierend und konformistisch und der Appell an die Vernunft aller so naiv, denn für die globale Oberschicht und die ihnen verbundenen Funktionseliten ist das alles ja vernünftig. Aber auch die Analyse angeblicher Verwertungsschwierigkeiten „des Kapitals" führt nicht weiter. Für die eigentliche Frage, welche Möglichkeiten es für eine emanzipatorische Veränderung des Ganzen gibt, kommt es vorrangig auf die Antworten auf weiterführende Fragen an: Was sind die Konturen einer Alternative? Was sind die sozialen Kräfte, die sie tragen können? Weshalb ist sie möglich und durchsetzbar? Wo fängt sie an?

Reden wir also nicht vom „Kapital" und seinen „Problemen" – das ist eine Anonymisierung, die uns auf die falsche Fährte führt. Reden wir von der Politik der globalen Oberklasse, die sich gefunden hat, auch wenn sie ihre Konkurrenzen und internen Konflikte hat. Reden wir von der global herrschenden Klasse. Für die funktioniert es. Sie wird durch die ökonomische und ökologische Krise nicht bedroht, sondern benutzt sie. Ökonomische und ökologische Krisen sind für sie nur dann eine Bedrohung, wenn sie die soziale Zustimmung zu Fall bringen, auf der das ganze System in Teilen beruht. Und reden wir weiter von den Erfahrungen und Strategien der breiten Bevölkerung, von uns selbst, und an welchen Punkten sie zu einer echten Alternative zusammenwachsen könnten.

Literatur

Barnet, Richard J. – Müller, Ronald E.: Die Krisenmacher. Die Multinationalen und die Verwandlung des Kapitalismus. Reinbek 1977.

Commoner, Barry: Energieeinsatz und Wirtschaftskrise. Reinbek 1977.

George, Susan – Sabelli, Fabrizio: Kredit und Dogma. Ideologie und Macht der Weltbank. Hamburg 1995.

Materialien für einen neuen Antiimperialismus: Das Ende des sowjetischen Entwicklungsmodells. Berlin 1992.

Presse- und Informationsdienst der Stadt Wien: Der große Umweltpreis für die Wiener Wirtschaft. Die Dokumentation. Wien 1995.

Schwarzes Kollektiv: Ökologie und Macht. In: Kursbuch 33. Berlin 1973.

Die Ökofalle

Natur und Herrschaft

Ich weiß nicht, wer die Idee aufgebracht hat, Ökologie sei etwas Positives. Die Vorstellung, Ökologie hätte per se etwas mit Emanzipation und gesellschaftlicher Veränderung zu tun, scheint durch Erfahrung ebensowenig widerlegbar zu sein wie der Glaube an UFOs oder an die bergeversetzende Kraft des positiven Denkens. Zwischen diesen beiden modernen Märchen und dem Öko-Mythos bestehen einige Ähnlichkeiten. In einer gesellschaftlichen Landschaft, in der die Utopien rar geworden sind und die Emanzipation wenig vorankommt, landet die Ökologie wie eine Alien-Flotte: eine Kraft von außen, die plötzlich eine absolute Grenze setzt für das, was mit den eigenen Kräften nicht zu stoppen ist. Und auch die in verlorenen Schlachten realistisch gewordenen StreiterInnen der sozialen Bewegungen, die nicht jedem schönen Wort gleich glauben, vertrauen unbeirrbar darauf, der breite öffentliche Diskurs über die Umwelt sei ein Wert an sich. Wenn das allgemeine ökologische Reden nur lange genug anhält, werde es uns schon irgendwie in eine bessere Zukunft channeln. „Bei allen Defiziten ist doch positiv an der Wuppertal-Studie, daß sie das Thema der Umwelt-Grenzen überall zum öffentlichen Thema macht": Diese beharrlich vorgetragene Formel erinnert stark an den Psychologen-Witz mit der Uhrzeit. (Treffen sich zwei Psychologen auf der Straße. „Du. Kannst du mir sagen, wie spät es ist?" „Nein, leider nicht." „Schade. Aber es ist schön, daß wir wieder einmal miteinander gesprochen haben.")

Wer ein Papier vorlegt, in dem steht, die Welt müsse um 300% gerechter werden, erntet Gelächter. Wer schreibt, die Gesellschaft müsse um einen Faktor zehn ökologischer werden, dem wird raunendes Nicken zuteil. Es ist zum Verzweifeln. Daß die Welt auch wirklich gerechter sein könnte, lockt keinen Hund hinterm Ofen hervor. Daß die Gesellschaft auch wirklich *ökologischer* sein könnte, wird als Sensation gehandelt. Niemand stellt die Frage, die im Falle der Gerechtigkeit selbstverständlich wäre: „Schön und gut, aber *wer* will das denn?" Eine „intakte Umwelt", was immer das ist, müssen doch alle wollen. Den meisten Menschen ist es gleich, ob ihr Lohn zugunsten kommender Generationen gekürzt wird oder bloß so. Aber es scheint für sie wirklich einen Unterschied zu machen, ob das Flugzeug, mit dem sie abstürzen, biologisch abbaubar ist oder nicht.

Die Neigung zu glauben, daß an Ökologie immer etwas Positives dran sein müsse, ist eine tiefe Falle für jede emanzipatorische Bewegung. Es ist die *Ökofalle*, und wir sitzen schon ziemlich lange drin. Die Ökofalle besteht darin, Natur und Herrschaft getrennt voneinander zu sehen; die ökologischen Verhältnisse von den Herrschaftsverhältnissen abzuspalten. Wer in der Ökofalle sitzt, wird unfähig, in die Auseinandersetzung um die gesellschaftlichen Naturverhältnisse mit eigenen Zielen einzugreifen. Er liest die grünen Brocken auf, die vom Tisch der globalen *Firma* herunterfallen, und arbeitet sie nach. Wir setzen vor Ort die *Agenda 21* (die Deklaration der UNO-Umweltkonferenz in Rio '92) um; wir überlegen uns vor Ort Wege der CO_2-Reduktion; wir denken uns ökologische Einsparmöglichkeiten in unserem Haushalt und in unserer Kommune aus und fragen nicht weiter nach. Ein Unbehagen gibt es dabei schon. „Die Maxime ‚Global denken, lokal handeln‘ mag abgedroschen klingen", heißt es treuherzig zum Beispiel aus den Reihen der Bremer *Agenda 21*-UmsetzerInnen. In Wahrheit heißt die Formel längst: „Global glauben, vor Ort abwarten."

Die Beziehung zwischen Natur und Herrschaft ist in Wirklichkeit denkbar eng. Die Ökonomie ist ein Mittel; aber die Manipulation von Natur – der äußeren Umwelt wie der Natur der Menschen – ist das eigentliche Ziel von Herrschaft. Daß es dabei eine Grenze der Naturverformung gibt, die für *alle* Beteiligten das Ende ihrer Überlebenschancen bedeuten könnte, ist ein eher schwacher Aspekt. Er gibt zu einer gewissen Vorsicht Anlaß; man sollte auf einer Raumstation nicht schießen, wenn der andere vor einem Fenster steht. Aber das ist auch schon alles.

Herrschaft und Gesellschaft

Herrschaft ist mehr als direkte, situative Gewalt. Es ist die Fähigkeit, Bestimmungsgewalt über andere Menschen auszuüben und sich die Produkte und Dienstleistungen anderer anzueignen, und zwar nicht einmalig, sondern immer wieder. Herrschaft überführt bloße Gewalt in eine langfristige und stabile Struktur. Die Gewalt muß nicht ständig und überall angewendet werden. Zur Herrschaft gehören *Ausbeutung* und *Dominanz*. Wer herrscht, will etwas konsumieren, das andere ihm geben können; aber er will auch, daß diese anderen sich gemäß seiner Vorstellung verhalten, daß die soziale Welt nach seinen Vorstellungen gestaltet ist. Beide Phänomene, etwas haben zu wollen und etwas machen zu wollen – Aneignung und Macht –, kommen in jeder Gesellschaft vor und sind an sich noch nichts Verwerfliches. In einer halbwegs freien Gesellschaft (oder sozialen Beziehung) sind beide „verstreut" unter allen Beteiligten, und sie sind in der Lage, beständig die Richtung zu ändern, zu „oszillieren". Was nichts anderes heißt, als daß jede und jeder auf seine/ihre Weise zum Zug kommt, bloß nicht alle gleichzeitig; und dies führt auch zu einem bestimmten gegenseitigen Respekt.

In einer herrschaftsförmigen Gesellschaft (oder sozialen Beziehung) ist die Richtung dagegen festgelegt: Weiß gewinnt immer. Die Aneignung fremder Arbeit und fremden Besitzes geschieht nur noch in *eine* Richtung und wird dadurch zur Ausbeutung; die Ausübung von Macht bleibt den einen vorbehalten, *ohne* Gegenseitigkeit, und wird dadurch zur Dominanz. Herrschaftsbeziehungen sind also immer pathologische Sozialformen, eine festgefrorene und übersteigerte Form, die jedoch aus durchaus normalen Phänomenen menschlicher Gesellschaft *hervorgeht*. (Allerdings sollten wir es mit dem Mitleid mit den Herrschenden nicht übertreiben, da sie die Kosten der Pathologie nicht tragen und da sie die Ursache dafür sind.) Aneignung und Macht sind natürlich bei weitem nicht alles, was Gesellschaften und Beziehungen ausmacht; aber sie sind doch ein Teil dessen.

Die Grenzen sind fließend und die Abstufungen reichhaltig. Es gibt herrschaftsärmere und herrschaftsdichtere Gesellschaften und Beziehungen; sie können sich nach der Häufigkeit und Ungleichheit des Oszillierens genauso unterscheiden wie durch die Herrschaftstiefe, also die Totalität der Herrschaft. Aber die Pole sind klar, sie liegen bei der Gegenseitigkeit und Veränderbarkeit auf der einen beziehungsweise der Einseitigkeit und Eingefrorenheit auf der anderen Seite.

Was der Inhalt der Dominanz und *was* der Inhalt der Ausbeutung ist, ist zunächst einmal gleichgültig. Historisch gesehen, scheint es allerdings gewisse Konstanten zu geben. „Es geht immer um das beste Essen, gutaussehende Geliebte, unbeschränkte Reisemöglichkeiten, die besten Ferienwohnungen", wie es im *Wüstenplanet* heißt (Band 6). Um die Annehmlichkeiten des Lebens mithin; um Sicherheit; um das große Wort in der Runde und um die Kontrolle im Bett. Alle diese Dinge sind keine Äußerlichkeiten oder Folgeerscheinungen der Herrschaft, sie sind ihr Inhalt. Sie sind das, worum es geht: „Beziehungen, in denen viele arbeiten und einige wenige davon profitieren, in denen einige vögeln und andere gevögelt werden", wie Catharine MacKinnon es ausdrückt.

Wie Herrschaft in Gesellschaft und in Beziehungen zustandekommt – ob sie unausgesprochen besteht oder ob auch manchmal gewählt wird, ob viel darüber geredet wird oder ob die Urnen ins Meer geworfen werden und dann der Stärkere gewinnt –, ist für die *Tatsache* Herrschaft ebenfalls völlig gleichgültig. Die Legitimation durch Verfahren („wir stimmen jetzt ab, wer unter uns von den anderen verhauen wird") ändert nichts, wenn sich die Strukturen *faktisch* nie ändern und Oben und Unten auf Dauer festliegen. (Eine nützliche Einsicht, die einmal dem Rotationsprinzip bei den Grünen zugrunde lag.) Ebensowenig ändern die formalen Eigentumsverhältnisse etwas, wenn die Regeln der Benutzung und Verfügung ausbeuterisch und einseitig festgelegt sind („dieser Stein der Fabrik gehört dir, Genosse"; „unsere Arbeiter erwerben Eigentum am Unternehmen"). Und natürlich ändern auch die guten oder schlechten Absichten der Herrschenden nichts. Herrschaft bleibt Herrschaft, so gut sie auch gemeint sein mag (was in der Regel bloß die subjektive Überzeugung der Herrschenden ist), so kompliziert oder überwältigend sie auch regelmäßig von allen bestätigt werden mag.

In der Realität gibt es niemals nur *eine* Herrschaftsbeziehung. In der Gesellschaft und in sozialen Beziehungen existieren mehrere *Stränge* von Herrschaftsbeziehungen, die sich überlagern, verstärken und schwächen können. Die wichtigsten sind die ganz klassischen: Patriarchat (die Herrschaft von Männern über Frauen), Rassismus (die Herrschaft einer sich nach Geburt definierenden Bevölkerungsgruppe über andere), Imperialismus (die Herrschaft eines Staates oder einer Nation über andere). Daß es sich bei diesen Kategorien um soziale Konstrukte handelt (also um etwas, das nicht einfach da wäre, würde es nicht gemacht), ist ohne Bedeutung, solange alle Beteiligten einigermaßen wissen, was gemeint ist. Diese Stränge von Herrschaft sind dadurch gekennzeichnet, daß sie sich an äußeren, feststellbaren Kriterien der Unterscheidung festmachen, so blödsinnig sie im Einzelfall auch sein mögen (insbesondere beim Rassismus sind sie natürlich willkürlich, aber überprüfbar), und daß man der unterdrückten Gruppe nicht einfach durch individuelle Entscheidung entkommen kann. Das gibt es auch: bei den Herrschaftsbeziehungen, in denen sich die herrschende Gruppe nach religiöser, politischer oder kultureller Zugehörigkeit definiert. Und es gibt auch Herrschaftsbeziehungen, in denen die Zuordnung der einzelnen zeitlich begrenzt ist: die von Erwachsenen über Kinder oder von Alten über Junge (in der modernen Gesellschaft meist die der Mittelalterlichen über die Jungen und die ganz Alten). Das geht dann weiter bis zu den Herrschaftsbeziehungen, die sehr speziell oder sehr schwach sind, bis hin zur Herrschaft der Autofahrer und Hundebesitzer über die Fußgänger. In der Regel greifen jedoch alle diese nachgeordneten Herrschaftsbeziehungen in irgendeiner Weise auf die drei großen Klassiker (Patriarchat, Rassismus, Imperialismus) zurück, die sehr alt, sehr stark und sehr umfassend sind.

Herrschaftsverhältnisse bilden ein *Geflecht*; eine Struktur, die nach dem Muster der Selbstähnlichkeit geordnet ist. Sie bestehen zwischen *einzelnen* Personen, zwischen kleineren Gruppen *und* zwischen den beiden antagonistischen Gruppen des jeweiligen Strangs als *ganzem*. Die patriarchale Struktur der Gesellschaft und die patriarchale Struktur einer einzelnen Beziehung stützen einander, weil sie einander sinngemäß gleichen. Das Herrschaftsverhältnis wird nicht einfach in den einzelnen Beziehungen gespiegelt, sondern findet dort überall *statt*. Claudia von Werlhof spricht von der „Puppe in der Puppe", wie bei den russischen Babuschkas: Man öffnet die große und findet die kleinere, in ihr die noch kleinere und so fort; alle zusammen bilden das Ganze. Deshalb kann eine Änderung der gesellschaftlichen Institutionen allein ein Herrschaftsverhältnis ebensowenig aufheben, wie dieses Herrschaftsverhältnis in einer einzelnen Beziehung ganz aufgehoben werden kann, solange die anderen Beziehungen und die gesellschaftliche Ordnung nicht verändert werden.

Herrschaft bildet schließlich *Ketten*; jedenfalls überall dort, wo die Gesellschaft ein Zentrum der Machtausübung hat, zentrale Institutionen und zentrale Gewaltapparate. Die Herrschaftsverhältnisse sind dann in einer hierarchischen Ordnung verknüpft, in der die Summe der kleinen, alltäglichen Herrschaftsbeziehungen die Machtmittel der zentralen Institutionen akkumuliert. Die zentralisierte Macht dieser Institutionen ist der große Bruder, zu dem die kleinen Herrschenden laufen können, wenn es irgendwo mit den alltäglichen Herrschaftsbeziehungen nicht klappt. Deshalb geben sie von dem, was die Herrschaft ihnen bringt, etwas ab, reichen es in einer Art Eimerkette weiter bis ganz nach oben; denn je größer der große Bruder ist, um so besser klappt es auch weiter unten. Man kann es auch umgekehrt sehen: Eine zentrale Herrschaftselite braucht viele mittlere und kleine Herrschende, die ihr die Machtmittel besorgen; sie muß um so weiterreichende Eimerketten organisieren, je mehr Menschen sie beherrscht. Das ist natürlich eine zweischneidige Sache: Die Anhäufung von Machtmitteln bei zentralen Institutionen kann sich irgendwann auch gegen einen selbst richten, und die Abgabe von Machtmitteln nach unten kann unter Umständen auch nach hinten losgehen. Zentralisierung und Hierarchisierung ist deshalb ein langwieriger, komplizierter Prozeß. Es ist der Prozeß, den Norbert Elias als modernen „Zivilisationsprozeß" beschrieben hat. Er ist mit vielen gegenseitigen Rückversicherungen, Garantien und Verfahren verbunden, und er kommt nur auf Druck hin zustande. Die unteren Etagen müssen abgeben, weil sie ohne Zusammenlegen von Machtmitteln bei zentralen Institutionen nicht mehr klarkommen, weil ihre eigene Herrschaft in Frage gestellt und bedroht ist. Der umgekehrte Prozeß, das Abgeben von oben, findet zum Beispiel bei Kolonisierungsprozessen statt; aber auch, wenn die zentralen Institutionen und Herrschaftseliten von außen, von den Beherrschten, bedroht sind und ihren Zugriff verstärken und verbessern müssen.

Alles zusammen – die Stränge, Geflechte und Ketten von Herrschaft – bildet ein Herrschaftssystem oder auch eine Gesellschaftsform. Kapitalismus ist eine ganz bestimmte Gesellschaftsform, ein bestimmtes Herrschaftssystem; und auch er ist dazu da, die drei klassischen Stränge von Herrschaft (Patriarchat, Rassismus, Imperialismus) auf seine besondere Weise abzusichern und zu verwirklichen.

Die Pyramide der Naturnutzung

Soweit die Grundlagen. Wie funktioniert aber Herrschaft? Sie verfügt über Machtmittel, natürlich; aber wie gelingt es ihr, aus direkter Gewalt im jeweils einzelnen Fall zu einer selbsttragenden Struktur zu werden, die nicht ein jedes Mal der direkten Gewalt im Einzelfall bedarf? Sie bedarf einer gewissen Regelmäßigkeit der Aneignung und Macht, und sie schafft Institutionen der Aufrechterhaltung, die die Gewaltdrohung abrufbar bereitstellen; aber Gewöhnung und Institutionalisierung sind nicht ausreichend. Sie können die ständigen Versuche der Beherrschten, ihre Lage individuell oder gemeinsam zu verändern, nicht ausschalten. Menschen lassen sich eine Zeitlang täuschen, aber sie kriegen irgendwann spitz, was läuft; sie lassen sich einschüchtern, aber dann fangen sie an zu lernen. Herrschaft muß sich immer wieder neu herstellen und immer noch etwas zulegen können, sonst kann sie sich nicht halten.

Das wesentliche ist deshalb die materielle und soziale Kohärenz der Herrschaft. Materielle Kohärenz bedeutet, daß die Machtmittel durch die Beherrschten selbst produziert, aber von den Herrschenden angeeignet werden, so daß das Herrschaftsverhältnis sich immer weiter reproduziert. Die unterworfenen Nationen geben die Rohstoffe her, aus denen die Waffen geschmiedet werden, mit denen die imperialistische Herrschaft weiter aufrechterhalten wird. Frauen versorgen und reproduzieren die Männer, die dadurch die Zeit gewinnen, ihre Vorsprünge an Machtmitteln (Geld, Job, Ausbildung, Information, Kontakte) auszubauen. Soziale Kohärenz bedeutet, daß es im *unmittelbaren* Interesse der Beherrschten liegt, dies mitzumachen. Die Situation ist so gestrickt, daß angesichts der Verhältnisse die individuell beste Chance wirklich darin liegt, einen guten Rohstoff zu verschachern; wenigstens einen schlechten Schmutzjob zu ergattern; sich einen reichen Mann zu angeln oder wenigstens einen, der zu einer begrenzten Karrierehoffnung ermutigt, und ihn aufzubauen und zu pushen.

Nur wo materielle und soziale Kohärenz gewährleistet sind, gelingt es, Gewalt auf Dauer in Herrschaft zu verwandeln. Herrschaft muß in bestimmtem Sinne alternativlos für die Beherrschten sein. Je stärker das der Fall ist, desto besser funktioniert sie; desto mehr kann die direkte physische Gewalt zurückgenommen und für Sonderfälle aufgespart werden. Je mehr soziale Kohärenz, desto günstiger gestaltet sich das Verhältnis von direkter Gewalt (ohne geht es nie) und struktureller Gewalt, und desto stabiler ist eine herrschaftsförmige Gesellschaft oder Beziehung. Die Abhängigkeit und langfristige Manipulation der Beherrschten wird dann mit der Zeit zu ihrer „zweiten Natur"; eine Zurichtung, die sie nicht ganz leicht wieder loswerden.

Herrschaft benötigt Natur und muß Natur verändern, um ihre materielle und soziale Kohärenz zu gewährleisten. Die Machtmittel gehen in letzter Instanz immer auf Natur zurück. Sie entstehen durch die Kombination von äußerer Natur (ihrer Fähigkeit, Rohstoffe herzugeben, Energie bereitzustellen und Abfälle aufzunehmen) und menschlicher Natur (ihrer Fähigkeit, Arbeit zu leisten, Ideen zu haben und flexibel zu reagieren). Komplexe Herrschaftsverhältnisse sind so organisiert, daß – umgekehrt zu den Ketten der Herrschaftsbeziehungen – die Eimerketten der Ressourcen nach oben gehen. Der herrschaftsförmige Druck nach unten erzeugt den Sog, der die Ressourcen nach oben zieht. Die Kunst besteht darin, einerseits die Verflechtung der verschiedenen Stränge und Ketten zu nutzen und andererseits zu gewährleisten, daß die Hauptrichtung des Naturtransfers (von unmittelbarer und verarbeiteter Natur, von Ressourcen, Waren und Dienstleistungen) stimmt, nach oben nämlich. Das ist Akkumulation: Anhäufung nach oben. Komplexe Herrschaft schafft Pyramiden von Naturnutzung. Sie vereinigt viele kleine Pyramiden zu einer großen, die in der Realität Scharten und seitliche Spitzen hat, im Idealfall aber glatt nach oben zeigt.

Die Pyramide steht auf der Natur, der äußeren und der menschlichen Natur. An ihrer Basis befinden sich die noch weitgehend unverarbeitete Natur und die Arbeiten und Lebensweisen, die relativ naturnah sind. Sie sind schmutziger, mit mehr Handarbeit verbunden und den Gefahren von Naturkatastrophen unmittelbarer ausgeliefert; unter Umständen aber auch konkreter und weniger absurd. An der Spitze der Pyramide befinden sich die hochverarbeitete Natur und die Arbeiten und Lebensweisen, die äußerst naturfern sind. Sie sind künstlicher, aseptischer, besser gesichert gegen gefährliche Einflüsse der Natur; tendenziell aber auch abstrakter und kälter. Denn auch die Bearbeitung und Manipulation der menschlichen Natur wird, je weiter oben, desto komplexer, starrer und künstlicher.

Die Spitze der Pyramide hat enorm viel Macht. Sie hat allerdings auch einen Nachteil. An der Spitze der Pyramide, je weiter man nach oben kommt, kann man nicht einfach gehen und sein eigenes Ding machen. Man ist, aller Macht zum Trotz, abhängig vom Zustrom von unten. Die unten können theoretisch gehen. Sie können sich absetzen und unabhängig weiterleben, da sie einen direkten Zugriff auf unmittelbarere Natur haben und mit Arbeiten und Lebensweisen vertraut sind, die auch ohne die ganz große Pyramide funktionieren und das Überleben sichern. Vorindustrielle Gesellschaften haben dieses Problem nie wirklich lösen können. Im Feudalismus konnten sich die bäuerlichen Gemeinschaften in Zeiten, in denen die herrschende Klasse sich in einer prekären und geschwächten Situation befand – zum Beispiel, weil sie gerade Krieg führte, was damals ja noch nicht die Angelegenheit der breiten Bevölkerung, sondern der Ritterschaft war –, auf ihr Land zurückziehen, ihren eigenen Anbau verbrauchen, untereinander handeln und zahlten einfach keine Abgaben. Im feudalistischen System mußten die Abgaben eingetrieben, abgeholt werden, sonst flossen sie nicht.

Der moderne, westliche Freiheitsbegriff ist ein Begriff von der Spitze der Pyramide. Er setzt die Unterworfenheit voraus, das Sich-in-der-Pyramide-Befinden; Freiheit ist von da her eine relative Beschränkung der Herrschaft in genau bestimmten Bereichen und Fällen, die vom einzelnen eingeklagt werden können. Die Basis der Pyramide kennt dagegen einen radikal anderen Freiheitsbegriff: die Freiheit, abzuhauen, zu gehen, sich zu entziehen; die Schule zu schwänzen, krank zu feiern, mit der Herrschaft nicht zu diskutieren, sondern ihr den Rücken zu kehren. Die oberen Bereiche der Pyramide produzieren einen Emanzipationsbegriff, der auf Mitwirkung und Mitbestimmung zielt. Die Basis der Pyramide beheimatet den Emanzipationsbegriff, lieber über sich selbst zu bestimmen, sein eigenes Ding zu machen. An der Spitze der Pyramide gerät die Vorstellung von Widerstand fast notwendig auf die Bahnen von Militanz und politischer Übernahme von Institutionen. An der Basis dagegen ist Widerstand zunächst einmal sozialer Widerstand: nichts herzugeben oder so wenig wie möglich; und das spontane Ziel von Aufständen ist weniger die Kontrolle der Herrschaftsmaschinen als ihre Zerschlagung.

Daß die Pyramide auf der Natur steht, der äußeren wie der menschlichen Natur, ist also auch ihr Problem. Sie kann die Basis selbst auf der Grundlage geklärter Herrschaftsverhältnisse nicht einfach in Ruhe lassen, sondern muß sie permanent attackieren: sie kontrollieren und routinemäßig ihre Ansätze zu einem unabhängigen Leben zerstören. Die wirksamste Methode wäre die Zerstörung der Natur, was aber letztlich auch das Versiegen des Ressourcenstroms von unten nach oben zur Folge hätte.

Genau für dieses Dilemma bietet die industrielle Produktion, auf die sich das kapitalistische Herrschaftssystem stützt, eine Lösung an. Sie besteht darin, an der Basis der Pyramide Natur so zu manipulieren, daß sie für die Menschen an der Basis so nicht brauchbar ist, für die herrschende Klasse aber schon. Die industrielle Arbeitsteilung, als personelle, regionale und nationale Zurichtung, zerlegt Natur in Bestandteile, die einzeln unbrauchbar sind, nach Abtransport an die Spitze der Pyramide aber wieder zusammengebaut werden können und den Zustrom von Natur gewährleisten. In einer „Bananenrepublik" können die ArbeiterInnen nicht einfach die Bananen behalten; sie *müssen* sie verkaufen, weil man nicht nur von Bananen leben kann. Die industrielle Landwirtschaft, die Grüne Revolution und noch mehr die Produktion mit gentechnisch manipulierten Pflanzen sind abhängig vom Zustrom von Ressourcen, die die unmittelbaren Produzenten selbst nicht herstellen können: industrielle Pestizide und Herbizide, Benzin und Ersatzteile, Saatgut und Kunstdünger.

Was mit der äußeren Natur passiert, passiert auch mit der menschlichen Natur. Was in der kapitalistischen Gesellschaft Erziehung, Schule und Ausbildung vermitteln, damit kann man nichts anfangen, außer man befindet sich später an einem Ort, der einen passend ergänzt (einem Arbeitsplatz) und aus dem unnützen Wissen einen Job macht, der Geld bringt. Die soziale und internationale Arbeitsteilung im Kapitalismus hat ihre Spezifik darin, daß die manipulierte Natur und die zugerichtete Arbeitskraft nutzlos sind, *wenn sie nicht ausgebeutet werden*: anderswo zusammengebaut zu etwas, das funktioniert, und zwar so gut, daß mit brauchbarer Natur (Versorgung) bezahlt wird. Nichts anderes bedeutet: Natur und Arbeit werden zur *Ware*, zu etwas, das für ihre Produzenten *wirklich* unbrauchbar ist, keinen Gebrauchswert hat. Und nur über den Verkauf der Ware kann solche Natur und Arbeit eingetauscht werden, die zum eigenen Überleben brauchbar wird.

Über diese Zurichtung verwirklicht der Kapitalismus sein Programm: eine totale Verfügbarkeit von Arbeit ohne soziale Kontrolle durch die, die sie leisten. So baut er die Artefakte. Arbeit und Natur müssen nicht mehr jeweils „ausgehoben" werden, sondern stehen stets und überall zur Verfügung, weil die Menschen gezwungen sind, sich verfügbar zu machen. Ihre äußere und innere Natur sind für sie selbst nicht zu brauchen, außer dazu, sich ausbeuten zu lassen – was sich auch als *Entfremdung* beschreiben läßt. Die Ökonomisierung der gesellschaftlichen Verhältnisse ist nur das

Abbild dieser ökologischen Manipulation: Sie sorgt dafür, daß der Eintausch der wertvollen, aber für sich unbrauchbaren Stücke Natur und Arbeit gegen konsumierbare Waren und Dienstleistungen funktioniert.

Die Zurichtung der Welt in etwas, das seinen Gebrauchswert erst erfährt, wenn es von der Herrschaft wieder zusammengesetzt, neu kombiniert und wieder ausgeschüttet worden ist; die Verwandlung der äußeren und der menschlichen Natur in *Waren*: in etwas, das erst wieder konsumierbare Natur wird, wenn es die zentrale Maschine durchlaufen hat – das ist es, was den Kapitalismus von allen vorkapitalistischen Gesellschaften unterscheidet. Dafür benutzt er die Industrie, die Arbeitsteilung und die Zerstörung von Natur. Aller Natur am jeweiligen Ort nämlich außer der, die von dort geliefert werden soll. Naturzerstörung schadet dem Kapitalismus überhaupt nicht, sondern nützt ihm; solange die Stücke von Natur nicht betroffen sind, die in die Pyramide eingespeist werden.

Auf diese Weise verwirklicht der Kapitalismus die materielle und die soziale Kohärenz der drei klassischen Herrschaftsverhältnisse (Patriarchat, Rassismus, Imperialismus), denen er ebenso dient wie die meisten anderen Gesellschaftsformen der letzten paar tausend Jahre. Insofern die Beherrschten Natur und Arbeit nach oben liefern, produzieren sie selbst die Machtmittel, mit denen sie unterdrückt werden (materielle Kohärenz). Unter den Bedingungen des Herrschaftsverhältnisses verhalten sie sich tendenziell so, daß sie es reproduzieren, weil das für sie individuell rational ist (soziale Kohärenz der Herrschaft): Je radikaler sie aus der Natur die Teile herausschälen, die von der Herrschaft nachgefragt sind, und je radikaler sie dadurch alle andere Natur zerstören, desto eher können sie sich Chancen auf besseres Überleben und auf individuellen Aufstieg ausrechnen. Wenn sie sich nicht so verhalten, nehmen sie individuelle Nachteile in Kauf. Dies gilt so lange, wie sie für ihre warenförmigen Lieferungen von Natur und Arbeit auch etwas wirklich Brauchbares eintauschen können *und* sie daran gehindert sind, das für sie Brauchbare und Notwendige gemeinsam mit anderen herzustellen, *ohne* den Umweg über die Warenform und das Herrschaftssystem zu nehmen.

Naturverbrauch und Herrschaftskonsum

Auf der Grundlage dieses Verständnisses von Herrschaft läßt sich der Naturverbrauch in der kapitalistischen Gesellschaft mit einer Formel veranschaulichen. An ihr läßt sich sowohl der Unterschied von der faschistischen zur amerikanistischen und realsozialistischen Variante des Fordismus zeigen als auch die ökologische Ordnungsvorstellung der nachhaltigen Entwicklung darstellen.

Für den Naturverbrauch einer Gesellschaft gilt zunächst:

C(onsumption) = S(ubsistenz) + R(eibungsverlust) + I(nvestition)

C steht für Consumption. Im Unterschied zum deutschen Begriff „Konsum" meint der englische Begriff von vornherein den Gesamtverbrauch dessen, was aus der Natur entnommen oder was an Belastungsmöglichkeiten (Müll, Abwärme et cetera) der Natur in Anspruch genommen wird. Dazu gehört nicht nur das, was tatsächlich konsumiert wird, sondern alles, was durch die Art des Produzierens et cetera aufgewendet werden muß. Der tatsächliche Verbrauch für menschliche Bedürfnisse, der ausdrücklich ohne wertende Komponente benutzt wird, ist mit S für Subsistenz bezeichnet. Es geht also nicht nur um das absolut Lebensnotwendige an Nahrung, Kleidung, Wohnen und so fort, sondern auch um „Luxus", um gemeinsame Bauten, Fahrzeuge und dergleichen mehr. Es ist diejenige konsumierbare Natur, die wirklich bei der breiten Bevölkerung ankommt. Die Art, wie dieser Konsum bewerkstelligt wird, erzeugt notwendigerweise bestimmte R(eibungsverluste). Eine Heizung verbraucht mehr Energie, als wirklich an Wärme in der Wohnung ankommt; je nach Art der Heizung verschwendet sie mehr oder weniger, was den Naturverbrauch über den Konsum hinaus erhöht. Auch Reparatur und Instandhaltung der Werkzeuge und Strukturen gehören zu den Reibungsverlusten; zu dem, was über den Konsum hinaus aufgewendet werden muß, damit alles auf dem aktuellen Niveau weitergehen kann. Die Befriedigung der Bedürfnisse kann also ökologisch verlustreicher oder effektiver sein; je nachdem wird R größer oder kleiner. Schließlich wird in jeder Gesellschaft nicht nur verbraucht, sondern auch I(nvestitionen) werden getätigt: Nach Befriedigung der gängigen Bedürfnisse bleibt (wenn es gut läuft) etwas übrig, das für zukunftsorientierte Unternehmungen der Gemeinschaft aufgewendet werden kann – den Bau einer Brücke, die Erzeugung von Waffen, die Errichtung einer Radiostation oder was immer. Die Investition meint also das wirklich Neue, das eine Gesellschaft sich leistet oder womit sie sich stofflich verändert.

In einer herrschaftsarmen Gesellschaft wird der größte Teil des Naturverbrauchs tatsächlich direkt konsumiert. Da eine freie Gesellschaft sparsam mit Artefakten ist, verschwendet sie relativ wenig Reibungsverluste. Sie entwickelt nicht Heizungen mit optimalem Wirkungsgrad – dazu ist eine freie Gesellschaft buchstäblich zu faul, wenn es nicht unbedingt sein muß –, aber sie wirft auch nicht mit naturfressenden Apparaten um sich und hält sich großenteils an lokale Stoffströme und Kreisläufe. Die Aufwendungen für Investitionen bleiben in engen Grenzen, weil die Individuen im Zweifelsfall lieber in sich selbst investieren und nur nach genauer Prüfung in Gemeinschaftsprojekte. Die Struktur des Naturverbrauchs einer herrschaftsarmen Gesellschaft sieht also so aus (Groß- und Kleinbuchstaben geben das relative Gewicht der einzelnen Posten an):

$$C = S + r + i$$

Herrschaft fügt der ökologischen Bilanz einer Gesellschaft einen gewichtigen Posten hinzu. Herrschaft kostet. In einer herrschaftsförmigen Gesellschaft müssen die Individuen nicht nur das schaffen, was sie selbst verbrauchen, sondern sie müssen zusätzlich die herrschende Gruppe durchfüttern. Und sie müssen nicht nur deren menschliche Bedürfnisse erfüllen, sondern auch all das produzieren, was zur Aufrechterhaltung der Herrschaft notwendig ist. Dieser Posten, der durch die Herrschaftsform einer Gesellschaft zusätzlich auftritt und den Naturverbrauch erhöht, wird im folgenden als H(errschaftskonsum) bezeichnet: das, was die Herrschaftsverhältnisse verbrauchen, nur um Herrschaftsverhältnisse zu bleiben. Es ist der Posten, der in den gängigen Nachhaltigkeits-Studien nonchalant unterschlagen wird.

$$C = S + H + R + I$$

Zum Herrschaftskonsum gehören fünf Dinge. Erstens die P(rivilegien), die sich die herrschende Gruppe gönnt: das Maß an äußerer Natur und menschlicher Natur, das die eigentliche Herrschaftselite für ihre privaten menschlichen Bedürfnisse und Obsessionen verpulvert. Zweitens die M(achtmittel), mit denen sie ihre Herrschaft verteidigt, die Waffen und Kontrollgeräte: die Panzer und Hubschrauber, die Überwachungsgeräte und Dossiers über ihre Gegner. Drittens kann eine Gesellschaft auch einen erheblichen Teil ihrer Exportproduktion als reine Machtmittel einsetzen, um Kontrolle und Herrschaft über andere Gebiete zu erlangen; dies ist dann der Fall, wenn die exportierten Produkte dort nicht zur verbesserten Befriedigung der Bedürfnisse führen, sondern nur zur Abhängigkeit vom Exportland. Weizen als Waffe wurde bereits erwähnt; Rüstungsexporte und der ganze Kram für die Chemisierung der Landwirtschaft fallen ebenso darunter. Zur Unterscheidung von den direkten Machtmitteln werden diese indirekten Machtmittel hier als A(bhängigkeitsmittel) bezeichnet. Viertens die B(eute). Eine komplexe Herrschaft muß etwas zu verteilen haben an ihre Funktionsträger, an die kleinen, mittleren und ganz kleinen Herrschenden und Halb-Herrschenden, die sie zur Aufrechterhaltung ihrer Herrschaft braucht. Sie muß den Jungs im Golfkrieg, die ihr das Öl beschaffen, nicht nur das Essen, die Waffen und die Nachtsichtgeräte liefern (das fällt alles unter die Machtmittel), sondern auch das Cola, die Heftchen und die Porno-Videos, mit denen sie bei Laune bleiben. Sie muß ihren Funktionseliten, zu Hause und in den beherrschten Ländern, einen angemessenen Lebensstil bieten, damit sie bei der Stange bleiben. Fünftens schließlich erzeugt auch die Herrschaftsform der Gesellschaft zusätzliche Reibungsverluste bei der Befriedigung der allgemeinen Bedürfnisse. Daß die kapitalistische Gesellschaft etwa die Gesamtheit der Nahrungsmittel und der Energieversorgung über zentrale Märkte führt, lokale Selbstversorgung weitgehend verhindert und dafür massive ökologische Verluste kassiert, ist allein dem Umstand geschuldet, daß dieses Verfahren herrschaftstechnisch dienlicher ist. Die komplette Formel für den Naturverbrauch einer herrschaftsförmigen Gesellschaft lautet also:

$$C = S + (P + M + A + B + R_2) + R_1 + I$$

An dieser Formel lassen sich die unterschiedlichen ökologischen Strategien der verschiedenen kapitalistischen Varianten darstellen. Die faschistische Ökologie war dadurch gekennzeichnet, daß sie vor allem auf den Ausbau der direkten Machtmittel setzte, die Mittel der ökonomisch-ökologischen Abhängigkeit dagegen sparsamer einsetzte und überhaupt bestrebt war, durch effiziente, gewaltförmige Planung die Reibungsverluste niedrig zu halten. Zur Brutalität des Faschismus gehört außer der Expansion der Machtmittel aber auch, daß er die konsumptiven Bedürfnisse der Menschen soweit heruntersparte, wie es nur ging – nicht bei den integrierten Volksgenossen, aber bei allen anderen, bis hin zur Vernichtung durch Arbeit, durch Unterkonsumption oder durch Tötung. Der Naturverbrauch der faschistischen Ökologie sieht also so aus:

$$C = s + (P + M + a + b + r_2) + r_1 + i$$

Die Ökologie des Amerikanismus und des Realsozialismus, der beiden fordistischen Varianten, die die Nachkriegszeit bestimmten, setzt die Akzente anders. Die Grenze, die der antifaschistische Widerstand der kapitalistischen Vernichtung von Leben zieht, hebt zumindest tendenziell die Unterkonsumption bei den direkten Bedürfnissen auf. Ebenfalls schießen die Beutezahlungen ins Kraut, die Formen der direkten Kolonisierung und Besatzung ersetzen; die Bobby Browns stehen Schlange beim Beuteholen. Relativ gesehen, operieren Amerikanismus und Realsozialismus weniger mit direkten Machtmitteln und mehr mit Abhängigkeitsmitteln, die außerordentlich expandieren. Die Reibungsverluste schießen hoch, sowohl die herrschaftsbedingten als auch die nur durch technische Ineffizienz verursachten. Verschwendung von Energie und Material scheint auf dem voll erschlossenen Weltmarkt keine Rolle zu spielen. Was man von der Rüstungsproduktion dieser Zeit halten soll, ist nicht ganz klar. Zumindest der Löwenanteil der atomaren Aufrüstung und der Weltraumrüstung spielt nie eine Rolle als direktes Machtmittel, sondern eher als verschwenderische Form der Technologieentwicklung, der Ausrichtung der Produktionsprozesse und der Entwicklung technologischer Abhängigkeitsmittel. Also:

$$C = S + (P + m + A + B + R_2) + R_1 + I$$

Die Krise der fordistischen Ökologie, die ab den späten 60er Jahren evident ist, liegt an der Expansion *sämtlicher* Bestandteile dieser Rechnung. Die Erschütterung und Infragestellung der Herrschaftsverhältnisse tendiert dazu, den Subsistenz-Posten zu erhöhen: die berühmte „Anspruchsrevolution" in der Dritten Welt *und* in den imperialistischen Ländern selbst. Sie macht gleichzeitig verstärkte Anstrengungen notwendig, Kontrolle aufrechtzuerhalten: mehr direkte Machtmittel (hierunter gehören die neuen „weichen" sozialen Kontrollstrategien, die eine Menge Wissenschaft und Personal binden), mehr Abhängigkeitsmittel, noch mehr Beute, noch mehr Reibungsverluste. Zwar gibt es erste Bestrebungen, die technische Effizienz des Ressourcenverbrauchs zu verbessern, außer beim Öl sind diese Bestrebungen jedoch relativ schwach und ergebnislos. Bei gleichbleibender Konsumption müßten entweder die Privilegien schmaler werden, was im Verhältnis jedoch wenig bringt, oder die Investitionen schwinden, was keine gute Perspektive für eine Herrschaftsordnung ist. Bisher funktioniert das ganze noch darüber, daß der Gesamtverbrauch von Natur (C) kontinuierlich gesteigert wird, und zwar immer schneller.

Die heutige ökologische Krise hat darin ihren Ursprung. Sie ist eine Krise des Herrschaftssystems.

Hier setzt die nachhaltige Entwicklung an. Sie ist ein Projekt, die Krise der kapitalistischen Herrschaftsverhältnisse gesundzusparen, und zwar durch Verabschiedung des fordistischen Modells. Sie strebt folgende Struktur des gesellschaftlichen Naturverbrauchs an:

$$C = s + (P + M + A + b + r_2) + r_1 + I$$

Die Anspruchsrevolution (bei s) wird zurückgedrängt. Wertewandel ist die Begleitmusik für ein Sparen bei den Bedürfnissen der breiten Bevölkerung, und zwar weltweit. Die Beute wird gekürzt: die Bobby Browns werden gekündigt, die nationalen Eliten der Dritten Welt ebenso. Der Posten Machtmittel muß deshalb steigen; und er steigt auch. Direkte Intervention muß stärker herhalten, wenn die Konflikte durch niedrigere Konsumption härter werden und die Fügsamkeit von Funktionsträgern nicht durch immer mehr Beute erkauft werden kann. Der Präzedenzfall für die neue Normalität von Militärinterventionen war der Golfkrieg; der Umbau zu schnellen Eingreiftruppen, die weltweit operieren können, und das Nachdenken über „ökologische Sicherheit" als Einsatzgrund zeigen in die gleiche Richtung.

Die technische Effizienzrevolution senkt (immer relativ gesehen) den Naturverbrauch durch Reibungsverluste (r_1). Es wird auch strukturelle Effizienzverbesserungen geben.

Unklar ist noch, wie sich das Verhältnis von A und r_2 gestalten wird. Es ist auf Dauer keineswegs sicher, daß das System der totalen Weltmarktliberalisierung erhalten bleiben wird, wegen seiner enormen ökologischen Reibungsverluste (r_2). Vielmehr ist es wahrscheinlich, daß Teile der weltweiten Stoff- und Energieströme stärker kontrolliert und direkt gelenkt werden, weil ein totaler Freihandel ökologisch zu verschwenderisch ist. Es ist gut möglich, daß die Kritik der NGOs am GATT und der WTO irgendwann bei den Herrschenden offene Türen einrennt.

Auf der Weltmarktkonkurrenz beruht aber zum Teil die Kraft der Abhängigkeitsmittel. Deshalb gibt es zwei Tendenzen. Die eine ist die ökologische Effizienzrevolution bei den Abhängigkeitsmitteln, die sich insbesondere mit den sogenannten Zukunftstechnologien verbindet, vor allem der Biotechnologie. Die Mittel, mit denen abhängig gemacht wird, werden leicht und klein. Es sind nicht mehr tonnenschwere Industrieanlagen und Maschinen aus der Ersten Welt, wovon die Länder des Südens abhängig sind, sondern die Versorgung mit dem High-Tech-Saatgut, den chemischen und gentechnischen Präparaten und den Informationen, ohne die ihre Landwirtschaft nicht mehr funktionieren wird, wenn die biotechnische Revolutionierung des Landbaus erst einmal weltweit durchgesetzt ist. Letztlich bedeutet das, daß bestimmte multinationale Konzerne, deren Heimat in der Ersten Welt liegt, als technologische Treuhänder für ganze Länder der Dritten Welt eingesetzt werden und deren Entscheidungen immer direkter bestimmen. Die zweite Tendenz ist, daß bei sinkender Bindekraft des Weltmarktes die direkte Intervention zunimmt. Es findet eine Verschiebung von den Abhängigkeitsmitteln zu den direkten Gewaltmitteln hin statt, eine Brutalisierung der Verhältnisse. Dies führt zu militärischen Konfrontationen zwischen Erster und Dritter Welt, aber auch zu einer Militarisierung der Herrschaftsverhältnisse in der Dritten Welt selbst und möglicherweise auch in Teilen der Ersten Welt.

Beide Tendenzen bestehen nebeneinander. Zur Zeit scheint Asien stärker zum Objekt der „effektivierten Abhängigkeit" zu werden (Hoechst, Cargill und so weiter schicken sich an, die agrarische Produktion in Indien, als Fernziel auch in China, mehr und mehr technologisch zu kontrollieren). Afrika dagegen wird zum Objekt der Militarisierung, wo keine komplizierte Abhängigkeitsstruktur aufgebaut wird, sondern tendenziell faschistische Rohstoffregimes von den internationalen Konzernen gestützt, also ganze Staaten nach dem Bild einer diktatorisch geführten Bergbaumine organisiert werden. Man könnte dazu übergehen, die Staaten nach dem Inhalt ihrer Mine zu benennen: Nigeria wäre dann „Shell-Oil", der Niger „Urania". Entsprechend massiv ist ja der Verlust an Legitimation, den diese Staaten zur Zeit bei ihrer Bevölkerung erleiden. Weil keine Entwicklung mehr stattfindet wie in der amerikanistischen Ära, stehen Staat und Gesellschaft komplett nebeneinander, sie haben immer weniger miteinander zu tun: Die Gesellschaft ist der Hund, der vom Staat mit Steinwürfen vertrieben wird, wenn er ihm in die Quere kommt.

Nachhaltigkeit als herrschaftsförmige Krisenlösung

Ein Vergleich der Formeln zeigt, daß die zukünftige nachhaltige Struktur des Naturverbrauchs der faschistischen Ökologie wesentlich nähersteht als der amerikanistisch/realsozialistischen Formel. Diese Affinität ist politisch spürbar. Sie zeigt sich im stark zunehmenden Interesse an Bevölkerungspolitik als Weg zur Reduzierung des Subsistenz-Postens und im Ende der Menschenrechts-Agitation der Ersten Welt. Sie zeigt sich im offen proklamierten Ende von Entwicklung. Entwicklung war die Kombination aus steigendem Lebensstandard (S) und reichlich verteilter Beute (B) als Mittel der Weltmarktintegration und kapitalistischen Durchdringung; und sie ist zu Ende. Die Affinität zur faschistischen Ökologie zeigt sich in der Renaissance der „Eingeborenenwirtschaft" als Mittel der angepaßten Wertschöpfung mit geringem Investitionsbedarf; nicht umsonst gibt es in Lateinamerika bereits den ironischen Begriff „miseria sostenibile": das selbsttragende Elend. Die Affinität zeigt sich in der sozialen Kälte in der Ersten Welt, deren Entwicklungsweg immer größere Gruppen von überflüssigen Essern im eigenen Land schafft, die zunehmend als eine zu verwaltende Last empfunden werden. Sie zeigt sich im offenen Terror gegen diese Gruppen, ob rassistisch oder leistungsrassistisch begründet. Sie zeigt sich in den „Freien Produktionszonen", in denen multinationale Konzerne ohne jede staatliche Kontrolle und Abgabenpflicht eine Produktion entfalten, die von der Vernichtung durch Arbeit oft nicht weit entfernt ist.

Man darf diese latente Affinität weder übertreiben noch unterschätzen. Man darf sie nicht übertreiben, weil die Erfahrungen der Menschen, die Emanzipationsprozesse und Anspruchsrevolutionen, die Lernprozesse und Widerstandserfahrungen der letzten fünfzig Jahre nicht beliebig rückholbar sind. Er gibt kein Zurück zu Methoden und Ideologien der 30er und 40er Jahre. Die zukünftige Weltordnung kommt nicht darum herum, sich multikultureller und zivilgesellschaftlicher Formen zu bedienen. Man darf die Affinität aber auch nicht unterschätzen. Die Formel steht; und es wird nicht an Versuchen fehlen, sie durchzusetzen.

So steht es natürlich in keiner Studie. So wird es auch nicht gesagt. Aber es ist der reale Prozeß. Wenn man das zusammenrechnet, was vorliegt – den Grundansatz der herrschenden Nachhaltigkeitsdebatte; ihre nicht zufälligen blinden Flecken; und das, was an tatsächlichen Verschiebungen in der Realität zu beobachten ist –, dann ergibt sich dieses Bild des derzeitigen Übergangs in der Struktur des Naturverbrauchs. Ob sie wollen oder nicht (und eigentlich wollen sie es meist auch): Die Mainstream-Beiträge zur Nachhaltigkeit sind Teil des Projektes, die kapitalistische Form der Naturnutzung wieder flott und zukunftsfähig zu machen. Es sind Beiträge zur Lösung der Krise des Herrschaftssystems.

Die Pyramide der herrschaftsförmigen Naturnutzung soll ihre Form verändern. Die Pyramide des Amerikanismus und des Realsozialismus konnte ihre Basis verbreitern, sich immer mehr Gebiete und Menschen einverleiben und dadurch enorm an Höhe gewinnen. Sie litt allerdings an einer zunehmenden Herzverfettung: Während die Basis nur noch langsam breiter wurde, schwoll die Pyramide vor allem in der Mitte an, wo immer mehr Bobby Browns und kleine und mittlere Funktionsträger konsumierten und Beute für sich behielten. Die Pyramide der Bobby Brown Time bekam einen starken Bauchansatz (wie das für die Bobby Browns selbst ja auch typisch ist). Das Hauptproblem für die Spitze der Pyramide, die internationalen Herrschaftseliten, waren und sind weniger die ökologisch katastrophalen Folgen des steigenden Naturverbrauchs als die Tatsache, daß immer mehr Naturverbrauch zu immer weniger realem Wachstum der Pyramide führte.

Die Pyramide der Nachhaltigkeit soll schlank sein. Ihre Außenkontur ist nicht mehr konvex, sondern konkav: Die Basis soll noch erheblich breiter werden, der Bauch verschwinden und die Höhe schneller zunehmen. Mit den vielen kleinen, lokalen Projekten in der Dritten Welt und mit den neuen, detaillierteren Zugriffsmöglichkeiten der neuen Technologien wird das Einzugsgebiet der Basis ausgedehnt und zugleich der Bauch einer Diät unterworfen. Der wissenschaftlich-technokratische Charakter des Naturzugriffs trägt dazu bei, daß die Abhängigkeiten immer totaler werden, die Spitze der Herrschaft also immer höher ragt.

Nicht sparen, nicht spenden

Einige Konsequenzen aus der Naturverbrauchs-Formel der nachhaltigen Entwicklung lassen sich leicht erkennen. Erstens: Der herrschende Nachhaltigkeits-Kurs hat nichts, aber auch gar nichs mit Emanzipation zu tun, ganz im Gegenteil. Er ist Teil einer verbesserten und erweiterten Unterwerfungsstrategie, weil er den Herrschaftskonsum von der Last der Subsistenz, der Beute und von allzu hohen Reibungsverlusten befreit. Es handelt sich um eine ökologische Kriegswirtschaft, und das Öko-Sparen im Kleinen soll Spielräume für die kriegswichtigen Investitionen schaffen, für die technologische, ökonomische und militärische Aufrüstung. Das ist die Realität hinter den nachhaltigen Leitbildern.

Zweitens: Die Teilnahme an dieser Form des Öko-Sparens, ob mit lokaler Politikberatung oder persönlicher Kasteiung („ecological correctness"), ist *kein* Beitrag zur Lösung der ökologischen Probleme. Indem wir unseren Müll trennen, unsere Joghurtdeckel sammeln, über die lokale Umsetzung der *Agenda 21* nachdenken, zu ExpertInnen im Umwelttechnologie werden oder die „fünfzig Beispiele für den Faktor 4" umsetzen, tun wir buchstäblich *nichts* für die ökologische Zukunft. Die Gesamtheit des Naturverbrauchs (C) wird weiter steigen. Die Einsparungen auf der einen Seite des gesellschaftlichen Naturverbrauchs werden von der anderen Seite aufgezehrt, wenn es keine Mittel gibt, diese Verschiebung zu verhindern. Die können aber nur in Auseinandersetzung mit den gesellschaftlichen Herrschaftsformen gefunden werden.

Drittens: Die Unterstützung des Übergangs zur herrschenden Nachhaltigkeit ist nicht nur *sozial*, sondern auch *ökologisch* schädlich und unverantwortlich. Wie herausgearbeitet, sorgt die soziale Kohärenz der kapitalistischen Herrschaft dafür, daß Naturzerstörung prinzipiell immer weiter vorangetrieben wird. Indem der herrschende Nachhaltigkeits-Kurs aber dahin führt, daß das Verhältnis zwischen der Subsistenz und dem Herrschaftskonsum immer ungünstiger wird (oder günstiger, wenn man es aus der Perspektive des Herrschaftssystems betrachtet), verschärft sich der Druck auf die Individuen und erweitern sich die Zugriffsmöglichkeiten des Herrschaftssystems auf die Natur. Genau das geschieht ja auch. Indem wir den staatlich vermittelten Konsum in ökologisch sensiblen Gebieten senken, zwingen wir die Menschen dort dazu, die Natur um so rabiater und skrupelloser zu verbrauchen oder zu verkaufen, um ihr Überleben zu sichern: Wir fördern die wilde Abholzung des Regenwalds, die Zunahme von Wüstenbildung durch Überweidung und so weiter. Indem wir lokale Nachhaltigkeits-Projekte in der Dritten Welt fördern, die trotzdem die internationale Marktanbindung und den Devisengewinn aus Exportprodukten zum Ziel haben, werden die kapitalistische Inwertsetzung und der Ausverkauf von Natur nur noch weiter vorangetrieben. Indem wir den Herrschaftskonsum von Rohstoffengpässen entlasten und seiner wissenschaftlich-technokratischen Durchdringung der Naturbeziehungen noch Vorschub leisten, fördern wir ein totales Natur-Management, das immer höhere Risiken enthält.

Die Geißelung und Selbstgeißelung, die inzwischen zur ökologischen Mode geworden ist, ist die Schmiere, mit der die ökologische Umverteilung und die Senkung der Ansprüche glatter über die Bühne gehen soll. Vor fünfundzwanzig Jahren hatte der Hinweis darauf, wie wir alle über unsere ökologischen Verhältnisse leben, noch einen kritischen Inhalt, und der Versuch, bewußt ganz anders zu leben, vielleicht gar kulturrevolutionären Gehalt. Heute ist das vorbei. Daß der Lebensstil, wie ihn die letzten fünfzig Jahre im Norden zur Gewohnheit gemacht haben, so nicht wird bleiben können, ist ein Stück weit zum Alltagswissen geworden, und das ist auch in Ordnung so. Das ganze Pathos aber der ökologischen Sparsamkeit bei den Ansprüchen und bei den Reibungsverlusten, Suffizienz- und Effizienzrevolution also, ist ein Rattenfängertrick, um vom Dröhnen der kapitalistischen Naturverbrauchs-Maschine abzulenken.

Indem wir sparen, schmieren wir erst einmal den Motor, der diese Maschine weiter antreibt. Indem wir immer ökologischer werden, unseren Alltag immer umständlicher und lustfeindlicher gestalten, sind wir außerdem gut beschäftigt und fallen als politische Störkraft kaum noch ins Gewicht. Jedenfalls ist es kaum vorstellbar, daß eine Truppe von ökologischen Oberlehrern und miesmuscheligen Verzichtskünstlern zu einer Bewegung wird, die das herrschende Projekt der ökologischen Modernisierung, nachhaltigen Umverteilung und wissenschaftlich vertieften Naturzerstörung ernsthaft gefährden kann. Die Frage, „ob wir es wirklich ernst meinen damit, daß wir so nicht mehr leben wollen" (Helke Sander), beantwortet sich nicht damit, daß wir mit dem Fahrrad fahren.

Literatur

Bennholdt-Thomsen, Veronika: Zivilisation, moderner Staat und Gewalt. Eine feministische Kritik an Norbert Elias' Zivilisationstheorie. In: Beiträge zur feministischen Theorie und Praxis 13, Köln 1985.

Herbert, Frank: Die Ordensburg des Wüstenplaneten. 11. Aufl. München 1994.

MacKinnon, Catharine: Feminismus, Marxismus, Methode und der Staat: Ein Theorieprogramm. In: List, Elisabeth – Studer, Herlinde (Hrsg.): Feminismus und Kritik. Frankfurt/Main 1989.

Helke Sander: Über die Beziehungen zwischen Liebesverhältnissen und Mittelstreckenraketen. In: Courage 4/1980.

Weizsäcker, Ernst Ulrich von – Lovins, Amory B. – Lovins, L. Hunter: Faktor Vier. Doppelter Wohlstand – halbierter Naturverbrauch. München 1995.

Die Natur managen

Colin W. Clark hatte eine schlechte Nachricht für die Wale. Immer hatte es als ausgemacht gegolten, daß ihre Ausrottung zwar dem einzelnen Walschlächter zum blutigen Profit gereichen mag, insgesamt aber einen Verlust bedeutet – und zwar auch einen ökonomischen Verlust. Getreu dem Prinzip, daß man die Gans nicht schlachtet, die goldene Eier legt, gehen die meisten öko-ökonomischen Theorien davon aus, daß eine nachhaltige Bewirtschaftung langfristig den größten ökonomischen Vorteil bringt. Eine Fangquote, die das Überleben der Art gewährleistet, führt aktuell zu geringeren Einnahmen, als wenn so viele Wale wie möglich abgeschossen werden. Wenn aber keine Wale mehr da sind, verschwindet auch der Profit. Über einen längeren Zeitraum betrachtet, lohnt es sich also, die Art zu erhalten, gerade weil man sie wirtschaftlich nutzen kann. Ihre Ausrottung liegt demnach entweder an Unwissen und kurzfristigem Denken oder aber an der privatwirtschaftlichen Konkurrenz. Gehörten alle Blauwale einem einzelnen Eigentümer oder einer gemeinsam wirtschaftenden Gruppe, läge es im Interesse dieses Eigentümers oder dieser Gruppe, die Wale zu erhalten. An diesem Argument knüpfen sowohl die WirtschaftsfundamentalistInnen an, nach deren Botschaft die Wirtschaft *in the long run* schon selbst für die Natur sorgt, als auch die VerfechterInnen der *New Commons*, das heißt von Formen gemeinsamen Eigentums an Naturgütern. Commons entsprechen der Allmende der mittelalterlichen europäischen Dorfgemeinschaft: Die Allmende ist ein Stück Land, das allen gemeinsam gehört, in bestimmtem Rahmen von allen genutzt werden darf, aber nicht privat aufgeteilt wird und deshalb keinen individuellen Profit abwirft.

Colin W. Clark rechnete den arktischen Blauwalen jedoch vor, daß ihre Ausrottung leider durchaus der ökonomischen Vernunft entspricht. Auch für einen einzelnen Gesamteigentümer lohnt es sich unter bestimmten Umständen, den Gesamtbestand so schnell wie möglich zu vernichten. Die Rechnung ist simpel. Wenn man die Population so dicht wie möglich bei der Größe hält, bei der sie die höchste Zuwachsrate hat, dann hat man eine Herde von 75.000 Blauwalen mit einem jährlichen Zuwachs von 2.000 Tieren. Schießt man diese ab, bei einem Gewinn von 10.000 Dollar pro Stück, kann man Jahr für Jahr 20 Millionen Dollar verdienen.

Nicht schlecht. Aber: Schlachtet man alle Tiere in einem Jahr ab, verdient man 750 Millionen Dollar auf einen Schlag, und legt man diese bei 5% Zinsen an, dann hat man zwar ab sofort keine Wale mehr – aber einen ebenfalls unbegrenzten jährlichen Profit von 37,5 Millionen Dollar. Natürlich hätte man beim sofortigen Verkauf Probleme mit dem Preis, und es wäre sehr aufwendig, die letzten verbleibenden Exemplare noch aufzuspüren, da man Wale ja nicht im Stall hält. Das ändert aber nichts daran, daß eine Fangquote, die langfristig zur Ausrottung führt (weil eine zu kleine Population instabil wird oder sich zur Paarung einfach nicht mehr findet), ebenso langfristig wirtschaftlich profitabel ist, weil Kapital mehr Profit abwirft als Wale. Genaugenommen hält Kapital länger als Wale, und deshalb lohnt sich Ausrottung. Und dies gilt eben auch, wenn sich die Wale in Staatsbesitz oder gemeinsamem gesellschaftlichen Eigentum befinden. Ausrottung ist kein Irrtum. Profit abzuwerfen, schützt nicht vor Vernichtung – die Natur nicht und Menschen bekanntlich auch nicht.

Naturschutz ist also kein Nebenprodukt der Ökonomie. Die Erhaltung von Natur fällt nicht einfach nebenher ab, als Nebenprodukt bei der ökonomisch-technischen Entwicklung, so wie die Teflonpfanne bei der Raumfahrt. Die Hoffnungen, die gegenwärtige gesellschaftliche Ordnung mit ökologischen Zielen verbinden zu können, richtet sich denn auch mehr auf einen anderen Aspekt: auf das richtige *Management* von Natur.

Management von Natur ist nötig, weil es neben der ökonomischen Verwertung der Kadaver auch noch andere Ziele und Kriterien für den Umgang mit der Natur gibt. Die Sicherung des Überlebens bedarf sich erneuernder Nahrungsquellen – die tierische, pflanzliche, mikroorganismische oder geologische Natur, die damit in Zusammenhang steht, darf also nicht ausgerottet werden. Alle vorkapitalistischen Gesellschaften verfügen daher über sehr komplexe Regeln für den Umgang mit der Natur, die sie ihren Individuen einbleuen. Wie diese Regeln formuliert oder begründet werden, ist dabei vollständig egal, solange sie ihren Zweck erfüllen.

Sicherung der Nahrungsquellen ist nicht das einzige Ziel. Es gibt Ziele der Gesundheit oder der Ästhetik, der Überlebenssicherung jenseits der Nahrungsbeschaffung oder Ziele der Lebensqualität. Es gibt auch Ziele eines langfristigen Erhalts der Natur als Ursprung für spätere gesellschaftliche Nutzungen, die sich jetzt noch gar nicht absehen lassen und sich dementsprechend auch nicht ökonomisch niederschlagen. Prinzipiell denkbar sind auch moralische oder philosophische Ziele, obwohl diese in der historischen Realität nur selten zu beobachten sind. Alle diese Ziele stehen miteinander in Widerstreit. Das ist der zweite Grund, warum Management von Natur erfolgt: Die Regeln müssen das jeweilige Set an gesellschaftlichen Zielen erreichen helfen, die angestrebte Mischung.

Natur zu managen ist schließlich auch deshalb nötig, weil die Natur äußerst eigenwillig auf den Kontakt mit der Gesellschaft reagieren kann. Daß eine Art ausstirbt, weil sie bejagt wird, ist ein einfacher Fall. Arten sterben aber auch ganz ohne Bejagung aus, weil ihr Lebensraum verändert wird. Sehr minimale Veränderungen können große Folgen haben. Das gilt nicht nur für Arten, sondern für die Gesamtheit biologischer Vorgänge und schließlich auch für Prozesse geologischer oder klimatischer Dimension. Naturmanagement ist ein Versuch, den Eigengesetzlichkeiten der Natur Rechnung zu tragen, ihre Spontaneität für Strategien der Nutzung oder Erhaltung kalkulierbar zu machen.

Grundsätzlich betreibt *jede* Gesellschaft Naturmanagement. Sie nutzt Natur in vielfältiger Weise und muß in ihrem Handeln berücksichtigen, wie die Natur darauf reagiert. Der Begriff „Management" eignet sich für die Beschreibung dessen, weil er wertneutral ist. Management bedeutet, auf eine Organisationseinheit so einzuwirken, daß sie bestimmte Ziele erfüllt. Die Vorstellung von der Natur als einer Organisationseinheit ist nicht ganz unproblematisch, aber ein Stück weit trägt das Bild schon. Naturmanagement muß nicht bedeuten, Natur zu erhalten: Auch die Ausrottung von „Schädlingen" oder Ausrottungen, die zugunsten anderer Vorteile in Kauf genommen werden, fallen unter Naturmanagement. Naturmanagement bezeichnet einfach, daß die Gesellschaft in einer überlegten, bewußten Weise auf die Natur einwirkt, um verschiedene Vorstellungen und Ziele in bezug auf diese Natur zu verwirklichen. Jedenfalls versucht sie das. Die Frage, wieviel Naturmanagement überhaupt *möglich* ist, stellt sich ebenso wie die Frage, wieviel Management die Natur *verträgt*.

In der Geschichte lassen sich grob zwei Arten von Naturmanagement unterscheiden. Die eine ist der traditionelle Typ eines *kulturellen Naturmanagements*. Er ist gekennzeichnet durch traditionelles Wissen, eine dezentrale Praxis und die Bedeutung kultureller Rückkopplung. Die meisten vorkapitalistischen Gesellschaften sind in weiten Teilen diesem Typus von Naturmanagement verpflichtet – es ist die Art, wie eine bäuerliche Kultur ihre Äcker bestellt, wie eine indigene Kultur ihre Entnahmen aus der Natur kalkuliert, wie Saatgut erhalten wird und rituelle Regeln berücksichtigt werden. Im Laufe der europäischen Moderne halten sich Formen des traditionellen Managements noch lange, auf dem Land und in wenig erschlossenen Gebieten. – Der andere ist der Typ des *technokratischen Naturmanagements*. Er entwickelt sich mit der europäischen Neuzeit, der kolonialistischen Ausbreitung und der kapitalistischen Entwicklung. Er ist gekennzeichnet durch akademisches Expertenwissen, eine zentralistische Praxis und durch die Vorherrschaft eines Effizienzdenkens in bezug auf die gesellschaftliche Naturnutzung. In Ansätzen existiert technokratisches Naturmanagement auch schon früher; aber erst mit der europäischen Moderne wird dieser Typ bestimmend und verdrängt das traditionelle Naturmanagement auf breiter Front.

Um romantisierenden Kurzschlüssen vorzubeugen, sei darauf hingewiesen, daß schlechtes Management und Umweltkatastrophen sich mit beiden Arten von Naturmanagement erzielen lassen. Ein bekanntes Beispiel ist die Geschichte der Osterinseln, deren Bewohner sich lange vor der portugiesischen Kolonisation in eine tragische Spirale von sozialer Konkurrenz, Naturausbeutung und gesellschaftlichem Verfall hineinarbeiteten. Im Zuge der Rivalität konkurrierender Gruppen wurden die Waldbestände nach und nach vollständig aufgebraucht, um die riesigen Statuen zu errichten, in denen sich gesellschaftliches Prestige und Machtanspruch ausdrückten – so lange, bis die Geschichte dieser Gesellschaft in einem traurigen Taumel von Abholzung, Erosion, erschöpften Nahrungsmittelreserven, sozialem Elend und Kannibalismus endete. Eine schlechte Gesellschaft macht schlechtes Naturmanagement; traditionelle Formen sind da keine Garantie. Moderne Formen allerdings auch nicht.

Wenn heute von Möglichkeiten und Grenzen von Naturmanagement gesprochen wird, ist in der Regel der Typus des modernen, technokratischen Naturmanagements gemeint. Die Haltung zu diesem heute herrschenden Management ist in zweierlei Hinsicht Teil der Ökofalle. Auf der einen Seite gibt es die Haltung, mit den Mitteln des modernen Naturmanagements sei prinzipiell alles möglich. Die Möglichkeiten, Natur zu nutzen und durch geschicktes Vorgehen gleichzeitig zu erhalten, seien unbegrenzt und würden durch den wissenschaftlich-technischen Fortschritt beliebig erweitert; allerdings müßte die Gesellschaft bestimmte Bedingungen dieses Managements stärker akzeptieren und sich dementsprechend verhalten. In die Ökofalle – ökologische Verhältnisse ohne Bezug auf den Herrschaftscharakter von Gesellschaft zu sehen – tappt jedoch auch eine zweite, sehr modische Haltung. Es ist die Haltung, gegen die herrschende gesellschaftliche Praxis von Naturnutzung *ökologisch argumentieren* zu wollen und sie zu überzeugen, daß ihr Naturmanagement überhaupt nicht funktionieren kann. Diese Auffassung beruft sich gern auf Ergebnisse der Forschungen über komplexe Systeme und vereinfacht sie zu der Botschaft, Steuerung von natürlichen Prozessen sei überhaupt nicht möglich.

Beides ist falsch. Naturmanagement ist kein Füllhorn und schafft keine Wunder. Naturmanagement ist aber auch nicht einfach ein Irrtum. Das herrschende technokratische Naturmanagement beruht tatsächlich auf einer Reihe von Vorstellungen und Bildern von der Natur, die allesamt unzutreffend sind. Aber es zeitigt trotzdem Ergebnisse. Und die Rationalität dieser Ergebnisse wird deutlich, wenn sie vor dem Hintergrund der Herrschaftsverhältnisse der Gesellschaft betrachtet wird.

Ursprung und Entwicklung des modernen Naturmanagements

Das moderne Naturmanagement hat seinen historischen Ursprung in einem Kontext von Kolonialismus und Rassismus. Die ersten großflächigen Schutzbemühungen aus einer ökologischen Motivation heraus finden tatsächlich in den Kolonien statt. Die indischen Waldgesetze nach der britischen Kolonisation (1865, 1878), der Cape Act in Südafrika (1886 und weiter), die Jagd- und Wildschutzverordnung für Deutsch-Ostafrika – alle folgen demselben Muster. Riesige naturnahe Gebiete werden unter staatlichen „Schutz" gestellt. Den einheimischen Gruppen wird die Nutzung dieser Naturressourcen verboten. Durch staatliche Lenkung und Planung wird versucht, eine langfristige, nachhaltige Nutzung dieser Ressourcen durch die Kolonisatoren zu gewährleisten. Diese Nutzung bestand vor allem im Jagd- und Expeditionsvergnügen der reichen internationalen Oberschicht, zu der alter Adel und neue Reiche, deutsche Industrielle und Leute wie der spätere US-Präsident Theodore Roosevelt gehörten.

Diese Form des Naturmanagements folgte dem simplen Prinzip: Schaffe beiseite, was du für etwas anderes verwenden willst. Gemanagt wird eine unterworfene Natur, die als koloniales Gebiet total verfügbar ist; bewohnt von Menschen, die als rassisch Diskriminierte keine Rechte anzumelden haben; nach Zielen, die den Bedürfnissen einiger *happy few* dienen. Es ist ein Naturmanagement des kolonialen Hochmuts, der Gleichsetzung von Kolonie mit Primitivität und Natur. Für die industrialisierten Mutterländer gilt als selbstverständlich, daß sie ihre Natur aufgebraucht haben, sie sind schließlich zivilisiert. Von hier führt eine direkte Linie zu den hochfliegenden Plänen der deutschen Naturschützer der 30er und 40er Jahre, deren Planungen sich auf die eroberten Ostgebiete richteten, wo die Menschen ebenfalls nichts zählten.

Diese Variante von Naturmanagement wurde dann in die Industrieländer selbst rückimportiert. Auch dort gab es schließlich noch relativ unberührte Gebiete, bewohnt von Menschen, die nichts zählten, den nordamerikanischen Indianern zum Beispiel. Der Naturschutz für diese Gebiete behandelte sie einfach als innere Kolonien. Die US-amerikanischen Schutzgebiete, die unter Roosevelt 1903-1909 ausgewiesen wurden, gingen auf die Aktivitäten von *pressure groups* wie dem *Boone and Crockett Club* zurück, in dem sich die gleiche jagende Oberschicht fand, die in den britischen Kolonien von den „Schutzgesetzen" profitiert hatte. Andere Ursprünge gab es kaum; so folgte die Forstpolitik keiner ökologischen, sondern einer rein ökonomischen Motivation. Der Forest Reserve Act 1891 und die Einrichtung des Forest Service 1905 in den USA waren Maßnahmen der Verstaatlichung großer Teile der Holzproduktion, um angesichts drohender Verknappung das Entstehen von Monopolpreisen zu verhindern. Die Beiseitesetzung „unberührter" Natur ist von ihrer kolonialistisch-rassistischen Motivation nicht zu trennen.

Wirklich gemanagt wurden diese Flächen erst später: als deutlich wurde, daß die isolierte Abtrennung von Naturräumen und die einseitigen Eingriffe zu desaströsen Folgen führen. Naturschutz ohne Naturmanagement funktioniert nicht. Wenn man ein Stück Natur isoliert und „geschützt" hat, wird man bald ein unerfreuliches Durcheinander entdecken und schleunigst damit anfangen, es durch zielgerichtete Eingriffe zu „managen". Die Abtrennung von der Umgebung, die sich „zivilisiert", bleibt nicht ohne Folgen. Allein die Veränderung der Größendimension schafft Probleme: Ein Gebiet von einigen Dutzend Kilometern Durchmesser funktioniert nicht mehr in der Weise wie ein Naturraum von einigen Tausend Kilometern Durchmesser, auch wenn sonst nichts verändert wird.

Schutzgebiete brauchen also ein *inneres* Management. Das war die Philosophie Aldo Leopolds, der 1933 als erster die Begriffe „game management" und „wildlife management" einführte. Dafür schien es gute Gründe zu geben. Als Folge der Raubwildausrottung vermehrten sich im Kern County die Mäuse so gigantisch, daß im Jahr 1928 die Straßen unpassierbar wurden, weil sie von einem glibberigen Schlick aus überfahrenen Nagetieren bedeckt waren. Die hochgepäppelten Wildbestände im Kaibab brachen zusammen, weil das Rotwild den Wald kahlfraß und sich in den eigenen Hungertod stürzte. Einhundert Jahre falsche Bewirtschaftung in den Great Plains, der „dust bowl" (Staubschüssel), führten 1935 zum Jahr der „Schwarzen Blizzards": durch die Erosion provozierte Staubstürme, die den Himmel verdunkelten, Menschenleben forderten und massive volkswirtschaftliche Schäden mit sich brachten. Korrigierendes Management schien unerläßlich.

Der Grundgedanke der kolonialistischen „Schutzgebiete" blieb jedoch erhalten: Gemanagt wurde die isolierte, beiseitegesetzte Natur. Sie stand den anderen Gebieten gegenüber, in denen die Zivilisation herrschte; die den Gesetzen von ökonomischer Entwicklung zu folgen hatten und auf die kein Naturmanagement angewandt wurde, weil sie – in dieser Sichtweise – keine Natur waren. Das hatte seine Entsprechung im Management von menschlicher Natur. In den 30er und 40er Jahren entwickelten alle industrialisierten Zentrumsländer organisierte Formen staatlicher Freizeitpolitik: von der Nutzung der amerikanischen Parks für die breite Masse männlicher Lohnarbeiter und ihre Erholungsbedürfnisse bis zu den staatlich gelenkten Freizeitorganisationen des deutschen und italienischen Faschismus („Kraft durch Freude" beziehungsweise „dopolavoro"). Als produktiver, „zivilisierter" Mensch hatte der Lohnarbeiter den Imperativen der fordistischen Modernisierung und Intensivierung zu folgen; als Freizeitmensch bekam er Ausgleichsflächen zugeteilt, um sich davon zu erholen.

Auch dieses Naturmanagement der tayloristischen Zerstückelung – arbeite hier, erhole dich da; zementiere dies hier zu, setze einen Naturpark daneben – brach zusammen. „Natur" ließ sich nicht hinreichend von „Zivilisation" abtrennen. Die Naturschutzgebiete litten unter den zunehmenden Schadstoff-Immissionen ebenso wie unter dem Ansturm erholungssuchender Freizeitmassen. Umgekehrt wurde deutlich, daß überall Natur war, die geschützt oder gemanagt werden mußte. Die Todesopfer des Londoner Smogs 1952, die zunehmenden Gesundheitsprobleme am Arbeits- und Wohnort, all dies ließ sich nicht mehr durch Ausgleich „anderswo" kompensieren. Man mußte *das Ganze managen*. Dazu brauchte es mehr Information, mehr Wissen, mehr Technik. Das war – und ist – die Philosophie des *wissenschaftlichen Naturmanagements*: Naturschutz und Krisenfestigkeit durch den höchsten Stand von Wissenschaft und Technik.

Das Grundprinzip blieb: soviel (ökonomische) Entwicklung wie möglich, soviel (Natur-)Schutz wie nötig. Das Verhältnis zwischen Natur und Entwicklung selbst galt es zu effektivieren; und die effektivsten Formen herauszufinden, das war die Aufgabe des Naturmanagements. Ein gutes Beispiel, welche Logik hier greift, ist das US-amerikanische RARE-Programm, von dem schon die Rede war. Seit Dennis Meadows für *Die Grenzen des Wachstums* die gesamte Erde in ein Computerprogramm bannte – dessen Nachfolgeversion heute sinnigerweise *World 3* heißt –, wird versucht, dieses Prinzip auf den gesamten Globus auszudehnen: optimierende Planung, gestützt auf wissenschaftliche Erkenntnis und technologische Planbarkeit.

Im Zuge der effektivierenden Intelligenz berauschte man sich an der Vorstellung, daß zwar alles mit allem zusammenhing, man aber die zugrundeliegende Konstruktion natürlicher Zusammenhänge erkennen, nachahmen, manipulieren konnte: dieses durch jenes ersetzen, diese Impulse künstlich imitieren, statt dieser Art jene aussetzen und so fort. Es war die große Konjunktur von ökologischen Worthülsen wie „Gleichgewicht", „Kreislauf" und „Ökosystem" sowie von kybernetischen Analyseverfahren. Die Natur war eine Maschine: eine komplizierte zwar, aber eine, die sich durchaus von Menschen erheblich verbessern ließ. Wenn man nur genug wußte, konnte man anstatt einer ausgerotteten Art eine andere ansiedeln, die die gleiche „ökologische Nische" füllte und dabei strapazierfähiger und weniger anspruchsvoll war.

Was heute an Naturmanagement betrieben – und zunehmend global ausgeübt – wird, baut auf den Managementformen und -konzepten auf, die in den 70er Jahren ihren Durchbruch erlebten. Auf den Zusammenbruch der Trennung wird immer noch mit dem Management des Ganzen reagiert. Das gilt übrigens auch für uns selbst. Die Bevölkerung der Industrieländer unterscheidet sich, technisch gesehen, nicht von einer großen Nutztierpopulation, die einem sehr komplexen Management unterworfen ist. Psychologie und Sozialtechnologie gehören genauso dazu wie die Fülle wissenschaftlich untermauerter Grenzwerte. All das folgt der Frage: Wie können die Folgen der industriell-kapitalistischen Entwicklung auf das Natur- und Gesellschaftswesen Mensch so gestaltet werden, daß die Funktionsfähigkeit des Menschen erhalten bleibt? Wie müssen Belastungen verteilt werden, welche ökologischen Korrekturen sind notwendig, damit die Bevölkerung nicht *komplett* an Krebs oder Herzinfarkt stirbt, nicht durchdreht, nicht *komplett* depressiv oder ausfällig wird? Es ist ein Optimierungsvorgang nach dem Muster des kolonialen Managements: Die Zivilisation ist ein Dogma, und man muß sich darum kümmern, wie die Natur – in diesem Falle die menschliche Natur – diese Zivilisation aushält. Welches Management dafür nötig ist.

Wissenschaftlich gesehen, ist die Phase des wissenschaftlich-technischen Managements *im Ganzen* heute jedoch zu Ende. Sie ist zu Ende, weil eine Vielzahl von Vorhaben gescheitert ist; und weil unübersehbar wurde, daß die ökologischen Vorstellungen, auf denen sie beruhten, falsch sind. Der kalifornische Condor wird wohl doch aussterben. Trotz Dutzender Rangers, die bewaffnet seine letzten Horste umschleichen und seine Eier bewachen; trotz all der Tierärzte, die seine Wehwehchen pflegen. Und wenn der Condor doch überleben sollte, so wird man den Tausenden anderer gefährdeter Arten wohl kaum dieselbe Pflege angedeihen lassen können. Die meisten gefährdeten Arten sind vermutlich sowieso unbekannt. Im Falle der Klimaveränderung muß man sich an die Tatsache gewöhnen, daß Veränderungen ohne hinreichende Datenlage vorgenommen werden müßten. Das Konzept der umfassenden Optimierung greift nicht. Und die Generation meines Alters in den hochentwickelten Industrieländern wird die erste sein, deren Lebens- und Gesundheitserwartung deutlich niedriger liegen wird als die der vorherigen Generation. Das Sterben an der industriell-kapitalistischen Zivilisation ist nicht beliebig planbar, optimierbar, durch Management einzudämmen.

Mit hoher Konzentration von Mitteln und Geld ist dem wissenschaftlichen Naturmanagement einiges möglich. Einen Anspruch, das Ganze so zu managen, daß es erhalten bleibt, kann es aber nicht einlösen. Trotzdem folgen alle Projekte von Naturmanagement, die heute laufen, nach wie vor den widerlegten Dogmen des wissenschaftlichen Naturmanagements. Nur größer, komplexer, dramatisch folgenreicher; aber mit denselben Fehlern. Es gibt bislang keine neue Variante von Naturmanagement, die die alte ablöst. Und es scheint fraglich, ob es überhaupt noch eine neue Phase des technokratischen Naturmanagements geben wird, die in der Lage ist, die Fehler der alten Phase wenigstens hinauszuschieben.

Seit Rio 1992 ist immerhin Allgemeingut, daß es auch keine Versöhnung von ungehemmter ökonomischer Entwicklung und den Bedürfnissen der Biosphäre gibt. Die Folgen des globalen Industrialismus lassen sich nicht einfach wegmanagen. Die Praxisform bleibt dennoch dieselbe. Was sich ändert, sind die Ziele, mit denen sie eingesetzt wird: zur Sicherung globaler Zugangsrechte des Nordens auf den ökologischen Reichtum des Südens; zur rassistischen Zuschreibung und globalen ökologischen Apartheid: Natur im Süden, die geschützt werden muß, auch gegen die Menschen; Zivilisation im Norden, deren Entwicklung nötig ist, um Wissenschaft und Technik zu produzieren und das Ganze zu managen. Das Naturmanagement kehrt immer deutlicher seine kolonialistischen und rassistischen Ursprünge hervor.

Die Dogmen des wissenschaftlichen Naturmanagements

Das wissenschaftliche Naturmanagement, von dem unser Heil kommen soll, ist ein Gebäude von Dogmen, die allesamt widerlegt sind. Widerlegt dadurch, daß sie der Wirklichkeit nicht entsprechen. Aber diese Dogmen sind sehr hartnäckig. Es sind wirkmächtige Bilder, die ungeachtet ihrer Widerlegungen ständig wiederholt und über Politik und Medien verbreitet werden, um die Fortsetzung des Naturmanagements zu legitimieren und von anderen Fragen abzulenken.

Das erste Dogma lautet: *„Wir müssen die Natur schützen."* Es ist das größenwahnsinnige (und zutiefst patriarchale) Bild von „der Natur", die durch menschliche Verantwortung erhalten werden müsse, da sie sonst zugrunde gehe. Nichts ist falscher.

Der amerikanische Evolutionsbiologe Stephan J. Gould hat es auf den Punkt gebracht: „Aus der Perspektive der Bakterien gibt es kein ökologisches Problem." Die Evolution und Entfaltung der Mikroorganismen erfolgt seit gut drei Milliarden Jahren überaus kontinuierlich; sie ist für die Aufrechterhaltung des Lebens erheblich wichtiger als irgendwelche tierischen oder menschlichen Wirbeltiere. Diese Natur ist von den menschlichen Aktivitäten praktisch nicht zu erschüttern. Die sogenannten Bärtierchen, winzige Lebewesen, können unter extremer Hitze oder Kälte existieren. Sie zeigen sich von schwerer radioaktiver Strahlung nahezu unbeeindruckt und können bis zu einem halben Jahr ohne jede Feuchtigkeit überleben, eingerollt und eingetrocknet in einem scheintoten Zustand, aus dem sie nach Wasserzufuhr wieder aufleben. Auch die Bärtierchen werden wir vermutlich nicht umbringen können.

„Die Natur" als solche wird nicht zerstört, darum brauchen wir uns keinerlei Sorgen zu machen. Wir sitzen auf einem relativ schmalen Seitenzweig von Natur und berühren mit all unseren Aktivitäten und Eingriffen nur eine sehr schmale Oberfläche ihrer Komplexität. Das Leben können wir nicht kaputtmachen.

Uns selbst allerdings schon. Um das Überleben von Menschen müssen wir uns sehr wohl Sorgen machen; nicht so sehr um „die Gattung", sondern um konkrete Menschen und Gruppen von Menschen. Wenn die Küstengebiete der Kontinente durch einen überraschenden Anstieg des Meeresspiegels, etwa durch menschlich verursachten weiteren Temperaturanstieg, überflutet werden und die entsprechenden Ökosysteme sich nicht rasch genug zurückziehen können, dann stirbt nicht „die Natur". Aber ein Fünftel der heutigen Menschheit lebt mehr oder minder direkt von der Bewirtschaftung dieser Küsten und Flußmündungsgebiete. Menschliche Veränderung von Natur bevorteilt die einen auf Kosten der anderen: die Reichen auf Kosten der Armen, die im Norden auf Kosten derer im Süden, die heute lebenden auf Kosten künftiger Generationen.

Statt dieser Erkenntnis werden unsere Medien von Bildern einer Natur im Notstand dominiert. Diese Bilder sind nicht anders als die Fernsehbilder von hungerleidenden Menschen. Sie lenken ab von den Fragen, wie denn dieser Zustand zustande kommt, und schreien nach Intervention; danach, etwas zu machen. Die Hungerbilder lenken davon ab, daß beispielsweise Menschen durch staatlichen Zwang und durch internationale Flüchtlingspolitik an ihrer traditionellen Migration aus wiederkehrenden Dürregebieten gehindert und dadurch erst zu Opfern werden; diese Bilder lassen nur noch die Frage zu: Wer schickt, wer spendet? Die Bilder der notleidenden Natur lenken von den Menschen und von den Interessen ab und legitimieren das erweiterte Eingreifen, das Naturmanagement, die Entsendung von Wissenschaftlern und Technikern, die Finanzierung von wissenschaftlicher Manipulation; sie stützen die Vorstellung von nördlichen Rettern in einem desolaten Süden. Wie so oft dient uns der Golfkrieg als Paradebeispiel, in diesem Fall mit den Bildern von ölverschmierten Kormoranen – alles übrigens Archivmaterial aus ganz anderen Gebieten –, um den sauberen Krieg der Amerikaner zu loben gegen den schmutzigen Krieg der Irakis.

Das zweite Dogma ist ebenso stereotyp und ebenso falsch. Es lautet: *„Nur unberührte Natur ist intakte Natur."* Es ist das Bild von der Wildnis als Hort ökologischer Diversität und heiler Vielfalt. Auch dieses Bild hat wenig Bestand. Ludwig Trepl hat einmal darauf hingewiesen, wie langweilig die mitteleuropäische Natur gewesen sein muß, als sie noch weitgehend frei von menschlichen Eingriffen war. Sie war im menschlichen Sinne langweiliger – Wald und nichts als Wald –, aber sie war auch im ökologischen Sinne langweiliger. Ihre höchste Diversität hatte sie vermutlich zu den Zeiten, als sie zwar noch über unerschlossene Rückzugsgebiete verfügte, gleichzeitig aber einer vielfältigen naturnahen Nutzung unterworfen war, die unterschiedlichsten kulturellen Praktiken und Vorlieben folgte.

An den Übergängen zwischen Äckern und Weiden einer- und zwischen Brache und Wald andererseits wechselt die ökologische Situation praktisch von Meter zu Meter, teilweise innerhalb von Zentimetern. Entsprechend vielfältig sind Habitate, Arten und Populationen. *Nutzung ist nicht verboten.* Übergänge und Barrieren, Nutzung und Renaturierung sind wichtige Impulse in vielen Landschaften. Monokulturen, massiver Gift- und Kunstdüngereinsatz sowie starke Schadstoffimmissionen sind natürlich Diversitäts-Killer. Aber nicht die Nutzung als solche.

Das Bild von der heilen Wildnis entspricht dem Seufzer, nur eine Natur ohne Menschen sei eine gute Natur. Es ist ein zynischer Seufzer, der in die rassistischen Zuschreibungen des Naturmanagements paßt: Hier ist schließlich alles schon gelaufen, aber auf den brasilianischen Regenwald können wir uns schützend draufstürzen. Die Verteufelung der Nutzung begleitet nicht nur die beliebte Praxis, auf die Unterschutzstellung von Naturparks erst einmal die Vertreibung der dort ansässigen Menschen folgen zu lassen. Sie verwischt auch den Unterschied zwischen den Formen der Nutzung, der der entscheidende Unterschied ist: zwischen einer hochindustriell-monokulturellen Nutzung, der Schaffung einer künstlichen Natur sozusagen, und einer vielfältigen Nutzung durch traditionelle Praktiken der dort lebenden Menschen. So legitimiert das Bild von der heiligen Wildnis die Kanone des Rangers gegen die Hacke des Bauern.

Das dritte Dogma des wissenschaftlichen Naturmanagements lautet: *„Natur besteht aus harmonischen Gleichgewichten und Kreisläufen."* Dieses Dogma ist schon so ausführlich widerlegt worden, daß die Kritik daran offene Türen einrennt – sollte man meinen. Dennoch scheinen auch diese Bilder nicht ausrottbar zu sein.

Seit sich die Biologie dem Studium nichtlinearer, chaotischer Prozesse geöffnet und ihre Allgegenwart in der belebten und unbelebten Natur entdeckt hat, sind die Vorstellungen einer Natur im Gleichgewicht verworfen worden. Um es so simpel wie möglich zu machen: Wenn man mit Pfeil und Bogen über 200 Meter Entfernung auf eine Zielscheibe schießt und dabei zentimeterweise zur Seite rückt, ohne sonst etwas zu verändern, folgen die Einschüsse der Positionsveränderung in einer linearen Gleichung. Je größer die Positionsveränderung, um so weiter weg sind auch die Einschüsse vom Mittelpunkt der Scheibe. Das ändert sich, wenn zwischen Schütze und Scheibe ein paar Bäume stehen. Dann haben minimale Positionsveränderungen unter Umständen völlig abweichende Ergebnisse, bis hin zu dem Fall, daß der Schütze sich selbst in den Hut schießt, wenn wir statt Bäumen Metallpfosten gewählt haben. Die Beziehung zwischen Positionsveränderung und Einschußloch folgt dann einer nichtlinearen Gleichung. Und daß es Bäume gibt, ist in der Natur der Normalfall.

Chaotisch ist ein System, wenn es sich bei einer bestimmten Ausgangslage ständig verändert, ohne daß äußere Einflußfaktoren sich verändern, allein durch seine eigene Rückkopplung – und zwar so, daß es weder zum Erliegen kommt noch zyklisch verläuft. Ein berühmtes Beispiel ist das Chaos im Wasserhahn. Dreht man den Wasserhahn auf, läuft das Wasser in einem glatten, gleichmäßigen Strahl heraus. Dreht man den Hahn jedoch sehr weit auf, dann fängt das Wasser an, sich zu stauen, der Wasserstrahl bildet Höcker und Muster, die sich beständig verändern – *ohne* daß man an der Einstellung des Hahns noch einmal etwas verändert, allein dadurch, daß jeder Zustand den auf ihn folgenden beeinflußt. Das System ist aber nicht rein zufällig: Eine bestimmte Anfangseinstellung würde dieselbe Abfolge von Mustern hervorrufen, auch wenn diese sich nie wiederholen. Eine solche endlose Veränderungsreihe, die dennoch durch den Ausgangspunkt festgelegt ist, nennt man Attraktor. Bis zu einem gewissen Grad kann man nämlich sogar in den Wasserstrahl hineingreifen, ihn beeinflussen, und er wird dennoch wieder in die festgelegte Veränderungsreihe zurückschnellen; der Attraktor „zieht" den Prozeß an.

Und auch das ist in der Natur der Normalfall. 30.000 Besucher in einem Naturpark sind vielleicht kein Problem, aber 31.000 schon; und vielleicht 32.000 keines, weil die Leute dann plötzlich ein verändertes Massenverhalten annehmen, sich ans Gedränge anpassen und plötzlich auf den Wegen bleiben. Zwischen der Erhöhung der Zahl und dem Verhalten besteht eine Rückkopplung. Und wenn es gut läuft, läßt sich maximal der Zahlenbereich bestimmen, von dem an das Ergebnis völlig unvorhersehbar wird. In der Nähe des chaotischen Bereichs wechseln, bei minimaler Veränderung der Zahlengröße, Zonen völliger Stabilität mit Zonen totalen Durcheinanders. Flugzeugingenieure kennen das Phänomen, daß die Belastbarkeit von Material nicht beliebig optimiert werden kann, weil es ab einem bestimmten Punkt zu sprunghaftem Verhalten neigt.

Die Natur lebt ganz gut mit dem Chaos. Eigentlich lebt sie *vom* Chaos. Ein ökologisches System, das sich in einem perfekten Gleichgewicht befindet, ist tot. Natürliche Prozesse sind wesentlich davon bestimmt, sich ständig im Ungleichgewicht zu befinden und davon ihre Dynamik, ihre Entwicklung zu beziehen: Sie ziehen sich sozusagen an den eigenen Unregelmäßigkeiten entlang in der Zeit vorwärts.

Man kann sich das an der Funktionsweise des menschlichen Herzens klarmachen. Der Rhythmus der Klappen und damit der Pumpbewegung wird von einer Vielzahl von elektromagnetischen Impulsen bestimmt, die gleichzeitig auf die Herzmuskulatur wirken und durch Überlagerung immer neue Muster schaffen, die wiederum den Anstoß zu neuen Impulsen bilden. Es gibt keine Muster, die sich wiederholen. Wie Simulationen zeigen, gibt es nur eine ganz bestimmte Konstellation, die stabil ist und sich reproduziert, wenn sie einmal erreicht worden ist. Die Wirkung der verschiedenen Impulsquellen befindet sich dann tatsächlich im Gleichgewicht. Wird dieser Zustand zufällig erreicht oder das Herz durch eine gezielte Störung von außen (mittels eines elektrischen Impulses etwa) in diesen Zustand gebracht, hört es auf zu schlagen. Der Gleichgewichtszustand ist hier ganz buchstäblich identisch mit dem Tod des Systems.

Deshalb gibt es in der Natur nur sehr wenig tatsächliche Kreisläufe und Gleichgewichte. Und deshalb können wir ihr Funktionieren *im Ganzen* nicht beliebig optimieren, Teile austauschen, Grenzwerte anstreben. Mit viel Glück können wir abschätzen, bis zu welchem Punkt der Einflußnahme wahrscheinlich nichts passiert – und das beruht mehr auf Erfahrung als auf wissenschaftlicher Vorhersagbarkeit.

Das vierte Dogma, auf das sich das wissenschaftliche Naturmanagement beruft und das uns in den Medien und Schulen beharrlich weiter gelehrt wird, lautet: *„In der Natur ist alles an seinem Platz, weil alles optimal aneinander angepaßt ist."* Natur sei eine hochkomplexe, durch die Evolution ausgetüftelte Organisationseinheit, in der alles wunderbar aufeinander abgestimmt sei und jedes Element seine funktionale Rechtfertigung besitze. Ein Wunder an Ordnung, durch strenge Gesetze hervorgebracht, die die jeweils bestmögliche Lösung erzwingen.

Das wissenschaftliche Naturmanagement liebt diese Vorstellung, weil sie die Effizienz in den Rang eines Naturgesetzes erhebt und den wissenschaftlichen Experten in die Rolle des Schiedsrichters zwischen Mensch und Natur setzt. Wenn die Natur ein fein säuberlich ausbalanciertes Ordnungssystem ist, dann hat auch das wissenschaftliche Herumtüfteln daran seine Berechtigung, wenn es nur komplex genug ist; ja es ist schier unverzichtbar. Wir müssen, wenn wir diesem Dogma glauben, die Komplexität der Natur maximal verstehen können, damit wir nichts kaputtmachen. Eigentlich gleicht es – wenn man diesem Dogma glaubt – einem Wunder, wie die Menschen ohne wissenschaftliches Management Natur benutzen konnten, ohne sie komplett zu ruinieren.

Die Vorstellung von der Evolution folgte lange einer solchen Auffassung. Heute gilt sie als unhaltbar. Die Evolution produziert nämlich durchaus nicht ständige Wunder der Anpassung. Ganz im Gegenteil – sie produziert eine Menge offensichtlichen Quatsch. Sie bringt viele Arten hervor, die keineswegs optimal angepaßt sind. Sie läßt „ökologische Nischen" einfach leer. Sie folgt Entwicklungsprozessen, die ganz und gar nicht dem Prinzip der fortschreitenden Verbesserung und Anpassung folgen.

Das Problem beginnt schon bei den fehlenden Zwischengliedern. Auf dem Weg zu den Walen und den Fledermäusen beispielsweise gibt es keine belegbaren Arten – seien sie auch ausgestorben –, die eine schrittweise Anpassung markieren könnten. Diese Prozesse können nicht durch allmähliche Anpassung erfolgen, sondern müssen sehr schnell vor sich gegangen sein, innerhalb weniger 10 Millionen Jahre höchstens, was für schrittweise Anpassungsvorgänge durch Mutation und Selektion, durch Versuch und Irrtum, viel zu kurz ist. Und diese Veränderungsprozesse haben keine vernünftigen Zwischenglieder, die unterwegs einen Sinn machen würden. Längere Zehen und größere Hautlappen bringen einem Vieh überhaupt nichts, solange es nicht wirklich damit fliegen kann. Eine Semi-Fledermaus muß in ihrer Umwelt schlechter angepaßt gewesen sein als das Nagetier, aus dem sie sich entwickelt hat. Eine Fledermaus mag ein Beispiel gelungener Anpassung sein, gewiß. Aber ihre Vorstufen waren es nicht – und demzufolge dürfte es sie ebensowenig gegeben haben, wie es ohne diese Vorstufen Fledermäuse geben dürfte.

Umgekehrt entwickelt sich oft dort nichts, wo etwas Platz hätte. Die pazifischen Inseln und Australien, mit ihrer relativ abgetrennten evolutionären Entwicklung, bieten ökologisch Platz für größere Raubtiere. Aber es gibt keine. Ein findiger Unternehmer würde die Lücke nutzen, die sich bietet. Die Natur tut das nicht. Es kann sein. Aber es muß nicht.

Richtig schwierig wird es für das Dogma der optimalen Anpassung und perfekten Organisation in der Natur, betrachtet man die Eigenschaften, die völlig unbegründet oder sogar schädlich sind. Hörner etwa. Wieso Huftiere immer Hornpaare entwickeln, Nashörner etwa aber einzelne Hörner, folgt keiner Vernunft. Die Hornpaare neigen im Verlauf der Evolution dazu, größer zu werden, so lange, bis eine ganze Reihe von Tieren echte Probleme damit bekommt. Daß Elche mit ihren Schaufeln im Dickicht steckenbleiben oder sich bei den Brunftkämpfen damit verhaken und jämmerlich zugrunde gehen – da würde einem Ingenieur doch Besseres einfallen. Die Mähne der männlichen Löwen macht sie zum Jagen untauglich; in der Tat jagen bei den Löwen fast ausschließlich die Weibchen. Einen erkennbaren Sinn hat die männliche Mähne aber nicht.

Ebenso zeigt sich, daß einige besonders komplizierte Methoden, Ziele zu erreichen, sinnlos kompliziert sind. Magenbremsen, die ihre Eier auf die Haut von Affen oder Menschen legen, warten dafür auf den Moment, in dem das anvisierte Wirtstier zufällig von einer Stechmücke gestochen wird. Erst dann werfen sie das Ei auf die Stechmücke, aus jenem schlüpft sofort die Larve und läßt sich auf den Affen beziehungsweise Menschen fallen. Genausogut könnte das Ei völlig ohne Stechmücke abgeworfen werden – und Magenbremsen, die ihre Eier statt auf Affen auf Rindern ablegen, tun genau das. Es gibt sehr viele solcher hochkomplizierter Arrangements, die keine Beispiele für ausgefeilte Anpassung, sondern für haarsträubend ineffiziente Technik sind.

Die Natur ist keine perfekt funktionierende Maschine. Bei rechtem Licht betrachtet, ist sie ein großer Sauhaufen. Sie läßt Platz für viele Lebewesen, die ziemlich schlecht angepaßt sind. Sie bringt Formen hervor, deren Frühstadien und Zwischenglieder ausgeprochen nachteilig gewesen sein müssen und die dennoch durchgekommen sind. Und was die Anpassung selbst anlangt, so genügt es der Evolution meistens, daß Ziele irgendwie erreicht werden, sei es auch umständlich. Sie funktioniert nicht wie ein Schulmeister, der darauf beharrt, daß richtige Ergebnisse auf die richtige Art und Weise erzielt werden müssen. Sie arbeitet nicht wie ein CAD-

Techniker, der nach der besten Bauweise, der optimalen Energieverwertung sucht. Sie duldet phantastische und bizarre Wege und mäßig effiziente Ergebnisse. Es reicht ihr, wenn etwas überhaupt funktioniert.

Die Natur läßt viel Platz für *andere Ziele*. Sie ist keine optimal arbeitende Firma, in der alles ständig nach Verbesserung strebt und keine Minute ungenutzt sein darf. Viele Tiere sind nach menschlichem Ermessen schockierend faul. Das Baumkänguruh verpennt 60% seiner Zeit, 30% sitzt es faul herum, und in den restlichen 10% erledigt es all das, was auch für ein Baumkänguruh unvermeidlich ist: Ernährung, Fortpflanzung, Sozialleben. Die Löwinnen haben sich ihre faulen, langmähnigen Männchen vermutlich durch ihre eigenen sexuellen Vorlieben selbst eingebrockt und mußten ein komplexes Jagdverhalten entwickeln, um die Nachteile ihrer persönlichen Obsession zu kompensieren.

Viel anders dürfte es bei der menschlichen Entwicklung auch nicht gewesen sein. Die Abweichungen der Vormenschen von den Eigenschaften anderer Primaten sind keine gerissene Anpassung, sondern folgen einem typischen Programm, das in der Evolution häufig auftritt und weitgehend eigengesetzlich ist. So wie Arten sehr schnell ihre Größe verändern können oder die Proportion einzelner Körperteile zueinander verschieben, so können sie sich sehr schnell nach dem Programm der „Juvenilisierung" (Neotonie) verändern: Die Gestalt auch der erwachsenen Tiere ähnelt immer mehr dem Bauplan junger Tiere. Die Köpfe werden größer, die Gestalt schwächer, das Verhalten weniger aggressiv, die Körperform weicher und abgerundeter. Solche Veränderungen brauchen keinen stetigen neuen Impuls durch Mutation und Selektion; für sie genügen offenbar relativ geringfügige einmalige Veränderungen, aus denen dann ein verändertes genetisches Programm entsteht. Wenn ein solcher evolutionärer Entwicklungsweg einmal beschritten ist, verstärkt er sich eigendynamisch nach dem Muster der Selbstorganisation, ohne weitere Mutation oder Auslese durch äußere Faktoren.

Daß ein Affe mit großem Kopf, schwachen Gliedmaßen, weniger Haaren und einem komischen Becken sich durch äußere Anpassung entwickelt hat, ist äußerst unwahrscheinlich; ebenso unwahrscheinlich ist, daß solche Veränderungen durch die zunehmende Intelligenz und komplexere Sozialstruktur notwendig geworden wären. Man braucht zum Denken keinen großen Kopf, und dünne Arme fördern nicht das Sozialverhalten. Aller Wahrscheinlichkeit nach war es umgekehrt: Unsere Abkehr vom typischen Primaten vollzog sich, weil unsere Vorfahren auf weichere Rundungen und gemäßigte Umgangsformen mehr *standen* als auf Ganzkörperbehaarung. Der Rest war ein Versuch, mit den nachteiligen Folgen dieser sexuellen Obsession fertig zu werden: durch differenzierteres Sozialverhalten und der Not gehorchende geistige Anstrengungen.

Die Evolution verwirklicht keineswegs das Notwendige. Sie verwirklicht das Mögliche. Sie duldet *andere Ziele*: kulturelle und sexuelle Selektion und irrationale Vorlieben. Die Natur ist nicht perfekt; sie ähnelt, wenn überhaupt, einer uralten Maschine, die immer wieder neu geflickt wurde, mit immer aberwitzigeren Ergänzungen, und die schließlich eine überraschende neue Funktion erfüllt – manchmal. Eine Art muß keineswegs großartig angepaßt sein, um sich zu entwickeln – es reicht, wenn sie durchkommt. Ohne diese Gelassenheit der Evolution, ohne diese Schlampigkeit der Natur, ohne den Eigensinn ihrer Arten würde sich überhaupt nichts entwickeln. Ein Optimierungsprogramm für einen Affen würde niemals auf einen Menschen kommen. Wenn alle Individuen und alle Arten zu jedem Zeitpunkt einem Kampf ums Dasein unterworfen wären, der nur die „fittesten" durchläßt, käme überhaupt nichts Neues durch. Jede Veränderung neigt dazu, erst einmal weniger fit zu sein.

Weil die Natur keine perfekte Maschine ist, läßt sie sich auch nicht wie eine perfekte Maschine behandeln. Je genauer die Kontrolle über die Natur wird, je raffinierter wir ihre Arten erhalten, ihre ökologischen Lücken füllen, sie mit einer komplizierten Naturschutzstruktur trotz äußerer Einengung am Leben erhalten – desto mehr hört sie auf, Natur zu sein. Die perfekt gemanagte Natur, die zu höchster Effektivität von Nutzung *und* Naturschutz optimiert ist, durchläuft keine Evolution mehr. Sie hat keinen Platz mehr für das Überflüssige und Unnütze, und deshalb entwickelt sie sich nicht mehr. Deshalb wird sie auch, wenn wirklich äußerer Streß auftritt, nicht mehr in der Lage sein, sich anzupassen: Sie hat kein Reservoir *schräger Vögel* mehr, die dann plötzlich ungeahnte Vorteile erhalten. Je besser ein Natursystem gemanagt wird, desto leichter stürzt es ab, wenn es äußeren Veränderungen unterworfen ist. Das ist der Grund, warum unsere mitteleuropäischen Kunstwälder Schadstoffeintrag, Klimaveränderung und Eutrophierung weit schlechter vertragen als der angeblich so empfindliche Regenwald.

Die perfekt nachgeahmte und nachgebaute Natur bleibt tot, weil sie keine Geschichte hat. Der Nachbau von Ökosystemen ist daher praktisch unmöglich, das Aussetzen von in Gefangenheit oder im Genlabor gezüchteten Populationen äußerst problematisch. Der Anspruch des wissenschaftlichen Naturmanagements, der Natur aufgrund tiefgehender Einsicht künstliche Prothesen verpassen zu können, kann nicht eingelöst werden. Hocheffizientes Naturmanagement führt zu einer Pseudo-Natur, deren Evolution, Anpassungs- und Entwicklungsfähigkeit blockiert ist, die auf beständige Pflege angewiesen und immer dicht an der Katastrophe gebaut ist.

Naturnutzung und technokratisches Naturmanagement

Die Widerlegung der Dogmen, auf die sich Naturmanagement beruft, verändert die Frage, die sich an Naturmanagement stellt. Daß es so oft nicht funktioniert, ist kein Wunder. Aber warum funktioniert es überhaupt? Warum ist Naturmanagement – wenn doch jede Gesellschaft es betreibt – überhaupt in der Lage, bestimmte Ziele zu erreichen? Wenn wir die Natur nicht schützen können, aber durchaus nutzen dürfen; wenn technokratisches Naturmanagement die Natur weder erhalten noch kopieren noch verbessern kann – zu welchem Zweck wird es dann praktiziert? Was *ist* es eigentlich?

Es ist genau die Ungenauigkeit und Eigensinnigkeit der Natur, die ihre menschliche Nutzung ermöglicht. Daß eben nicht alles in der Natur optimiert und knapp kalkuliert ist, macht die einfachste Form der Naturnutzung möglich: die *kontrollierte Entnahme*. Ob wir vom Apfelbaum im Vorbeigehen drei Äpfel essen oder nicht, ob wir ein Bonbon-Papier auf den Boden werfen oder drei Bremsen erschlagen – es macht keinen Unterschied. Erst ab einem bestimmten Grad der Entnahme verändern sich die Verhältnisse, das System gerät unter Streß oder springt auf einen anderen Zustand. Irgendwann reagiert es nicht mehr elastisch, sondern springt auf eine andere Entwicklungslinie: einen anderen Attraktor. Auf dem gibt es dann vielleicht keine Äpfel mehr. Menschliche Gesellschaften haben mit der Praxis der Entnahme immer auch Schädigungen angerichtet; aber sie haben auch gelernt, daß eine begrenzte, kontrollierte Entnahme praktisch unendlich möglich ist. Alles, was dazu nötig ist, ist eine bestimmte Zurückhaltung. Deshalb gibt es in jagenden und sammelnden Gesellschaften ein kulturelles Set von Beschränkungen, von Jagd-Tabus und von Regeln des Sammelns: wann und wann nicht, welches Tier und welches nicht, eine Fülle von Regeln und Riten.

Genau dasselbe gilt für unsere eigene, menschliche Natur. Ein bestimmtes Leistungsvermögen können wir aus ihr herausholen, ohne daß etwas passiert. Die Funktionsweise unseres Organismus oder unserer psychischen Gesundheit wird dadurch nicht gestört. Erst ab einem Punkt, an dem die Entnahme unkontrolliert oder überzogen wird, beginnt die Veränderung und ist dann in der Regel irreparabel. Das System gerät unter Streß und springt auf einen anderen Zustand: Das kann eine Krankheit sein oder die irreversible Verblödung durch Arbeit, die bleibende Unfähigkeit zu anderen Lebensäußerungen, weil das System nachhaltig deformiert ist.

Auf der Ungenauigkeit und Eigensinnigkeit der Natur beruht auch die zweite Form ihrer Nutzung: alles, was mit *Anbau* oder *Zucht* zu tun hat. Ökologisch gesehen, handelt es sich bei diesen Techniken um die *Wahl des Attraktors*. Der Pflanzenanbau *macht* die Pflanze nicht, er wählt sie aus und verhindert lediglich, daß andere Pflanzen oder störende Faktoren die Entwicklung dieser Pflanze durchkreuzen. Er schafft einen Ausgangspunkt, der eine bestimmte natürliche Entwicklung zur Folge hat – das Wachsen von Pflanzen, die eine erwünschte Entnahme erlauben.

Auch die Zucht schafft keine Art oder Zuchtrasse, sondern wählt mögliche Attraktoren aus. Das sieht man an ihren Grenzen. Es ist zum Beispiel unmöglich, einen Hund zu züchten, der die Größe eines Pferdes erreicht oder Hörner bekommt: Das Genom gibt es nicht her. Es findet sich kein Attraktor in diese Richtung. Umgekehrt ähneln sich alle Straßenköter überall auf der Welt mehr oder weniger: Ohne züchtenden Einfluß streben alle Hunderassen auf einen Straßenhund-Attraktor zu, der sehr stabil ist. Die Hunde werden nicht zum Wolf; sie bleiben Hunde, von selbst. Mit Nutzpflanzen ist es ähnlich. Die gezüchteten Rassen sind *mögliche* Formen, sie sind nicht wirklich künstlich, und darauf basiert aller Anbau und alle Zucht normalerweise. Es ist eine Auswahl natürlicher Formen, auch wenn es diese Formen bisher nicht gegeben hat – und zwar von Formen mit einer relativ eigenständigen Stabilität.

Auch dies gilt entsprechend für unsere eigene Natur. Es gibt Dinge, zu denen wir uns trainieren können, eine Entwicklung einleiten, die möglich ist. Wir lernen bestimmte Arbeiten, bestimmte Kunstfertigkeiten, bestimmte Lebensformen – es ist eine Auswahl aus den Entwicklungsrichtungen, die uns möglich sind, mit durchaus individuellen Unterschieden. Es gibt aber auch Arbeiten und Entwicklungen, die absolut nicht einer unserer möglichen Anlagen entsprechen. Solche Arbeiten machen uns unglücklich, und wir brechen bei der ersten besten Gelegenheit aus, wenn wir eine Möglichkeit dazu haben. Es ist eine Entwicklungsrichtung, die nicht selbsttragend ist und auf der wir nur bleiben, wenn wir durch permanente Störung, durch ständigen Zwang immer wieder darauf geschubst werden. Schule funktioniert so. Lohnarbeit auch.

Menschen mit einem hohen Maß an Reproduktions-Erfahrung und erlernten Fähigkeiten zur sozialen Organisation sind in der Regel in der Lage, auch unter veränderten Bedingungen handlungsfähig zu bleiben. Der durchschnittliche Schlipsträger – der Typus, der in den Talkshows von seinem 12- oder 16-Stunden-Tag erzählt und sich über die Faulheit der anderen entrüstet – ist dagegen ein durch und durch künstliches Produkt. Ohne das komplizierte System von Ansporn und Belohnung, häuslicher Aufpäppelung und patriarchaler Bestätigung ist er nicht in der Lage, sich selbst aufrechtzuerhalten. Aus seinem Arbeitssektor und/oder seinem patriarchalen Familien-Hinterland ausgeklinkt, nähert sich dieser Typus überall auf der Welt einem weitgehend handlungsunfähigen, larmoyanten Schäbigkeits-Attraktor. Und so wird dieser Typus des großen oder kleinen, tatsächlichen oder eingebildeten Managers von seiner Gesellschaft auch behandelt: Jenseits seines Arbeitsplatzes, seiner Ehe oder seines Rentenalters ist dieser Typus gesellschaftlich nur noch Gegenstand seiner Entsorgung.

Neben der *kontrollierten Entnahme* und der *Wahl des Attraktors* gibt es also noch eine dritte Form dessen, was Naturmanagement tun kann: die Naturnutzung durch *permanente Störung*. In den meisten Gesellschaften bleibt diese Form sehr spezifischen Nutzungen vorbehalten oder ist klar dem Bereich der Luxus-Naturnutzung zugeordnet. Gärten zum Beispiel. Gärten halten sich auf einem Zustand, der von ihrem natürlichen Attraktor entfernt ist; und sie müssen ständig kontrolliert und in ihrer Eigendynamik gestört werden, um in diesem Zustand zu bleiben und nicht von ihm wegzustreben. Es ist keine Linie, auf der sie von sich aus bleiben. Bonsais gehören ebenso dazu wie die persönliche Pflege des guten Aussehens. Soweit ist das auch in Ordnung. Es sind jedoch gleichzeitig sehr energieintensive, aufwendige Formen der Naturnutzung. Man muß sie sich leisten. Und vor der industriell-kapitalistischen Gesellschaft hat es keine

Gesellschaft gewagt, diese Form der Naturnutzung zur bestimmenden Form zu machen, von der sie *lebt*. Es hat auch keine Gesellschaft gewagt, ihre soziale Struktur auf die Nutzung menschlicher Natur in dieser Form permanenter Störung und Kontrolle zu stützen. In Teilen, ja; aber nicht derart weitgehend.

Kontrollierte Entnahme, Wahl des Attraktors, permanente Störung – diese drei Formen der Beeinflussung sind es, die Management von Natur in begrenztem Rahmen möglich machen. *Mehr kann auch technokratisches Naturmanagement nicht.* Es kann jedoch – durch entschlossene Konzentration der Mittel, durch Kombination weitläufiger Gebiete, Verlagerung des Nutzens und Verschiebung der Folgen – eine massive *Steigerung von Management* erreichen.

Technokratisches Naturmanagement ist eine Steigerung der drei Formen der Naturbeeinflussung, die nur unter den Bedingungen des Kapitalismus funktioniert: der beliebigen Verfügbarkeit von Arbeit, der Waffenfunktion der Ökonomie, der Spaltung der Weltgesellschaft in Regionen unterschiedlichen Zwangs. Es verfährt nach den Maximen: lineare Optimierung; erhöhte Manipulierbarkeit; Überwindung stofflicher Engpässe durch abstrakte Natur. Und diese Leistungen haben ihren Preis; einen Preis, der anderswo bezahlt wird.

Technokratisches Naturmanagement zielt auf *lineare Optimierung auf Kosten der vielfältigen Nutzbarkeit*. Eine Holzplantage produziert mehr Nutzholz als ein Urwald. Dafür produziert sie allerdings nichts anderes mehr: kein Unterholz als Lebensraum für Tiere, keine Wildpflanzen als Heil- und Nutzkräuter, keine eßbaren Früchte, keine verschiedenen Arten von Holz für die Menschen, die in der Nähe wohnen. Sie folgt dem Prinzip des Lasers: Das gebündelte Licht entfaltet eine hohe, gerichtete Energie, aber es wird nicht mehr warm und nicht mehr hell im Raum.

Dieses Prinzip wird mit der Gentechnik auf die Spitze getrieben. Sie ermöglicht Monokulturen auch auf kleinen Flächen und schlechten Böden und steigert dadurch den Export von Dritte-Welt-Ländern – auf Kosten der Menschen, die schon von den besseren Böden auf die schlechteren vertrieben worden sind. Falls es der somatischen Gentherapie gelingen sollte, einzelne Eigenschaften des Menschen „verbessern" zu können – Gedächtnis, Konzentrationsfähigkeit, Schadstoffresistenz –, würde der einzelne Mensch seinen arbeitsmäßigen Output steigern: auf Kosten der Vielfalt seiner Individualität, seiner Kreativität und seiner sozialen Identität. So arbeiten auch Menschen, die sich nicht um sich selbst kümmern müssen, die „unbelastet" von Reproduktionsarbeit, sozialem Leben und alltäglichem Chaos ihren geistigen Spitzenleistungen nachhängen können. Sie denken linear optimiert.

Die zweite Maxime ist *Manipulierbarkeit auf Kosten von Stabilität*. Technokratisches Naturmanagement wählt Naturverhältnisse aus, deren Fähigkeiten zur Selbstorganisation möglichst gering, deren Attraktoren schwach sind. Nur dann spricht dieses Stück Natur optimal auf den gezielt lenkenden Eingriff an. Die Natur schießt nicht so stark quer. Daß sie einen relativ kranken Eindruck macht, ist Zeichen erfolgreichen Managements.

Nutztierrassen werden heute darauf hingezüchtet, daß sie auf Wachstumshormone, Medikamente, Aufbaupräparate und ähnliches reagieren. Noch niemand ist auf die Idee gekommen, ein Schwein zu züchten, das nervenstärker und weniger streßanfällig wäre: Hauptsache, es läßt sich medikamentös behandeln. Stabilität ist nicht erwünscht. Es hat sich gezeigt, daß diejenigen Rinder, die bereits vorher hormonell labil waren, am besten auf Wachstumshormone wie RBSt ansprechen. Für die gentechnisch manipulierten Design-Pflanzen ist es geradezu notwendig, daß sie sich nicht selbst vermehren: Ihr Genpool würde verunreinigt, die gewünschte Wirkung (Herbizidresistenz, Hochertrag) verwischt werden.

Beim Menschen ist es das soldatische Prinzip, das gefördert wird: Tu, was dir gesagt wird, sei eine willige Form für unsere Pläne. Wir wundern uns oft, wie sinnlose Arbeiten uns in den erziehenden Institutionen zugewiesen werden: in Lehre und Studium, an der Schule und in der Armee, in betrieblicher Ausbildung und in Probezeiten. Dabei ist genau das der Zweck: Das Training dafür, alles auszuführen, sich keine Gedanken darüber zu machen, ist wichtiger als die Vermittlung von Können und Wissen. Es ist der Ruin der Eigenständigkeit, das Brechen der sozialen und intellektuellen Selbstorganisation, was zuallererst erzielt werden soll, und die längste Zeit über bedeutet gut zu lernen: Fortschritte in Manipulierbarkeit zu machen.

Die dritte Maxime des technokratischen Naturmanagements ist die *Überwindung stofflicher Grenzen durch abstrakte Natur*. Naturnutzung hat mit Grenzen zu tun: Vieles ist nicht möglich. Die Produktivität eines Ackers kann unter Bedingungen des naturnahen Anbaus gesteigert werden, wenn die Pflege gut und überlegt ist, aber sie kann nicht beliebig gesteigert werden. Es lassen sich dicke Schweine und fette Kohlköpfe züchten, aber keine Kühe mit zwei Eutern und keine Gurken in Pferdegröße. Fossile Brennstoffe lassen sich billig nutzen, aber sie sind irgendwann zu Ende. Menschen vollbringen erstaunliche Arbeitsleistungen, aber sie arbeiten nicht rund um die Uhr, wie die Maschine das könnte, mit der sie arbeiten. Sie behalten nicht dreiundzwanzigstellige Zahlenkombinationen im Kopf und sind nicht unendlich geschickt in der Feinmotorik.

Technokratisches Naturmanagement durchbricht viele solcher Grenzen. Es macht auch Unmögliches möglich. Aber nicht, weil es so gerissen vorgeht, sondern weil es so *aufwendig* vorgeht und beliebig verfügbare Ressourcen hat. Auch das läßt sich gut an der Gentechnik klarmachen. Gentechnologische Manipulation durchbricht viele klassische Grenzen. Sie kombiniert Getreidepflanzen mit der Kälteverträglichkeit aus Fischgenen. Sie kann Pflanzen kreieren, die Ersatz für strategische Rohstoffe mineralischer Herkunft liefern. Sie kann wirklich pferdegroße Hunde schaffen und aus Blaualgen Wurst machen, ohne ein Schwein dazwischenzuschalten. Alles wird in alles umwandelbar. Was sie bei den menschlichen Fähigkeiten ummodeln kann, ist noch bei weitem nicht ausgereizt. Aber der Preis liegt im hohen Aufwand. Keine dieser Produktionsmethoden sitzt auf einem halbwegs stabilen natürlichen Attraktor auf. Die Voraussetzungen müssen immer wieder neu produziert werden: Das Saatgut vermehrt sich nicht, sondern muß jedesmal im Labor neu hergestellt werden; die Kunst-Schweine und Design-Rinder pflanzen sich nicht fort, sondern stammen immer wieder frisch aus der Retorte. Während ihrer Lebenszeit ist die so erreichte Natur auf ein gewaltiges Maß an ständigem Input und ständiger Manipulation angewiesen, um nicht sofort auszubrechen auf einen natürlichen Attraktor – der im Fall der meisten Kunst-Rassen in einem schnellen Tod läge.

Man muß sich diese Produktionsweise leisten können; und man kann sie sich leisten, wenn genug ständiger Input verfügbar ist. Den Eigensinn der Natur nicht mehr zu nutzen, sondern zu brechen und komplett selbst zu gestalten, ist ungeheuer teuer. Die Spaltung der Natur vollzieht die kapitalistische Spaltung der Arbeit nach: hier eine hochspezifische künstliche Natur (und eine hochspezifische, kommandierende Arbeit) – dort eine gewollt primitive Natur, die nur als Rohstoff dient (und eine kommandierbare Arbeit, die als beliebiger Input dient und zwar hochflexibel sein, aber ohne aufwendige Instrumente auskommen muß). Industrielle

Landwirtschaft kann auch auf biologisch praktisch toten Böden arbeiten, wenn nur genug Kunstdünger, Herbizid, Supersamen und Maschinenarbeit verfügbar ist. Gentechnik kann auch in einer Welt produzieren, deren ökologische und soziale Vielfalt erschöpft ist, solange Fläche, Energie und Technologie zur Verfügung stehen. Neben den Spezialflächen und den Spezialmenschen entstehen daher immer mehr Menschen und Gebiete, deren Beitrag zur Produktion immer unspezifischer, immer monotoner und entfremdeter wird. Die „Facharbeiter-Natur", deren spezifisches Können genutzt werden kann, verschwindet zugunsten einer „an- und ungelernten Natur", die nur noch ihre grundlegenden biochemischen Reaktionsmuster einbringt.

Der Übergang von fossilen Brennstoffen zu erneuerbaren Energieträgern hat im Kontext des technokratischen Naturmanagements nichts Freundliches. Wenn alles andere so bleibt, werden riesige Flächen zu Biomasse-Halden umfunktioniert; und diese Flächen werden in der Dritten Welt liegen. Unter dem Eindruck der Ölkrise förderte Frankreich in den 70er Jahren verschiedene Programme, die Teile des Erdölbedarfs durch Bio-Alkohol ersetzen sollten. Der französische Öl-Multi Elf Aquitaine investierte daraufhin Anfang der 80er Jahre im Nordosten Brasiliens in eine gewaltige Alkoholdestillerie, die Export-Alkohol als Energieträger produzieren sollte. Shell in Nigeria versucht ebenfalls, in alternative Energieträger zu investieren. Alle diese Projekte bedeuten, daß große Flächen der Dritten Welt endgültig für die Bedürfnisse der dortigen Bevölkerung gesperrt werden: Natur wird in großem Stil enteignet und fremden Zwecken, den Energiebedürfnissen des Nordens, zugeführt – und zwar total, in ihrer Gesamtheit, als Biomasse-Fabrik. Die spezifische Produktion hier braucht die primitive Natur dort, die nur noch als Rohstoff-Input dient. So könnten irgendwann alle Menschen in der Dritten Welt dieselbe Biomasse-Pflanze anbauen, und in den gentechnisch ausgefuchsten Metropolen des Nordens würden alle bisherigen Güter künstlich hergestellt und ein bißchen davon als Nahrungsmittel wieder re-exportiert in den Süden. So durchbricht technokratisches Naturmanagement stoffliche Grenzen.

Die definitive Leistungs-Unlust, deren Bekämpfung in Schule, Ausbildung und Betrieb dem Menschen-Management in den Metropolen zunehmendes Kopfzerbrechen bereitet, hat hier ihren Ursprung: Auch die menschliche Arbeit in den Metropolen teilt sich immer stärker. In immer kleinere Kreise kommandierender Arbeit, die entscheidet, kombiniert, kreiert. Und immer größere Kreise kommandierbarer Arbeit, die – wenn auch akademisch gebildet, gut informiert und jahrzehntelang geschult – überhaupt nichts gestaltet, sondern in einer Art Hochglanz-Primitivität nur intellektuelle und mechanische Rohmasse für die großen Projekte liefert. Wir selbst werden zur Biomasse. Gruppenarbeit, Corporate Identity, Betriebspsychologie und Projektarbeit – all das ist nur Show. Die Abwertung unseres Eigensinns und unserer spezifischen Fähigkeiten ist total. Wir interessieren nur als abstrakte Natur, und wir müssen funktionieren, damit die großen Projekte immer neue Spitzenleistungen im Durchbrechen natürlicher Grenzen feiern können.

Unter all dem technokratischen Naturmanagement liegt allerdings die unangenehme Wahrheit, daß es bei allem Aufwand und aller Computerisierung auf die *Kontinuität der einfachen Tatsachen* angewiesen bleibt. Wie beschrieben, schafft es ja nichts wirklich Neues, sondern bedient sich der grundlegenden Formen der Naturnutzung nur in besonders aberwitziger Kombination. Deshalb bleibt es angewiesen auf die grundlegende natürliche Produktivität, die es nicht ersetzen, sondern nur ausbeuten kann. Auch die ausgefeilteste gentechnische Landwirtschaft bleibt darauf angewiesen, daß es eine vorgefundene, ursprüngliche agrarische Produktivität gibt: daß Pflanzen Sonnerenergie verarbeiten, daß Mikroorganismen Abfälle aufarbeiten und Nährstoffe im Boden nutzbar machen können. Auch die aufwendigste Cybersex-Ausrichtung basiert auf der archaischen menschlichen Fähigkeit zum Orgasmus: Er wird nicht neu geschaffen. Japanische Firmen stellen tatsächlich ausgewählte Kreativ-ArbeiterInnen in schlichte, hübsche Büros, wo sie nichts zu tun haben und stundenlang zum Fenster hinaussehen, bis ihnen etwas einfällt: weil der einfache Akt menschlicher Kreativität sich der künstlichen Nachschöpfung entzieht und nur gefördert, aber nicht ersetzt werden kann.

Weltweit bleibt die Subsistenzproduktion, die Arbeit für die direkte Selbstversorgung mit dem Lebensnotwendigen, die beherrschende Form der Naturnutzung. Weltweit bleibt die einfache menschliche Arbeit, die direkte Handarbeit an Fließbändern oder in Heimarbeit, die unerläßliche Voraussetzung für die Dematerialisierung, die Daten-Highways und die kleinen, sauberen Dienstleistungs-Gesellschaften. Weltweit funktioniert überhaupt nur deshalb etwas, weil Natur ihre spontane Produktivität nicht überall verloren hat und weil Menschen zu spontaner, flexibler Arbeit und Problemlösung in der Lage sind. Es funktioniert, weil überall mit einfachen Mitteln gekocht, organisiert, repariert, gesäubert, erzählt, gemanagt, bewirtschaftet wird, weit unterhalb des großen technokratischen Managements. Es ist die Arbeit, die mehrheitlich Arbeit der Frauen, der Armen, der Kolonien ist: die naturnähere Arbeit an der Basis der Pyramide.

Die sozial-ökologische Krise des Kapitalismus

Vor diesem Hintergrund läßt sich die soziale und ökologische Krise genauer begreifen – die Krise, in der wir uns befinden und auf die das Konzept der Nachhaltigkeit antwortet. Die Krise besteht nicht darin, daß fossile Brennstoffe zu Ende gehen, daß die Aufnahmefähigkeit der Atmosphäre begrenzt ist oder daß sich das Artensterben beschleunigt. Es gibt keine absolute ökologische Grenze, an die der Kapitalismus stößt. Es gibt keine einzelne natürliche Grenze, die nicht mit den Mitteln des technokratischen Naturmanagements unter Umständen gesprengt werden könnte. Es ist vielmehr eine Krise des Aufwands, eine schleichende Erschöpfung, eine Grenze des steigenden Preises und der Widerstände dagegen. Es ist der Weg einer überalterten Figur, die sich nur mit immer größerem Aufwand immer kürzere Stücke weiterschleppen kann.

Denn entgegen allem, was erzählt wird, steigt der ökologische und soziale Preis für jeden weiteren Durchbruch des technokratischen Naturmanagements beständig. Das Verhältnis zwischen dem neuen öko-technischen Coup und der Menge gesichtsloser Natur und Arbeit, auf die dafür zurückgegriffen werden muß, verschärft sich.

Um das zu begreifen, muß man kein Crack in ökologischen Fragen sein. Es genügt, wenn man Patience spielen kann. Auch beim Patience-Spielen werden gewünschte Ziele – die richtige Reihenfolge der Karten auf einem bestimmten Ablagestock – herbeigeführt durch Verwendung einer Tischfläche voller Karten, die nach bestimmten Regeln hin und hergeschoben werden. Die ausgebreiteten Karten und ihre Verschiebung liefern die Energie dafür, daß richtige Karten auf richtige Ablageplätze springen können. Die Energie ist begrenzt: Wenn alle Karten nicht mehr bewegt werden können, ist das Spiel zu Ende. Wer Patience spielt, weiß, daß es in diesem Spiel Züge gibt, die *zu* genial sind. Sie bringen auf ihrem Weg zum gewünschten Ergebnis das ganze Spielfeld so durcheinander, daß hinterher nichts mehr geht. Sie kombinieren fünf bis zehn Einzelschritte miteinander, um eine Karte an den richtigen Platz zu bringen; aber das Spielfeld ist nicht groß genug, um viele solcher Kombinationen tragen zu können. Je ausufernder die Kombinationen sind, um so größer müßte eigentlich der Tisch sein, um so mehr Karten und Legemöglichkeiten müßten ausgebreitet sein.

Das technokratische Naturmanagement findet immer genialere Spielzüge, die immer mehr Einzelschritte für ein gewünschtes Ergebnis kombinieren – und deshalb ist es darauf angewiesen, ständig auf größeren Tischen zu spielen, mit immer größeren Kartensätzen. (Angeblich waren 800.000 Menschen daran beteiligt, das PC-Betriebssystem Windows 95 zu entwickeln.) Es *macht* alles zur Karte. Und die Krise tritt nicht dadurch ein, daß die Menge der Karten objektiv begrenzt wäre. Es gibt keine harte ökologische Grenze dafür. Die Krise besteht darin, daß immer mehr Aufwand betrieben werden muß, um neue Karten zu beschaffen. Daß auf immer größeren Tischen gespielt wird, mit immer höherem Risiko. Und daß die Karten immer weniger für einfache Züge zur Verfügung stehen: für die Kombinationen, die Menschen eigentlich für alltägliche, selbsterhaltende und selbstversorgende Naturnutzung brauchen. Die Möglichkeiten, diese Menschen dafür aus den Ergebnissen zu entschädigen, die das technokratische Management erwirtschaftet, sind aber eng begrenzt. Deshalb gilt immer öfter: Entschädigt wird nicht.

Die sozial-ökologische Krise des Kapitalismus besteht darin, daß mit den Mitteln des technokratischen Naturmanagements versucht wird, sowohl immer neue Machtmittel und Dienstleistungen für das Herrschaftssystem herzustellen als auch die ökologischen Folgen des Kapitalismus zu kompensieren und für den Verlust der eigenen Karten sozial zu entschädigen. Dies hat noch nie funktioniert; es fällt aber so lange nicht auf, wie immer neue Karten durch vergleichsweise geringen Aufwand ins Spiel gebracht werden. Durch Kolonialisierung, durch technologische Durchbrüche (die neue Teile von Umwelt und menschlicher Natur als Karten nutzbar machen), durch Auspressung besonders unterdrückter Regionen und Gruppen. Das Verhältnis zwischen (Karten-)Beschaffungskriminalität und neuen Spielzügen wird aber immer ungünstiger, je komplizierter das Spiel wird. Die Beschaffung wird schwieriger, weil auch der Widerstand derer, denen die Karten hinterher fehlen werden, zunimmt – denn die Aussichten auf Kompensation aus den Spielergebnissen werden dürftiger.

Technokratisches Naturmanagement ist ein parasitärer Prozeß der Umformung von Natur in einer Weise, daß sie für die Herrschenden und ihre Interessen optimal konsumierbar wird. Es ist eine Zurichtung der Natur durch Einsatz der Kraft, die aus den kapitalistischen Spaltungen und ihren Herrschaftsfunktionen erwächst. Das Verhältnis zwischen den Leistungen des Naturmanagements und der dafür notwendigen Vernutzung „einfacher" Natur und Arbeit entwickelt sich aber nicht linear, sondern exponentiell: immer mehr Aufwand für immer weniger Steigerungen beim Ergebnis. Dies ist die ökologische Seite der Krise: Es ist eben ökologisch teuer, der Natur im Wahn patriarchaler Naturbeherrschung Ergebnisse aufzuzwingen, die sehr weit weg von den Wegen liegen, die diese Natur alleine gehen würde. Deshalb verschiebt sich aber auch die Zukunftsrechnung von Individuen und Gruppen: Die Teilnahme an neuen Stufen des technokratischen Naturmanagements wird weniger attraktiv, ja bedrohlich, wenn abzusehen ist, daß die Kompensation aus den Ergebnissen unzureichend ausfällt. Das ist die soziale Seite der Krise: Es wird immer unsinniger, sich auf den Prozeß einzulassen, seine eigene Umwelt und menschliche Natur in den Hut zu werfen, wenn keine Kaninchen mehr herauskommen.

Eine Gesellschaft, die die kapitalistische Unterwerfung von Mensch und Natur aufheben will, kann sich daher nicht damit begnügen, einfach die Ziele des technokratischen Naturmanagements auszuwechseln. Es reicht nicht aus, den ganzen Prozeß für „etwas Gutes" einsetzen zu wollen. Man muß ihn auseinandernehmen, abrüsten, abwickeln. Man muß die Reichweite der Kombinationen zurückführen. Man muß die Natur entmanagen: die Umwelt genauso wie die eigene, die menschliche Natur. Und das bedeutet nicht, daß alle den Gürtel enger schnallen und mit weniger zufrieden sind, während die Management-Maschine weiterläuft. Es bedeutet, daß eine Gesellschaft damit zufrieden ist, daß sie nicht alles machen, nicht jedes Ziel aufzwingen kann. Und, um genauer zu sein: daß sie niemandem die Machtmittel läßt, das zu versuchen, während andere den Preis dafür bezahlen.

Literatur

Clark, Colin W.: Mathematical Bioeconomics. 2. Aufl. New York 1990.

Gleick, James: Chaos – die Ordnung des Universums. München 1990.

Göricke, Fred – Reimann, Monika: Treibstoff statt Nahrungsmittel. Hamburg 1982.

Hofer, Doris u.a.: Wildtiermanagement im internationalen Vergleich. Freising 1993.

Junge Linke/JungdemokratInnen (LV Bremen): Schule ist gemein. Bremen 1996.

Müller-Plankenberg, Clarita: Indianergebiete und Großprojekte in Brasilien. Kassel 1988.

Ponting, Clive: A Green History of the World. New York 1992.

Spehr, Christoph: Die Jagd nach Natur. Frankfurt/Main 1994.

Spehr, Christoph – Hofer, Doris – Schröder, Wolfgang: Von der Plüschtier-Ökologie zur subversiven Verantwortung. In: Wolters, Jürgen (Hrsg.): Leben und leben lassen. Öko-zid-Jahrbuch 10, Gießen 1995.

Usher, Peter J.: Indigenous Management Systems and the Conservation of Wildlife in the Canadian North. In: Alternatives. o.J.

Wesson, Robert: Chaos, Zufall und Auslese in der Natur. Frankfurt/Main 1995.

Unberittene Tiger,
übermüdete Kommunarden:
Regulations- und Subsistenztheorie

Auch ein Gespenst kommt in die Jahre. Schon vor dem Zusammenbruch des Kommunismus waren die Regierungen mit dem höchsten Altersdurchschnitt der Vatikan, die chinesische Führung und das sowjetische Politbüro („trau keinem unter 65"). Dem äußerlichen Alterungsprozeß entsprach der innerliche. Das Altern eines revolutionären Gespenstes äußert sich in seiner zunehmenden Unfähigkeit, sich in konkreten Auseinandersetzungen als Wegbereiter von Emanzipation zu präsentieren. Diese Unfähigkeit zeigte sich 1968 in Prag ebenso wie in den Straßen von Paris und Berlin, und sie steigerte sich 1989 in ein finales Koma. Nach dem ersten Einschnitt konnte das ehemals furchterregende Gespenst der kommunistischen Bewegung nur noch müde mit den Ketten rasseln; nach dem zweiten Einschnitt hat es sie ganz abgegeben.

Von Altersstarrsinn geprägt waren die Versuche, den traditionellen Marxismus mit den neuen ökologischen Fragen zusammenzubringen. Zumeist erschöpften sie sich darin, Privateigentum und Profitkonkurrenz als Haupthindernisse gesellschaftlicher Planung zu outen. Da man mit gesellschaftlicher Planung angeblich alles planen kann, was gut ist, wurde die Perspektive sozialistischer Planung unhinterfragt mit der Lösung der ökologischen Probleme gleichgesetzt. Widersprüche zur Realität, die ja kaum zu übersehen waren, ließen sich dann mit dem üblichen Instrumentarium wegdiskutieren: Man sei noch nicht weit genug; der böse Feind ließe einen nicht; schuld sei das schlechte Personal oder, etwas schärfer, der bewußte, personalisierte Verrat an der Sache. Das Vertrauen in die ökologische Problemlösungs-Kompetenz des traditionellen Sozialismus sank denn auch ins Bodenlose. Daß die Öko-Bilanz der kapitalistischen Hemisphäre noch schlechter ist als die der ehemals realsozialistischen Welt, liegt nur daran, daß die letztere (zu ihrem eigenen Bedauern) sich nicht alle Instrumente der Naturvernichtung leisten konnte, die sie gern gehabt hätte.

Die ideologischen Verrenkungen um gute und böse AKWs, um kapitalistische und sozialistische Entwicklungs-Ruinen sind heute Geschichte.

Die Aufgabe, einer zukünftigen sozialen Gegenbewegung in den Metropolen eine ökologisch aufgeklärte und radikal kapitalismuskritische Theorie in die Hand zu geben, wird heute von anderen Strömungen wahrgenommen. Genaugenommen gibt es *zwei* andere Strömungen im Angebot, denen sich die meisten Versuche mehr oder weniger zuordnen lassen. Es sind dies die *Regulationstheorie* und die *Subsistenztheorie*. Und man kann ohne Übertreibung hinzufügen: Diese beiden Wege, die die emanzipatorische Theorie seit den 70er Jahren beschritten hat, sind nach Geschlecht getrennte Wege. Die Regulation ist der Weg der Männer, die Subsistenz der Weg der Frauen gewesen.

Beide Ansätze haben den klassischen Marxismus einer radikalen Kritik unterzogen und ihn als Grundlage politischer Praxis verworfen. Doch es ist legitim, beide Wege als rivalisierende *Nachfolger* des Marxismus zu betrachten. Zumindest in ihren Anfängen verstanden sie sich ganz bewußt so. Sie waren abgestoßen von dessen autoritärer Orthodoxie, von seiner patriarchalen Blindheit; aber sie waren angezogen von der Wucht seiner *Methode*. Es ist diese Methode, der historisch-materialistische Ansatz, der eine Theorie der Befreiung ausmacht, die mehr ist als ein bloßes Ensemble politischer Unzufriedenheit und guter Absichten.

Worin besteht diese Methode? Eine historisch-materialistische Theorie führt den Skandal konkreter Unterdrückungserfahrung und Mißstände auf eine allgemeine Ursache zurück, die in der *materiellen Ordnung* der bestehenden Gesellschaft liegt. Sie versteht die gegenwärtige Gesellschaft als Herrschaftsordnung: Gesellschaftliche Mißstände sind keine Fehler und keine böse Absicht, sondern *notwendiger Ausdruck* dieser Herrschaftsordnung, die deshalb beseitigt werden muß. – Eine historisch-materialistische Theorie will nicht jeden Tag eine gute Tat tun, sondern die Grundlagen von Ausbeutung und Unterdrückung abschaffen. Diese Grundlagen liegen nicht in dem, was eine Gesellschaft über sich *denkt* oder was sie von sich *behauptet*; sondern in der Art und Weise, wie die Gesellschaft *ihre Produktion und Reproduktion organisiert*. Die Art und Weise, wie Produktion und Reproduktion organisiert sind, schafft einen sozialen Antagonismus: einen prinzipiellen Gegensatz, in dem eine Seite gewinnt und eine verliert, in dem die eine Seite ihre Herrschaft sichert und die andere in ihrer Ausbeutung einzementiert wird. Wirkliche Befreiung gibt es nicht durch Auswechseln von Personen und Programmen, sondern durch *Aufhebung* der Grundlagen, auf die sich Herrschaft stützt. – Eine historisch-materialistische Theorie geht ferner davon aus, daß es nicht reicht, eine radikale Veränderung zu *wollen*, sondern daß sie *möglich* sein muß. Dazu bedient sie sich der historischen Analyse. Sie zeigt, wo im historischen Verlauf der gegenwärtigen Gesellschaft für mehr und mehr Menschen die Rechnung nicht mehr aufgeht, ihre Interessen am besten durch Unterstützung oder passive Akzeptanz der herrschenden Ordnung aufrechtzuerhalten; und wo sich deshalb eine soziale Praxis herausbildet, die auf eine andere Ordnung hinzielt. Diese realen Tendenzen sind der Garant dafür, daß ein Umbruch möglich ist. Und eine Bewegung der Befreiung muß sich mit diesen Tendenzen und dieser Praxis verbinden, wenn sie ihre Vision einer befreiten Gesellschaft verwirklichen will.

Der Rest ist Religion. Von der marxistischen Teleologie (die Geschichte strebe in notwendigen historischen Stufen auf das automatische Ziel der befreiten Gesellschaft zu) hat sich die Regulationstheorie genauso befreit wie die Subsistenztheorie. Daran hängt die ganze Geschichte eines Automatismus der „Produktivkraftentwicklung" und der Vorstellung, eine befreite Gesellschaft müsse die technischen und organisatorischen Voraussetzungen ihrer Vorgängerin in sich „aufheben", sie also nicht beiseite schaffen, sondern ihr positives inneres Wesen endlich verwirklichen. All das ist zu den Akten gelegt. Die Geschichte ist keine Maschine; und Brüche sind erlaubt.

Die Regulationstheorie und die Subsistenztheorie haben gegensätzliche Entwürfe für einen Weg aus der ökologischen Krise gezeichnet. Es sind die bislang einzigen einigermaßen kohärenten Entwürfe aus einer herrschaftskritischen Sicht, die über ein kurzatmiges „Es muß etwas geschehen!" hinausgehen. Das Lager der Regulation strebt nach einer *„sozial-ökologischen Regulierung"* des Kapitalverhältnisses als Übergang zu einer nicht-kapitalistischen Ordnung. Diese Perspektive – die aktuellen technologischen, ökonomischen, sozialen und individuell-psychologischen Entwicklungen nicht zurückzudrehen, sondern in ein fortschrittliches Regelungsmodell zu integrieren – drückte sich in der klassischen Formulierung „den Tiger reiten" aus. Das Lager der Subsistenz strebt nach einem Ausstieg aus dem Kapitalverhältnis, nach einer feministisch-ökologischen Gesellschaft auf der Grundlage der Subsistenzwirtschaft. Eine solche „Überlebenswirtschaft" oder *moral economy* zeichnet sich durch einen Verzicht auf ein Gutteil der heutigen „technologischen Potentiale" und Arbeitsteilungen aus, eine De-Industrialisierung und Regionalisierung. Sie soll eine gesicherte, unmittelbare Bedürfnisbefriedigung, ein „Leben in Fülle", eine Kontrolle von Frauen über die Subsistenzmittel und eine „Entmilitarisierung der Männer" gewährleisten.

Um es gleich zu sagen: Hier wird die These vertreten, daß die Regulationstheorie viel zur Beschreibung des gegenwärtigen kapitalistischen Strategiewechsels beigetragen hat; daß sie sich aber im gleichen Maße als emanzipatorische Theorie erledigt hat. Umgekehrt bedarf die Subsistenztheorie einer kritischen Weiterentwicklung, um sie aus den Fallen der Vereinnahmung und des persönlichen Heroismus herauszuholen.

Die Regulationstheorie und ihr postfordistischer Niedergang

Die *Regulationstheorie* entwickelte sich Ende der 70er Jahre mit den Arbeiten von Aglietta, Boyer, Lipietz und anderen. Sie wurde in Deutschland erst relativ spät rezipiert, ab Mitte der 80er Jahre aber um so heftiger. Sie ist heute (erklärtermaßen oder zumindest faktisch) die theoretische Grundlage von der sozialistischen SPD- und Gewerkschafts-Linken über Ex-DKPler bis zu unabhängigen Post-Marxisten, von der *Zeitschrift für Sozialistische Politik und Wirtschaft (SPW)* über das *Argument* bis zum *Sozialistischen Büro*. Dazu beigetragen hatte das Nachdenken darüber, daß traditionelle sozialistische Projekte in den entwickelten Industrieländern keinerlei Attraktivität mehr besaßen. Ferner gab der Niedergang der sozialistischen Länder zu bedenken, daß Verstaatlichung der Produktionsmittel und Regierungsgewalt marxistischer Parteien für ein erfolgreiches sozialistisches Projekt nicht ausreichen.

Ausgangspunkt der Regulationstheorie ist die Frage, wie der Kapitalismus überhaupt funktionieren kann. Gäbe es nicht mehr als Privateigentum an Produktionsmitteln, Profitprinzip, freie Konkurrenz und Freihandel, müßte ein kapitalistisches System schnell zusammenbrechen. Der Kapitalismus würde das vernichten, wovon er lebt: die ArbeiterInnen, die Rohstoffe, die Standorte; er könnte keine Absatzmärkte finden, wenn er nicht gleichzeitig Kaufkraft und Bedarf schafft; er würde sich unter Umständen in ständigen sozialen Überlebenskämpfen vollständig blockieren. Kapitalismus bedarf deshalb immer eines Systems von gesellschaftlichen Regelungen, die sich nicht logisch aus seiner Funktionsweise ergeben, sondern in verschiedenen historischen Phasen und nationalen Modellen unterschiedlich gefunden werden.

Die Regulationstheorie faßt diese Regelungen in zwei Komplexe zusammen: das *Akkumulationsregime* und die *Regulationsweise*. Das *Akkumulationsregime* ist ein Modell gesellschaftlicher Verteilung und Umverteilung, das dafür sorgt, daß Produkte wirklich gekauft und Profite wirklich erzielt werden. Es schließt einen Kreislauf zwischen Kapitaleinsatz, Absatz, Verteilung der Profite und Löhne, Reinvestition und Konsum. Dadurch legt es auch die Richtung fest, in die Investitionen Sinn machen. Im Akkumulationsregime des 19. Jahrhunderts etwa treten Staat und Kolonien als Abnehmer auf und bezahlen mit dem, was sie der Bevölkerung an Steuern und Natur abpressen können; investiert wird vor allem in die Ausweitung der Produktion. Im fordistischen Akkumulationsregime (ab den 30er/40er Jahren des 20. Jahrhunderts) werden die Mittelschichten der entwickelten Länder bedeutende Abnehmer, die aufgrund kaufkräftiger Löhne bezahlen können; investiert wird vor allem in die Rationalisierung der Produktion, um mit den relativ hohen Lohnkosten fertig zu werden.

Die *Regulationsweise* ist die Gesamtheit des sozialen und rechtlichen Kitts, der das Akkumulationsregime stabilisiert. Daß Lohnverhältnisse geregelt werden (zum Beispiel über Tarifautonomie, aber auch über rechtliche Vorgaben), gehört ebenso dazu wie die Strukturen von Steuer- und Erziehungssystemen, Finanzmärkten und internationalen Institutionen. Daß männliche Lohnarbeiter ihre Arbeitsfähigkeit und ihren Lebensspaß zum überwiegenden Teil in privaten Ehebeziehungen mit privaten Frauen realisieren, für deren Leistungen sie keine Marktpreise bezahlen müssen, ist Teil des Akkumulationsregimes: Die Arbeit der Hausfrau fließt über den männlichen Lohnarbeiter (nämlich dessen billige Reproduktion, als Person und in Form seiner Nachkommen) in den Kapitalkreislauf ein. Die Art und Weise, wie dieses Verhältnis abgesichert wird, ist Teil der Regulationsweise: dazu gehören dann Ehe- und Scheidungsrecht genauso wie Sozial- und Strafrecht, gewerkschaftliche Strukturen und die Medien. All dies sorgt dafür, daß die Hausfrau nicht einfach gehen kann; daß ihr Verhalten diszipliniert wird; daß ihre Möglichkeiten, selbst Lohnarbeiterin zu werden, unattraktiv sind; und daß das alles als das Normalste von der Welt dargestellt wird.

Der Staat ist nicht das einzige Element der Regulationsweise, wenn er auch ziemlich wichtig ist. Außer seinen Regierungsorganen und Gewaltmitteln, den von ihm direkt kontrollierten Institutionen und Einrichtungen, sind letztlich alle Institutionen und Organisationen von Bedeutung – bis hin zu NGOs, privaten Vereinen, Tageszeitungen und illegalen Vernetzungen –, sofern sie zur Aufrechterhaltung der Regulationsweise beitragen. Alle diese Regulierungen werden auch nicht einfach von irgend jemandem gesetzt, sondern entwickeln sich aus den sozialen Auseinandersetzungen. Es sind gefrorene Kompromisse zwischen Interessen – ob in der Auseinandersetzung zwischen Arbeit und Kapital oder in der Auseinandersetzung sozialer Gruppen mit dem Staat oder von Kapitalfraktionen untereinander. Hierin liegt auch die Absage an die marxistische Werttheorie begründet: Eine ökonomische Werttheorie ist sinnlos, weil alles immer einen *politischen* Preis hat, ob Arbeitskraft oder Rohstoffe, Ehen oder saubere Luft.

Akkumulationsregimes leben nicht ewig; sie wachsen, altern und sterben. Der Übergang vom Kapitalismus der „freien" Konkurrenz zum Fordismus ist das klassische Beispiel. Irgenwann verlangsamt sich der Akkumulationsprozeß, also der Rückfluß von investiertem Kapital, und gerät ins Stocken; unter Umständen aus Ursachen, die in ihm selbst begründet liegen und auf Dauer nicht behoben werden können. Dann setzt sich ein neues Akkumulationsregime durch, aber nicht von selbst, sondern in einem Findungs- und Auseinandersetzungsprozeß zwischen sozialen Gruppen. Auf die Krise des Fordismus, die auf die Mitte der 70er Jahre datiert wird, folgt daher ein solcher Suchprozeß nach einem neuen, einem postfordistischen Akkumulationsregime. Es kann nicht durch logische Ableitung vorhergesagt werden, sondern ist Sache der Auseinandersetzungen. Das Ergebnis dieser Auseinandersetzungen ist also offen, aber nicht beliebig: Es kann nicht *irgend etwas* herauskommen, sondern nur eine Struktur, die ein neues, in sich schlüssiges Akkumulationsregime begründet und mit einer passenden Regulationsweise verbindet.

Der ganze Witz der Regulationstheorie liegt nun, politisch gesehen, in zwei Grundthesen von dogmatischer Bedeutung. *Erstens:* Es gibt ein allgemeines, klassen-, geschlechts- und nationenübergreifendes Interesse daran, daß der Laden wieder läuft – daß ein neues Akkumulationsregime die Krisenerscheinungen der Zwischenphase überwindet. Deshalb kann eine linke Bewegung, die nicht an der Schaffung dieses neuen Akkumulationsregimes und seiner neuen Regulierungsweise teilnimmt, politisch keine Stiche machen. Sie kann sonst keine Alternative zum Bestehenden formulieren, die breitere Zustimmung finden könnte. Nur indem sie ihre emanzipatorischen Vorstellungen in die Formulierung einer neuen, möglichen Regulationsweise einbringt, kann sie politische Gestaltungskraft entwickeln – das bedeutet „eine Reformalternative anbieten" oder „den Tiger reiten". *Zweitens:* Indem eine solche Politik das innerhalb der kapitalistischen Verhältnisse Mögliche ausreizt und eine partielle Mitgestaltung dieser Verhältnisse ermöglicht, stärkt sie die Kräfte und das Bewußtsein für eine spätere, grundsätzlichere Transformation, die den Kapitalismus tatsächlich überwindet. Ein von links mitgestalteter Postfordismus setzt antikapitalistische Bewegungen und Organisationen in bessere Startpositionen; die Mobilisierung gesellschaftlicher Kräfte, den Kapitalismus an allen Ecken und Enden „mitzuregulieren", kann die Kapitalautonomie so weit einschränken, daß sie irgendwann wirksamer aufgehoben wird als durch bloße Verstaatlichung.

Paradoxerweise ist es gerade die *Herausbildung eines postfordistischen Akkumulationsregimes* – wie inzwischen deutlich zu beobachten –, die die Regulationstheorie als Theorie der Befreiung perspektivlos erscheinen läßt. In den jüngeren Schriften aus der Ecke der Regulationstheorie ist vom *Reiten der Tiger* kaum noch die Rede, vom Übergang in eine postkapitalistische Gesellschaft gar nicht mehr. Die Strukturen der postfordistischen Ordnung sind in jüngster Zeit von ehemaligen Anhängern der Regulationstheorie detailliert beschrieben worden, etwa von Joachim Hirsch in *Der nationale Wettbewerbsstaat*. Der Kapitalismus ist prinzipiell zu einer postfordistischen Reorganisation in der Lage, aber diese bietet keinerlei Anknüpfungspunkte für emanzipatorische Inhalte. Die Verbindung zwischen Gestaltung und Befreiung reißt ab. Der Tiger bleibt unberitten; es geht nur noch darum, wie weit sich linke Organisationen und Bewegungen von ihm mitschleifen lassen.

Die postfordistische Akkumulation ist von einer maximalen Beweglichkeit des Kapitals gekennzeichnet, das weltweit nach den kostengünstigsten Produktionsbedingungen sucht und global miteinander konkurriert. Produktion wird aufgespalten und dorthin verlagert, wo die Lohnkosten am niedrigsten sind. Der ganze Produktionsprozeß wird dezentralisiert und entschlackt *(lean production)*, seine einzelnen Bestandteile werden auf verschiedene Länder und Regionen verstreut, untergeordnete Teile per Auftrag vergeben. Vor diesem Hintergrund wird der Nationalstaat zum Flugzeugträger dieser Kapitalpolitik umstrukturiert. Er unterstützt die Politik der Kostenminimierung und aktiven Weltmarktkonkurrenz, gewährleistet die Sicherheit der Konzernzentralen und finanziert ihre Technologiepolitik. Im Gegenzug darf er einen bestimmten Teil der global erwirtschafteten Profite beanspruchen, die er als Almosen an seine Bevölkerung verteilen kann, um auch sie an diese Politik zu binden. Diese Alimentation ist auch notwendig, denn der Beschäftigungsgrad ist überall anhaltend niedrig – nicht die Konzern- und Leitungsbereiche mit all ihren Dienstleistungen, wohl aber die Fertigungsbereiche werden weltweit an Niedriglohn-Standorte verlagert. Als Käufer treten auf: Staaten (im Rüstungsbereich wie bisher, aber auch mit viel technischem Bedarf für Überwachung und sozialtechnologische Steuerung sowie mit steigendem ökologischen Reparaturbedarf); andere Unternehmen (als Abnehmer von Rationalisierungs- und Steuerungstechnologien, vor allem im Bereich der Informationstechnologien); die privilegierte Gruppe der *gutbezahlten* „Jobbesitzer"; und die bislang unerschlossene Gruppe subsistenznaher bäuerlicher ProduzentInnen, die über die gentechnologische Durchdringung der Landwirtschaft und über „nachhaltige Entwicklungsprojekte" langfristig als Absatzmarkt gesichert werden.

Im Gegensatz zum Fordismus sind die Spielräume für nationale Varianten gering. Die gewerkschaftliche Agitation zur Standort-Politik ist weitgehend eine Irreführung, das „Bündnis für Arbeit" nicht minder. Die Verlagerung von Produktion und Arbeitsplätzen ins billigere Ausland ist nicht nur Erpressung, sondern auch Sachzwang; und sie ist durch Senkung der Lohnkosten in den hochentwickelten Industrieländern nicht aufzuhalten. Ob die Arbeitsstunde 50, 30 oder 20 Mark kostet, ist im Verhältnis zu Arbeitsstunden zwischen 50 Pfennig und fünf Mark in Südostasien praktisch gleichgültig. Auch eine vollständig „demokratisierte" kapitalistische Gesellschaft käme an dieser Rechnung nicht vorbei.

Der postfordistische Deal sieht folgendermaßen aus:

1. Die nationale Gesellschaft wird für eine bestimmte Funktion auf dem Weltmarkt optimal *zugerichtet*. Was dazu nicht beiträgt, wird „abgespeckt".

2. Vollbeschäftigung findet nicht mehr statt. Wenn das Erringen einer Weltmarktnische gut funktioniert, gibt es statt dessen *Unterhaltsleistungen* aus den Profiten, die der global ausgerichtete Industriesektor erwirtschaftet. Diese Unterhaltsleistungen in Form von Arbeitsplätzen zu leisten, ist unwirtschaftlicher (und unökologischer) Luxus.

3. Die Bedingungen für die internationalisierte Produktion werden durch internationale Kooperation geschaffen: durch *technologische Großprojekte* (Kooperation innerhalb oder zwischen multinationalen Konzernen) und durch *„internationale Regimes"* (Rahmenregelungen durch Verhandlungen zwischen Staaten).

4. Standortqualität richtet sich nicht nur nach Kostenvorteilen, sondern auch nach „Störfreiheit", da bei flexibler Just-in-time-Produktion lokale Labilisierungen erhebliche Probleme nach sich ziehen können. Die wichtigsten Regulationsfunktionen liegen dementsprechend weniger in der Bereitstellung von Produktionsfaktoren (Infrastruktur, Erziehung und Ausbildung, Forschung), denn diese sind überall zu haben und frei zu kombinieren. Die wichtigste Regulationsfunktion wird stattdessen die Kontrolle: als *nationaler Sicherheitsstaat* und als internationale *„complex governance"* unter Einbeziehung von NGOs und kooperativen Organisationen und Bewegungen.

5. Die soziale Kohärenz der postfordistischen Ordnung beruht darauf, daß sie die herrschenden Unterdrückungsverhältnisse gut bedient. Sie treibt die Abhängigkeiten auf die Spitze: Wer den Fuß am weitesten in der Tür des globalen Produktionssektors drin hat, darf sich als König fühlen, ob als Arbeitsplatzbesitzer oder als Hauptbezieher von Unterhaltsleistungen, ob als Politikberater, Rohstoffverscherbler oder NGO-Sekretär. Der Postfordismus vollzieht eine maximale Unterordnung und Abhängigkeit des Informellen, Subsistenznahen, Nichtverwerteten unter das kapitalistische Regime und vertieft damit die patriarchalen, rassistischen und internationalen Unterdrückungsverhältnisse.

Die Ausgegrenzten, die nicht Teil der oberen Etagen des nationalen Flugzeugträgers sind, haben in etwaige Verhandlungen um die soziale Regulation nichts anderes zu werfen als ihre *Störkraft*. Das einzige, was zu Zugeständnissen bewegen könnte, ist die Bedrohung der Ruhe und Sicherheit, die von ihnen ausgeht, wenn sie sich organisieren. Als politische Bewegung können sie diese Strategie jedoch nur fahren, wenn diese Bewegung damit leben kann, daß das Konzept der zugerichteten Weltmarktintegration in letzter Konsequenz nicht mehr aufgeht. Ansonsten kann nur über den Modus der Zurichtung verhandelt werden, und der Kompromiß bleibt vorübergehend und instabil: denn er schränkt die globale Konkurrenzfähigkeit ein, von der sich alle Beteiligten gleichzeitig abhängig machen. Sich unabhängig machen, hieße mehr, als stärkere Binnenmarktorientierung zu fordern: Es heißt, eine regionale oder nationale Abkopplung akzeptieren zu können.

Der eigentliche Deal, der derzeit läuft, ist ein anderer. Er läuft zwischen den nationalen Kapitalen, die als *global players* konkurrieren, und denen, die ihnen Sicherheit *verkaufen* können. Das sind die korporatistischen Organisationen, von Gewerkschaften bis zu großen NGOs und politisch-akademischen Institutionen. Sie kanalisieren und bändigen die Störkraft ihrer Klientel und kaufen dafür Zugeständnisse für ihren eigenen Organisationserhalt. Sie tragen die sozialen Kämpfe der Marginalisierten zu Markte und leben davon, besänftigende Ideologien dafür anzubieten. Dieser Deal kann nichts Substantielles für die Marginalisierten herausholen, aber er ist relativ attraktiv für diejenigen, die an den Verhandlungsprozessen beteiligt sind. Diese Attraktivität ist der Kitt, der die Regulationstheorie überhaupt noch zusammenhält. Mit dem Verweis, neue – möglichst komplizierte – Regulierungsmodelle aushandeln oder darüber nachdenken zu müssen, sichern weiße, gut ausgebildete Männer ihre Pfründe: in den Institutionen, in den Bewegungen, an den Universitäten. Sie retten ihre Haut, indem sie den Widerstand der Marginalisierten als Manövriermasse im Bändigungs-Deal vermarkten.

Es ist eines der unsympathischsten Geschäfte des Postfordismus. Und daß es zu einem Gutteil von Leuten betrieben wird, die sich des ideologischen Apparats der Regulationstheorie bedienen, läßt inzwischen selbst die aufrichtigen Vertreter dieser Theorie an ihrem Ansatz zweifeln. So gibt *Joachim Hirschs* „radikaler Reformismus" lieber einer Position den Vorzug, konkrete Interessen zu vertreten, ohne sich über die Möglichkeit ihrer Verwirklichung allzuviel Gedanken zu machen.

Vor diesem Hintergrund ist klar, in welche Schublade die ökologische Problematik und die Nachhaltigkeits-Debatte bei den Vertretern der Regulationstheorie fallen. Sie scheint dem Modell der Regulation neues Leben einzuhauchen. Am populärsten ist dabei die Idee eines *„ökologischen New Deal"*. Genau besehen, bestehen aber auch solche Deals darin, die Profite aus der Weltmarktkonkurrenz in einer sozial und ökologisch abgefederten Form zu verteilen, die insbesondere die Unterhaltszahlungen für Formen verwendet, die einer breiteren Beschäftigungsgarantie ähnlich sehen. Manches davon ist interessant, vor allem die bei *Willi Brüggen* ausgeführte Idee eines breiteren „intermediären Sektors" zwischen Privatwirtschaft und Staat. Unterm Strich muß man sich aber entscheiden:

Nimmt man teil an einem Prozeß, bei dem nationale und regionale Gestaltungseliten um das „bessere Modell" konkurrieren, „ihre" Ressourcen an Natur und Arbeit möglichst effektiv *und* reibungslos zu verwerten und auf den Markt zu tragen? Oder will man aus diesem Prozeß heraus?

Ärgerlich an der Regulationstheorie ist, daß sie eine Theorie der Befreiung vortäuscht, wo längst keine mehr ist. Das Peinliche an ihr ist, wie skrupellos sie das Drängende der Ökologiefrage und die vermeintliche Hilfsbedürftigkeit des Südens dafür benutzt, ihrer eigenen Ratlosigkeit die Weihen des humanen Pragmatismus zu verleihen: „Was bedeutet denn Entwicklung für eine Frau aus dem Sahel anderes, als die Ausdehnung der Wüstengebiete zurückzudrängen oder zumindest aufzuhalten?" (Lipietz). Das klingt engagiert und ist doch bloß rassistisch und sexistisch: Wenn die ökologisch gewendete Regulation als Strategie der Befreiung in den Metropolen schon etwas schal schmeckt, können wir sie ja immer noch mit dem Hinweis auf die armen Frauen im Sahel verkaufen. In Wahrheit gibt es niemanden, für den sich die Frage nach Befreiung in unmittelbarer Überlebenssicherung erschöpft, und keinen Ort der Welt, an dem das Auseinanderreißen von Ökologie und Herrschaft positive Ergebnisse bringt. Ich sehe nicht, worin sich diese Haltung noch von den Rosinenbombern *Ulrich Menzels* unterscheidet, der ebenfalls die Position vertritt, die Dritte Welt müsse vor allem ein Objekt von globaler Sozialpolitik werden – von Almosen, die notfalls mit Gewalt verteilt werden müssen.

Probleme der Subsistenz

Diese Probleme hat die *Subsistenztheorie* nicht. Sie entstand ebenfalls Mitte der 70er Jahre: in Deutschland mit den Forschungen von *Maria Mies*, *Veronika Bennholdt-Thomsen* und *Claudia von Werlhof*, die damals an der Universität Bielefeld arbeiteten; gleichzeitig in verschiedenen Dritte-Welt-Ländern, etwa mit den Arbeiten von *Vandana Shiva* in Indien. Auch die „Bielefelderinnen" beschäftigten sich mit Entwicklungsprozessen in der Dritten Welt. Dabei legten sie das Hauptgewicht auf die Bedeutung der Arbeit von Frauen, die den industriell-kapitalistischen Entwicklungsweg ermöglicht, aber als unbezahlte oder geringfügig bezahlte Arbeit „gratis" geleistet wird. Dies ist nicht nur Reproduktionsarbeit, sondern ebenso kleinbäuerliche Produktion, Handel auf lokalen Märkten, Austausch und

Erwerb von „Überlebenswissen", Aufrechterhaltung sozialer Bindungen und personaler Netzwerke; und schließlich die schlechtbezahlte Arbeit in der Fabriksproduktion selbst. Es ist die Arbeit, die das Überleben ermöglicht. Sie ist flexibel und verantwortlich dafür, ihre Probleme selbst zu lösen; sie hat keinen Achtstundentag, keine formalisierten Bedingungen und Garantien; sie entspringt den sozialen Strukturen und ist in sie eingebettet. In Boomzeiten baut die kapitalistische Entwicklung darauf auf, daß diese Arbeit selbstverständlich und praktisch ohne Kosten zur Verfügung steht; ebenso ist die besser bezahlte Vermarktung männlicher Arbeitskraft unsichtbar davon getragen, daß sie auf diese selbstverständliche Frauenarbeit bauen kann. In Krisenzeiten zerfällt der kapitalistische Arbeitsmarkt; und Familien und dörfliche Gemeinden überleben auch dann nur dadurch, daß sie sich auf die unmittelbare kleinbäuerliche Produktion und auf die Erfahrungen und Kenntnisse der Frauenarbeit zurückziehen können.

Diese Betrachtungsweise führte die *Bielefelderinnen* und Theoretikerinnen der Dritten Welt zu einer Auffassung der historisch-materialistischen Theorie, die im krassen Gegensatz zur marxistischen Auffassung steht. Nicht die Lohnarbeit und nicht die industrielle Produktion sind die Basis des Kapitalismus und überhaupt der gesellschaftlichen Entwicklung, sondern die konkrete „Überlebensarbeit", die zum ganz überwiegenden Teil von Frauen geleistet wird. Alles hängt von ihr ab. Sie ist keineswegs „primitiv", sondern hochentwickelt und leistet wie selbstverständlich Tätigkeiten, die als formelle Lohnarbeit extrem teuer wären. Sie verschwindet auch in der industriell-kapitalistischen Produktion keineswegs, sondern bleibt die Basis des Überlebens wie der Produktion. Die traditionelle linke Verachtung für die kleinbäuerliche Subsistenzproduktion ist ebenso Ausdruck patriarchaler Blindheit und Arroganz wie die Vorstellung, in hochindustrialisierten Ländern wäre der überwiegende Teil der Reproduktionsarbeit vergesellschaftet und alle Beziehungen liefen über den kapitalistischen Markt.

Bezahlt wird nicht oder kaum für diese Arbeit. Das ist die Basis für das Patriarchat wie auch für den Kapitalismus: seine fundamentale Ausbeutungsbeziehung und sein entscheidender sozialer Antagonismus. Im Projekt der kapitalistisch-industriellen Entwicklung zeigt sich die Komplizenschaft des Mannes mit dem Kapital. Das Problem ist weniger die geschlechtliche Arbeitsteilung, die auch in vorindustriellen Gesellschaften existiert, sondern die gewaltsame *Unterordnung* der Arbeiten, die von Frauen getan werden; der *Raub* der Ergebnisse dieser Arbeit; der *Gewaltprozeß*, in dem Frauen zum Eigentum von Männern gemacht werden und ihre *Kontrolle über die Subsistenzmittel* gebrochen wird. Die neuzeitliche Modernisierung ist eine Geschichte der Gewalt weißer Männer gegenüber Frauen, Kolonien und der Natur; der moderne „Emanzipationsprozeß" besteht in der gewaltsamen Verfügungsmacht und scheinbaren Autonomie dieser Männer von Frauen, Kolonien und Natur. Frauen machen weiterhin die Subsistenzarbeit, aber sie kontrollieren sie nicht mehr, sie verfügen nicht mehr über ihre Ergebnisse. Die Subsistenzarbeit wird *unsichtbar* gemacht, während sie weiterhin stattfindet. Dieser historische Gewaltprozeß erzeugt die Kapitalakkumulation und reproduziert das Gewaltverhältnis von Männern über Frauen. Die Idee, alle Menschen könnten sich befreien, indem sie sich von der Natur und der Subsistenzarbeit „emanzipieren", ist eine Illusion: *Diese* Art von Befreiung und Wohlstand ist immer nur einigen auf Kosten der anderen möglich.

Von einer heutigen ökologischen Krise zu sprechen, ist laut der Subsistenztheorie nur mäßig sinnvoll: Ausbeutung der Natur und Vernichtung von Leben gehören schon immer zur Geschichte patriarchal-kapitalistischer Modernisierung. Kapitalistisches Wachstum und patriarchale Entwicklung sind Projekte, die Naturzerstörung notwendig produzieren. Die Perspektive liegt demnach in einer Überwindung dieser Akkumulationslogik und im Übergang zur Subsistenzwirtschaft. Nur sie ist ökologisch „nachhaltig" *und* eine Perspektive antikapitalistisch-antipatriarchaler Befreiung. Subsistenzwirtschaft wird definiert als eine „moral economy", die auf gemeinschaftlichem Besitz und einer sozialen Existenzgarantie beruht. Sie ist notwendig regional bezogen, räumt der landwirtschaftlichen Produktion einen führenden Stellenwert ein, unterhält keine Export-Import-Beziehungen von größerem Umfang. Sie stellt die Kontrolle von Frauen über die Subsistenzmittel her, sorgt durch Entzug der Machtmittel für eine „Entmilitarisierung der Männer" und akzeptiert die natürlichen Begrenzungen der Produktion und des Lebens.

Als Handlungsperspektive fordert die Subsistenztheorie zum unmittelbaren Aufbau subsistenz-orientierter Arbeits- und Lebensprojekte auf. Der Übergang zu einem subsistenten Leben sei für alle jederzeit möglich und notwendig – in gemeinschaftlichen Projekten, die „heute sofort anfangen, anders zu wirtschaften". Die Subsistenztheorie kann dabei darauf hinweisen, daß das Kapital tatsächlich immer mehr Menschen und Regionen „ausspuckt", die gar keine andere Wahl haben, als nach eigenständigen, subsistenzorientierten Überlebensweisen zu suchen. Als Übergangsstrategie wird auf jeden Fall eine Strategie der „Konsumbefreiung" vertreten: sich unabhängiger zu machen vom Konsumismus, dadurch Einfluß auf das zu nehmen, was produziert wird, und durch Umorientierung des eigenen Konsums zu einer Austrocknung der Akkumulationslogik beizutragen. Die klassischen Beispiele, die immer wieder angeführt werden, sind: die subsistenzorientierten Bauernbewegungen in Südindien, insbesondere die Neem-Kampagne; die Seikatsu-Clubs japanischer Frauen, die alle nicht-regionalen Nahrungsmittel boykottieren; ökologisch wirtschaftende Landkommunen; und die Sozialistische Selbsthilfe Köln (SSK), ein Kollektivprojekt, das städtischen Müll kompostiert.

Die Subsistenztheorie ist nicht einfach eine ökonomische Theorie oder ein ökologisches Rettungsmanöver. Sie ist ein kulturrevolutionäres Programm. Die Fixierung auf Geld, Macht, Karrieren, Partizipation an der Beute wird dafür verantwortlich gemacht, daß Reformalternativen scheitern und sogar zur Stabilisierung kapitalistisch-patriarchaler Verhältnisse beitragen. Erst die Abwendung von dieser Fixierung ermöglicht Lösungen der Befreiung. Das beinhaltet, Bedürfnisbefriedigung und Freiräume nicht von Appellen an den Staat zu erwarten, sondern durch Selbstorganisation direkt in die Hand zu nehmen – sei es durch Landbesetzung, sei es durch gemeinsame Organisation. Insofern führt eine Linie zurück bis zur Kinderladen-Diskussion des „Weiberrates" gegenüber dem SDS. Das geht bis zu der Sichtweise, Ausgrenzung als Chance zu begreifen, sich unabhängig zu machen.

Die Subsistenztheorie legte sich der Reihe nach mit allen möglichen Politikformen an. Sie kritisierte die bürgerliche genauso wie die linke Entwicklungstheorie; sie kritisierte den patriarchalen Heroismus linker „Kampfformen" ebenso wie eine weibliche Gleichberechtigungspolitik, die auf Nachahmung und Übernahme männlicher Lebensentwürfe hinausläuft; sie erteilte dem marxistischen Fortschrittsglauben dieselbe Absage wie modischen Ansätzen, der patriarchalen Gesellschaft und dem männlichen Sozialcharakter ein paar bequeme Frischzellen zu verschaffen durch eine falsche „Feminisierung" oder durch Hinzuaddieren „weiblicher Anteile". Daß sie sich in Europa deshalb die längste Zeit in einem ziemlich frostigen Klima behaupten mußte, ließ die Klärung offener, weiterführender Fragen als nachgeordnet erscheinen.

Solche Fragen waren immer schon: Ob eine derartige Perspektive wirklich attraktiv sein kann und nicht nur aus Zwang geboren wird; ob Subsistenz nicht das kapitalistische Herrrschaftssystem stabilisiert, zu einer Selbstmarginalisierung und Nischenbildung beiträgt und so weiter. Diese Fragen wurden häufig mit dem Vorwurf beantwortet, an konsumistisch-kapitalistischen Wertvorstellungen festzuhalten und den Wert eines subsistenten „Lebens in Fülle" nicht richtig einzuschätzen; beziehungsweise sich durch Theoretisieren der Notwendigkeit unmittelbarer, persönlicher Lebensveränderung zu entziehen. Diese sehr apodiktische Umgangsweise hat eine gewisse Blockade in die Theorie und einen gewissen protestantisch-puritanischen Zug in die Praxis gebracht.

In den letzten Jahren scheint es jedoch möglich geworden zu sein, diese Fragen zu diskutieren und die Theorie weiterzuentwickeln. Claudia von Werlhof hat versucht, eine Unterscheidung zwischen subsistenten Nischenprojekten und subsistenter „Dissidenz" herauszuarbeiten. Die Notwendigkeit einer Weiterentwicklung der Subsistenztheorie ist von verschiedener Seite formuliert worden, unter anderem vom Wuppertaler *Arbeitsschwerpunkt Weltwirtschaft und Politisierung der Subsistenz (SchWUPS)*, dem die Arbeiten von *Ulla Peters* und *Heinz-Jürgen Stolz* zuzuordnen sind. Vor allem hat die politische Praxis die Beschäftigung mit diesen Fragen nahegelegt: die Zunahme subsistenter Projekte auch im Norden; die stärkere Anerkennung der Subsistenztheorie als einer kopernikanischen Wende in der Theorie der Befreiung, die sich nicht übergehen läßt; die notwendige kritische Auseinandersetzung mit Regionalisierungs- und Nachhaltigkeitskonzepten; und schließlich die Tatsache, daß ausgerechnet ein bewaffneter Aufstand sich in vielen Punkten auf Elemente der Subsistenztheorie bezieht, nämlich die Revolution in Chiapas.

Die vorläufige politische Bilanz der Subsistenztheorie hat folgende Fragen aufgeworfen, an denen Präzisierung und Weiterentwicklung notwendig ist:

1. Subsistenzprojekte im Norden sind nach wie vor in hohem Maße *unattraktiv*. Der sofortige, unmittelbare Ausstieg in kleinen Gruppen führt häufig nicht in ein Leben in Fülle, sondern in ein Leben, das von langen Arbeitszeiten, niedrigem Konsumniveau und gesellschaftlicher Isolierung geprägt ist. Dieses Problem läßt sich nicht als Frage des Wertewandels abtun. Subsistenz kann inmitten eines hochindustrialisierten Umfelds keine völlig autonomen Inseln schaffen. Die Projekte müssen ihren Tribut an

dieses Umfeld entrichten (Bodenrente, Abgaben, Steuern ...), was sie bei Strafe des Untergangs zur Geldbeschaffung zwingt. Dabei sehen sich ihre Produkte mit der Konkurrenz von Billiganbietern konfrontiert, die den ganzen Gewalt- und Raub-Apparat des herrschenden Systems nutzen; um überhaupt verkaufen zu können, muß also unverhältnismäßig hart und viel gearbeitet werden. Daß die Projekte zu klein und zu wenig vernetzt sind, hält sie auf einem sehr niedrigen Entwicklungsniveau von Subsistenz fest. Und schließlich läßt sich das Lebensniveau von Menschen nicht unabhängig von der sie umgebenden Gesellschaft betrachten. Armut ist eine Frage der Relation zur Restgesellschaft. In einer Gesellschaft, in der Information, Kommunikation, Zugang zu politischer und kultureller Öffentlichkeit et cetera massiv vom Geld abhängen, wird das „gute Leben" schnell zur Selbstmarginalisierung und relativen Ohnmacht. Auch ein Öko-Hof braucht in Deutschland ein Auto, ein Telefon, einen PC und einen Anwalt. Und zwar einen guten und teuren.

2. Weder die Errichtung von Subsistenz-Nischen noch die Strategie der „Konsumbefreiung" führen zur *Beendigung* des kapitalistischen Herrschaftssystems. Die Umstrukturierung der Verhältnisse im Sinne der nachhaltigen Effektivierung und des postfordistischen Deals sieht ja gerade vor, daß die breite Bevölkerung mit weniger Geld, Umweltverbrauch und Konsum auskommt, damit mehr für die Bedürfnisse des globalen Produktionssektors übrigbleibt. Unter diesen Bedingungen funktioniert ein „Austrocknen" der Wachstumslogik nicht; die konsumbefreite Selbstbeschränkung verhilft ihr eher dazu, weiterzumachen. Die Praxis hat gezeigt, daß subsistente Nischen auch eine gängige Strategie werden, die Kosten des Sozialsystems zu privatisieren und die Kosten ökologischer Reparatur abzuwälzen. Das gilt für viele staatlich geförderte Projekte im Norden genauso wie für Regionen der Dritten Welt, die erst ausgepreßt, dann der Bevölkerung „überlassen" werden, um nach mühsamer ökologisch-ökonomischer Wiederherstellung wieder in den Akkumulationsprozeß integriert zu werden.

3. Was Subsistenz bedeutet, ist zwar dem Sinn nach klar, aber nicht wirklich definiert. Das ist kein abstraktes Problem, sondern ein sehr praktisches. Die Definition als „Orientierung auf das Lebensnotwendige" reicht nicht aus. Denn was ist das Lebensnotwendige? In keiner Gesellschaft, auch keiner vorindustriellen und keiner zukünftigen postindustriellen, beschränken sich die Bedürfnisse der Menschen auf ihren bloßen Selbst-

erhalt. Jede Gesellschaft produziert Kultur, Technik, Unnützes und Abwegiges, individuelle Geschmäcker und Lebensstile – gerade eine freie Gesellschaft. In jeder Gesellschaft gibt es Arbeitsteilungen, Vernetzungen, Kooperation, kleinere und größere Organisationseinheiten. Wer kontrolliert, was erlaubt ist? Ab welchem Grad von Arbeitsteilung und größerer Kooperation ist es nicht mehr „subsistent"? Wer hat die *Definitionsmacht*, was zur „Fülle" gehört und was verwerflicher Konsum ist? In der Praxis führt dies häufig zu einer absurden Konkurrenz nach dem Motto „*Das brauchst du? Na, ich nicht!*"; zu einer autoritären Uniformierung des Abgetragenen; zu einem schwer erträglichen kulturellen Diktat des Guten, Gesunden, Natürlichen; zu einem strukturellen Konservatismus, der Eigeninitiative und abweichende Ideen erstickt.

4. Auch die Subsistenztheorie hat eine spezifische Neigung zur Ökofalle. Sie besteht darin, das ökologisch korrekte Leben ohne weiteres mit dem befreiten Leben zu identifizieren und dadurch einem verwaschenen Begriff von Herrschaft und Befreiung Vorschub zu leisten. Dies äußert sich in einer *Romantisierung* vor- oder anti-industrieller Gesellschaften, deren Herrschaftsstrukturen tabuisiert oder lyrisch überspielt werden; und umgekehrt in einer allergischen *Distanz zu Macht- und Organisationsfragen*, die durch den Appell an die individuell richtige Entscheidung ersetzt werden. Bei aller richtigen Kritik an patriarchalen Organisationen, falscher Partizipations-Politik und männlicher Militanz-Romantik ist trotzdem nicht davon auszugehen, daß ein Bruch mit der kapitalistischen Akkumulationslogik einfach in Form des individuellen Auszugs funktioniert. Wie Chiapas zeigt, sind zumindest Formen der „defensiven Militanz" und auf jeden Fall Formen eingreifender, organisierter Politik nicht entbehrlich. Wenn die Geschichte dieser Akkumulationslogik auf Gewalt beruht und nicht etwa auf ideologischer Manipulation, dann kann sie auch nicht dadurch beendet werden, daß alle vom guten Leben überzeugt werden. Umgekehrt beruht die Attraktivität, die von kapitalistischen Verhältnissen *auch* ausgeht, gerade auf der individuellen Perspektive, sich aus den etwas muffigen, alterspatriarchalen Strukturen vorkapitalistischer Gemeinschaften befreien zu können. Eine bloße Rückkehr kommt nicht in Frage.

Überspitzt gesagt: Eine Weiterentwicklung der Subsistenztheorie müßte zeigen, daß die anvisierte gesellschaftliche Perspektive eben nicht unattraktiv, funktional, unfrei und ohnmächtig ist. Folgende Konsequenzen wären zu ziehen:

1. Die Vorstellung, Subsistenzperspektive sei mit dem Auszug in Öko-Kommunen gleichzusetzen, muß ad acta gelegt werden. Als Zielvorstellung beinhaltet Subsistenz eine Gesellschaft, in der die ganz überwiegende Zahl der Menschen die Möglichkeit hat, sich selbst zu versorgen – mit den Gütern des täglichen Bedarfs, aber auch sozial und kulturell. Auf welchem Entwicklungsniveau gesellschaftlicher Organisation und mit welchen technischen Mitteln das geschieht, ist offen. In die heute existierende gesellschaftliche Situation übersetzt, ist Subsistenz eine individuelle *Strategie* und eine gesellschaftliche *Orientierung*. Als individuelle Strategie der aktiven Bedürfnisbefriedigung und -sicherung bedeutet sie, den Anteil der Bedürfnisbefriedigung durch direkte, gemeinsame Tätigkeit mit anderen zu *steigern* gegenüber dem Anteil, der noch über die herrschenden Strukturen der Versorgung durch Lohnarbeit, Staat und kapitalistischen Markt bezogen wird. Der Schwerpunkt liegt auf dem Ausbau dieses Bereichs, nicht auf dem Verzicht. Als gesellschaftliche Orientierung bedeutet sie, genau diesen Prozeß zu *unterstützen*. Das beinhaltet vor allem, eine subsistente Perspektive für Regionen zu formulieren, die sich dazu die radikale Autonomie nehmen müssen, über herrschende rechtliche Beschränkungen hinauszugehen. Es beinhaltet auch, ausgleichende Kompensationen für den regionalen Sektor gegenüber dem globalen Sektor durchzusetzen, solange dieser noch existiert.

2. Der Teil der Gesellschaft, der von der Akkumulationslogik profitiert und sie betreibt, kann nicht in Ruhe gelassen werden. Er muß aktiv behindert, eingeschränkt, *abgebaut* werden. Er verbraucht das, was anderen fehlt, und rüstet damit seinen Herrschaftsapparat auf. Der Herrschaftskonsum und die Strukturen des „globalen Sektors" im eigenen Land müssen zurückgedrängt werden, wenn Subsistenzperspektive mehr werden soll als eine individuelle Nische in selbstgewählter Armut. Die Betrachtungsweise, ob Subsistenzprojekte sich korrekt („dissident") verhalten, geht ins Leere; notwendig ist eine gemeinsame Organisierung dafür, „den Rest" abzubauen.

3. Aus den bisherigen Überlegungen zu Natur und Herrschaft ist eine subsistente Gesellschaft einfach *eine Gesellschaft mit minimalem Herrschaftskonsum, die nicht auf Kosten anderer lebt.* Weitere Vorgaben kann es nicht geben. Für welche kleinen oder großen Projekte eine regionale Gesellschaft ihre Arbeit und Ressourcen lieber investiert, wie „gesund" oder „grün" sie lebt, ist gleichgültig. Es kann keine Definitionsmacht und

kein Diktat des „Natürlichen" geben. Entscheidend ist der Prozeß, die Ausbeutungsrelationen nach außen abzubauen und umgekehrt die Kontrolle über die eigenen Ressourcen zu behalten. Welches technische Niveau dabei herauskommt, welche Formen von Urbanität man sich leistet, welche Marotten und welche Ästhetik sich ausprägen, wird sich zeigen und wird verschieden sein. Richtschnur ist allerdings, daß ein so geringer Teil von Arbeit und Ressourcen wie möglich dafür aufgewendet wird, einen Herrschaftskonsum der Gesellschaft zu bestreiten: Machtmittel, Repräsentation, ökonomische und technologische Waffen gegenüber anderen Regionen und der eigenen Bevölkerung.

4. Macht und Organisation sind kein Tabu, weder individuell noch gesellschaftlich; sie sind nicht mit Herrschaft zu verwechseln. Macht ist die Möglichkeit, gesellschaftliche Ressourcen und fremde Arbeit für eigene Projekte zu benutzen. Sie ist nie völlig gleich verteilt; es ist für niemanden eine Perspektive, sie abzuschaffen; und sie ist *nichts Negatives*. Wir erwarten zu Recht von einer Gesellschaft, daß sie dieses Bedürfnis erfüllt: durch sie realisieren zu können, was man alleine nicht realisieren kann. Entscheidend ist, daß es Gegenseitigkeiten gibt, eine Struktur, in der alle zu verschiedenen Zeitpunkten zum Zug kommen. Verfestigt sich die Struktur einseitig, wird sie zum Herrschaftsverhältnis. Auch augenscheinlich subsistente Gemeinschaften (ob historisch oder modern) sind deshalb keineswegs per definitionem „frei"; sie bieten allerdings Raum für Auseinandersetzungen darum, wenn die Herrschaftsmittel gering sind. Diese Auseinandersetzungen müssen offen und zulässig sein. Ein Kanon „Wie sehen subsistente Gemeinschaften und subsistente Menschen aus" – wie er in der „Szene" existiert und gegen abweichendes Verhalten verwendet wird – ist nichts anderes als Machtausübung; ein Herrschaftsversuch, der nicht unwidersprochen bleiben darf. Umgekehrt ist der Anspruch, eine Subsistenzorientierung für die eigene Region oder das eigene Projekt durchzusetzen, selbstverständlich auch eine Frage von Macht: Sie vollzieht sich nicht unabhängig vom Drumherum. Menschen, die sich auf eine solche Orientierung beziehen sollen (mit all ihren Konsequenzen der radikalen Autonomie), haben Anspruch darauf, daß sie auch gemeinsam durchgesetzt und verteidigt wird – alles andere wäre ein unverantwortliches Verheizen.

Geht man in Richtung dieser Konsequenzen, dann folgt daraus eine *Politik der Abwicklung*, wie sie in den folgenden Kapiteln noch etwas greifbarer dargelegt wird.

Sozialrevolutionärer Ansatz und feministische Sozialökologie

Es gibt neben der Regulationstheorie und der Subsistenztheorie noch zwei „Cross-over-Projekte", die nicht ganz über die Ausprägung einer vollständigen Theorie der Befreiung verfügen, aber wichtige Teilstücke geliefert haben. Sie haben sich ebenfalls im Zeitraum seit der Mitte der 70er Jahre entwickelt. Es sind dies der *sozialrevolutionäre Ansatz* und die *feministische Sozialökologie*.

Der *sozialrevolutionäre Ansatz* wurde in Deutschland unter anderem von *Karl-Heinz Roth*, der Zeitschrift *Autonomie*, der *Materialien*-Gruppe formuliert; von besonderer Bedeutung ist *Detlef Hartmann*. In Italien formte sich dieser Ansatz um die *Quaderni Rossi* und die Arbeiten von *Sergio Bologna*. Ausgangspunkt war der Bruch mit dem marxistischen „Objektivismus" der Produktivkraftentwicklung; dieser Bruch wurde mit dem Satz „Die Arbeiter produzieren die Krise" ausgedrückt. In Analysen der wilden Streiks Mitte der 70er Jahre, von sozialen Bewegungen in der Dritten Welt (unter anderem der iranischen Revolution 1979), der autonomen Bewegungen in Europa und der Migrationsbewegung wurde diese veränderte Betrachtungsweise dargestellt.

Nach Auffassung des sozialrevolutionären Ansatzes sind technologische Entwicklungen grundsätzlich eine Antwort des Kapitals auf gestiegene Schwierigkeiten, die ihm die ArbeiterInnen machen. Deren Versuche, sich der Vernutzung ihrer Arbeitskraft soweit als nur möglich zu entziehen und sich gleichzeitig vom gesellschaftlichen Reichtum anzueignen, was sie bekommen können, rufen die Strategien des Kapitals hervor, durch immer neue technologische Investitionen und Veränderungen des „Fabrikregiments" diesen Widerstand zu brechen. Die Autonomie der ArbeiterInnen drückt sich nicht nur in Arbeitskämpfen aus, sondern auch in Arbeitsverweigerung, „go slow", Krankfeiern, Heimtragen von Büromaterial ... und so weiter. Die Aktionen und Aktivitäten der produzierenden Klasse sind es, die das Kapital vor sich hertreiben. Jeder Kunstgriff des Kapitals – Fließbänder und Akkordlöhne, Klassenspaltungen und „Partizipation", Rationalisierung und Automation – verschafft ihm eine Atempause, bis die ArbeiterInnen gelernt haben, sich auf die veränderte Lage einzustellen.

Im Laufe der Zeit wurde diese Analyse auf die gesamte Gesellschaft ausgedehnt. Staatliche Reformen und Veränderungen internationaler Institutionen sind genauso interpretierbar als „technologische Verwertungs-angriffe", die auf die Aneignungsstrategien und „Anspruchsrevolutionen" von Belegschaften und Bevölkerungen reagieren. Dies gilt für die Ge-schichte der realsozialistischen Staaten – Lenins Begeisterung für den Taylorismus ist bekannt – ebenso wie für die „Entwicklungsstrategien" der Industriestaaten gegenüber der Dritten Welt. Das Kampffeld ist nicht nur die Fabrik, sondern die gesamte Gesellschaft, die einem modernisier-ten Fabrikregiment unterworfen wird: Mit Sozialpolitik auf der einen, Si-cherheitspolitik auf der anderen Seite wird versucht, Menschen verwert-bar zu machen und ihre Autonomie zu brechen. Das Lohnarbeitsverhält-nis ist kein privilegierter Ort der Auseinandersetzung, die überall stattfin-det: in Stadtvierteln und Besetzungen, in Schulen und Universitäten, in Ehen und Beziehungen, beim Schwarzfahren und den Aneignungskämp-fen mit Sozialämtern und Förderinstitutionen. Dabei sind es die am we-nigsten integrierten, „untersten" Schichten, die am offensivsten und phan-tasievollsten die Kontrollstrategien unterlaufen und die Verwertung in die Krise bringen: MigrantInnen, Ungelernte, Jugendliche, Frauen.

Eigentlich haben wir immer schon auf eine Theorie gewartet, die uns Schuleschwänzen, Blaumachen und das alljährliche „Silvesterfeuer" auf der Bremer Sielwallkreuzung als revolutionäre Aktivitäten zeigt und nicht das Hinternplattsitzen auf Parteitagen und Betriebsversammlungen. Trotz-dem gibt es zwei grundlegende Probleme des sozialrevolutionären Ansat-zes, die ihm zu einer Theorie der Befreiung fehlen. Das eine Problem ist die *Utopielosigkeit*. Was passiert denn, wenn Krisen *nicht* mehr durch eine neue Schraube der Verwertungsstrategie überwunden werden? Was kommt hinter dem Crash? Gerade unter den Bedingungen der totalen Ab-hängigkeit, die der Postfordismus zwischen Lebensbedingungen und er-folgreicher Weltmarktkonkurrenz herstellt, ist der Hegemonie des „Stand-ort"-Konzeptes nicht mit einer Politik beizukommen, die keine positive gesellschaftliche Alternative für den Fall des kapitalistischen Zusammen-bruchs entwirft. Der sozialrevolutionäre Ansatz, so wie er heute vorgetra-gen wird, schwankt deshalb in der Utopiefrage hin und her, je nachdem, in welcher Gegend man gerade der Revolution nachspürt. Für den Be-reich der Dritten Welt bedient man sich mehr oder weniger offen aus der Subsistenztheorie; vor der eigenen Haustür hält man es weiterhin mit ei-ner diffusen Mischung aus sozialistischer Vergesellschaftung und radika-lisiertem Sozialstaat.

Daß es auf die Utopiefrage keine sozialrevolutionäre Antwort gibt, ist eng mit dem zweiten Problem verbunden: daß der sozialrevolutionäre Ansatz vom Stil der Arbeit und der Gruppen her ein *Männerprojekt* war und blieb. Theoretisch hindert ihn nichts daran, die zentrale Rolle weiblicher Ansprüche und weiblicher Renitenz im Rahmen seines Konzepts anzuerkennen – in Betrieben, Gesellschaft, Beziehungen. In der Praxis wurde dieser Anspruch jedoch, von wenigen Ausnahmen abgesehen, nie eingelöst, weder in der konkreten Zusammenarbeit zwischen Männern und Frauen noch in der bearbeiteten Themenpalette. Irgendwie waren die Riots in Großbritannien immer wichtiger als die Analyse weiblicher Aneignungs- und Verweigerungsstrategien und die „Beziehungen zwischen Liebesverhältnissen und Mittelstreckenraketen" (Helke Sander). Es ist jedenfalls kein Betriebsunfall, daß sich die Parole von der „Wiederkehr der Proletarität" (Karl-Heinz Roth) auch ziemlich gut als innerlinker patriarchaler Backlash lesen läßt.

Daher gibt es leider bislang *keine* sozialrevolutionäre Analyse der Nachhaltigkeit als technologisch-sozialtechnologischem Verwertungsangriff und *keine* Analyse der ökologischen Krise als Ergebnis sozialer Emanzipationskämpfe. Denn dafür müßte vor allem der patriarchale Charakter der angestrebten nachhaltigen Neuordnung aufgedeckt werden: Effizienz für die Männer, Suffizienz für die Frauen. Es müßte dargelegt werden, inwiefern hier gewachsenen Ansprüchen von Frauen mit dem ökologischen Zeigefinger ein „zurück ins Körbchen" zugerufen wird: Mehr reproduktive Eigenarbeit soll ja her, mehr private Fürsorgearbeit, mehr soziale „Wärme" statt der Kaltschnäuzigkeit autonomer Lebensplanung. Selber Kompott einkochen ist „in", Zweitautos und Mikrowellenherde sind „out".

Es gibt Elemente des sozialrevolutionären Ansatzes, die für eine emanzipatorische Alternative zum nachhaltigen Händchenhalten unverzichtbar sind. Er wirkt nachgerade als Gegengift, wo die Subsistenztheorie anfällig ist für das Schöne, Wahre und Gute in den herrschenden Nachhaltigkeits-Vorschlägen. *Erstens* hält er in der Diskussion um linkere und rechtere sozial-ökologische Ordnungsmodelle das Bewußtsein wach, daß sich für eine immer größere Zahl von Menschen selbst in den Metropolen solche Fragen einfach nicht stellen. Die Diskussion um „ökologischen Umbau der Industriegesellschaft" wird als beschränkte *Mittelstandsperspektive* deutlich allein angesichts der Tatsache, daß die Zahl der Menschen mit „illegalem" Aufenthaltsstatus die Mitgliederzahl der deutschen

Volksparteien allmählich übersteigt. Unter den Bedingungen von Sozialabbau und Privatisierung heißt Überleben in der ökologischen Krise schlicht, sich Geld zu beschaffen, besonders schlechten Arbeiten zu entgehen und sich Gesundheit zu kaufen. Diese Orientierung *ist* „bewußter Konsum" unter den herrschenden Bedingungen.

Zweitens hat *Detlef Hartmann* (in *Leben als Sabotage*) eine fundamentale Kritik der *„Alternativität"* geleistet. Er prognostiziert, daß die Technik der Herrschaftssicherung sich in der näheren Zukunft massiv aus dem Fundus des „Alternativen" bedienen wird. „Die spätkapitalistische Vermittlungsstrategie (zielt) darauf ab, die spannungsträchtige Kluft zwischen den sich totschrumpfenden Kernen technologischer Gewalt und der exilierten Subjektivität mit einem osmotischen Zwischenbereich der Gewaltübertragung zu füllen: das genau ist die historische und politische Bedeutung von ‚Alternativität'. Positivität der Nischen und Parzellen, Dezentralität der Institutionen, Schein-Privatisierung der ökonomischen und technischen Kompetenzen, osmotische Verbindung von solchermaßen dezentralisierten Selbsthilfeinstitutionen mit den Nervenenden verpolizeilichter Sozialarbeit, das sind die wichtigsten Strukturvoraussetzungen dieser ‚Alternativität', deren Aufgabe es ist, die Spannungen zu absorbieren, die Konflikte kleinzumahlen, die Sehnsüchte nach Sinn und Bedeutung in einen Minikosmos synthetischer Liberalität kurzzeitig zu binden und mit Sinnsurrogaten hinzuhalten."

Zukunftsfähiges Deutschland wird in solchem Licht nicht nur als ein Versuch deutlich, die Zumutungen der verschärften Weltmarktkonkurrenz mit einem Zuckerguß aus Sinnstiftung zu überziehen. Es wird sichtbar als Utopie eines neuen Steuerungs- und Kontrollsystems. Der Zerfall der Arbeitsgesellschaft, der Widerspruch zwischen gesellschaftlichem Reichtum und Selbstzerstörung setzt längst eine Umorientierung der Menschen auf andere Lebensprioritäten, auf „subsistente" oder „aneignende" Strategie frei – und dieser autonome Umorientierungsprozeß soll von oben geordnet, geleitet, kontrollierbar werden.

Drittens erinnert der sozialrevolutionäre Ansatz daran, bei Subsistenzorientierung nicht bloß an Landkommunen zu denken, sondern auch an die besetzten Häuser in der Hamburger Hafenstraße. An die städtischen Projekte, in denen Menschen versuchen, ihr Überleben und ihre Sozialbeziehungen halbwegs autonom zu organisieren; an Hilfsstrukturen für Flüchtlinge; an autonome Frauenhäuser und Jugendzentren. Subsistenz ist nicht nur mit Ernährung in Verbindung zu bringen, sondern mit allen Versuchen einer direkten, autonomen Überlebenssicherung – anstelle der vermittelten Strategie über Anpassung, Leistung, Bezahlung, Einkauf. All dies geht aber nicht ohne offene Konflikte mit dem Bestehenden ab.

Eine wirkliche Alternative kann also weder in alternativen Ordnungsmodellen nach dem Motto „Wie hätten wir's denn gern?" liegen noch in Aufrufen zum „Wertewandel", die auf Bescheidenheit und Verzicht orientieren. *Es wird nicht ordentlich zugehen.* Wenn Menschen versuchen, aus dem bestehenden System sich anzueignen, was sie können, *gerade weil sie es für hinfällig und aberwitzig halten*, muß dies in der angestrebten Alternative einen positiven Platz haben. Der Subsistenzansatz läuft sonst Gefahr, dieselbe sterile Selbstdisziplinierung einer sozialen Bewegung zu praktizieren, wie dies der traditionelle Sozialismus in der Arbeiterbewegung tat – mit denselben Konsequenzen, berechenbar und integrierbar zu werden.

Eine alternative Lösungsperspektive muß sich als (schützender und verstärkender) Rahmen sehen für die Versuche von Menschen, sich selbst zu organisieren. Und sie muß orientierende Kriterien bieten, anhand derer sich diskutieren läßt, was in eine richtige, neue Richtung geht und was nur kosmetische Korrektur und Stabilisierung des Alten ist. Meines Erachtens kann das Konzept der Abwicklung diesen Anspruch erfüllen.

Die *feministische Sozialökologie* entstand mit den Arbeiten von *Irmgard Schultz* und *Elvira Scheich* am Frankfurter *Institut für sozial-ökologische Forschung (ISÖ)*. Ihre Verwandtschaftsbeziehung zum Marxismus kommt auf dem Umweg über die Rezeption der *Kritischen Theorie* zustande, also die Schriften von Marcuse, Adorno und Horkheimer. Das erspart den Autorinnen das übliche Dilemma feministischer Kritik: sich *entweder* für eine Strategie der Geschlechterangleichung zu entscheiden, mit der Gefahr der „patriarchalen Gleichberechtigungsgesellschaft" (Bernhard); *oder* eine Zuschreibung überzeitlicher weiblicher Eigenschaften und Werte zu akzeptieren. Dieses Problem ist auch in der Subsistenztheorie nicht gelöst, sondern schwankt zwischen dem Postulat eines ursprünglichen, letztlich biologisch bedingten „weiblichen Gegenstandsbezugs" (Mies) oder einer Herleitung dieses unterschiedlichen Gegenstandsbezugs allein aus der sozialen Praxis (Agarwal) – mit der Konsequenz, daß der Geschlechterunterschied hinter den Gegensatz Subsistenzbewegungen/ Entwicklungsagenturen zurücktritt.

Für die feministische Sozialökologie ist die Geschlechterdifferenz eine *geschichtliche* Tatsache. Die patriarchale Gesellschaft konstruiert männliche und weibliche Sozialcharaktere, aber so, daß sie ein Stück weit zu historisch gewachsenen Differenzen passen; die Geschichte der Geschlechter reagiert wiederum auf diese Zuschreibung. Es gibt also nichts in der Biologie oder Natur von Männern und Frauen, was eine bestimmte Form der Differenz festschriebe; trotzdem gibt es einen Unterschied, weil ihre Geschichte nicht gleich ist. Die getrennte Geschichte von Frauen und Männern befindet sich sozusagen auf zwei unterschiedlichen historischen Attraktoren, von denen völlig offen ist, wohin sie sich noch bewegen werden – die aber auch bei völliger Aufhebung geschlechtlicher Arbeitsteilung nicht in eins fallen würden. Gleichheit ist deshalb weder identisch mit formal gleichen Rechten noch schlichtes Ergebnis gleicher Rahmenbedingungen, sondern muß als ein immer neu zu findendes konkretes Verhältnis hergestellt werden: in der sozialen Bewegung, der Gesellschaft, den Beziehungen. Sie läßt sich nicht objektiv entwerfen und herbeiführen, sondern bedarf der „selbstinterpretierenden Autonomie" der Geschlechter. Deshalb können Männer keine feministische Forschung machen.

Nach der feministischen Sozialökologie läßt sich die ökologische Krise nur als *sozial-ökologische Krise* und gleichzeitig als *Krise der Geschlechterbeziehungen* begreifen. Sie findet nicht irgendwo draußen in der Natur statt, sondern in der Gesellschaft. „Die sozial-ökologische Krise verschärft die geschlechtshierarchische Arbeitsteilung und Anwendung von sexistischer Gewalt gegen Frauen, indem sie tendenziell den Frauen die Verantwortung und Bewältigung der ‚Restrisiken' zuweist und insgesamt eine Tendenz zur Zerstörung der nicht technisch vermittelten Beziehungsfähigkeit zwischen den Geschlechtern hat" (Schultz). Sie verschärft den *Arbeitsdruck* auf Frauen, die sich mit neurodermitischen Kindern und Ernährung als täglichem Vergiftungsroulette herumschlagen, immer länger immer kränkere Alte pflegen et cetera. – Die *Verantwortlichkeit* für „Gesundheit", für funktionierende Sozialbeziehungen und die Gestaltung konkreter Lebensqualität wird ganz überwiegend von Frauen stärker übernommen als von Männern, teils durch gesellschaftliche Zuweisung, teils durch höheres Verantwortungsbewußtsein. Diese Verantwortlichkeit wird unter den Bedingungen der sozial-ökologischen Krise nicht nur immer aufwendiger und komplizierter, sondern sie wird auch notwendigerweise frustriert. Sie ist objektiv nicht mehr erfüllbar. – Schließlich sind Männer wesentlich „erfolgreicher" im *Verdrängen* der sozial-ökologischen Krise, die sie als technische oder politische Herausforderung, aber nicht als konkrete körperliche Bedrohung und Gefährdung für sich und ihre Angehörigen begreifen.

Die feministische Sozialökologie bringt in eine Kritik der herrschenden Nachhaltigkeit dementsprechend drei Aspekte ein:

1. Die Kritik an der *Feminisierung von Umweltverantwortung*, vom Mülltrennen bis zur guten Laune in der Eigenarbeitsgesellschaft.

2. Die Auffassung, daß Lösungsansätze überhaupt nur aus der Perspektive einer *Krise der Reproduktion* formuliert werden können: an der Tatsache, daß das konkrete Alltagsleben sozial-ökologisch kaputtgeht und diejenigen dabei aufgearbeitet werden, in deren Verantwortlichkeit dieser Bereich fällt, mehrheitlich Frauen natürlich.

3. Die Kritik an einem spezifisch „nachhaltigen" Kampfbegriff von der *weiblichen (Öko-)Hysterie*. Die Erfahrung der Gefährdung und das Mißtrauen gegenüber der Verantwortungslosigkeit von Politik und Wissenschaft werden von den Nachhaltigkeits-Verfechtern bekanntlich als vorwissenschaftliche Ängste behandelt: „Wer nicht mitmacht, muß offenbar bescheuert sein oder an der Krankheit des ‚Moralismus' leiden" (Bernhard). Daß die Nachhaltigkeits-Debatte die längste Zeit fast nur von Männern geführt wurde, hat nicht *nur* mit patriarchalen Ausschlußmechanismen zu tun. Es gibt *auch* eine weitverbreitete Haltung eines erklärten Desinteresses von Frauen an dieser Debatte – eine Weigerung, der patriarchalen Politik und Wissenschaft durch konstruktives Mitdiskutieren zu bestätigen, sie hätten auch nur irgend etwas an der Krise „im Griff".

Die feministische Sozialökologie kann das Utopieproblem nicht lösen; sie versteht sich auch als betont „mittelfristige Theorie". Sie legt jedoch einen *Krisenbegriff* nahe, der auf die Lösung hinführt. Auch die Krise spielt sich nicht irgendwo draußen in der Natur ab, und sie läßt sich nicht vorrangig als Krise des Kapitals und seiner objektiven Schwierigkeiten fassen. Die Krise ist eine Frage der Wahrnehmung. Sie besteht darin, daß die sozialen Verhältnisse als krisenhaft wahrgenommen werden und daß sich soziale Strategien entsprechend verändern, und zwar vor allem auf seiten der unterprivilegierten Gruppen. Sie ist eine soziale Krise, weil sich individuelle und kollektive Strategien so verändern, daß sie nicht mehr automatisch zur Reproduktion der Herrschaftsverhältnisse beitragen.

Das gilt für die Alltagspraxis wie für die Ideologie. Auf ideologischem Gebiet besteht die Krise im Vertrauensverlust in die herrschenden Eliten und in die Problemlösungskompetenz des herrschenden politischen Systems. Die Masche, daß die nördlichen Führungseliten den sozial-ökologischen Notstand noch zur Legitimierung ihrer „Ökologieführerschaft" *(Zukunftsfähiges Deutschland)* benutzen wollen, wird durchsichtig. Krise ist, wenn der Kaiser nackt ist.

Daß die soziale Kohärenz der Herrschaftsverhältnisse abnimmt – das ist es, was die Krise bestimmt. Abwicklung bedeutet, diese Dynamik freizusetzen durch Abbau all dessen, was sie noch auf der Bahn der Reproduktion des Alten halten soll.

Literatur

Agarwal, Bina: The Gender and Environment Debate: Lessons from India. In: Feminist Studies, Vol.18/1, 1992.

Bernhard, Claudia: Der Igel ist immer schon da oder Wie man/frau dem Herrschaftsdiskurs hinterherläuft. In: FORUM entwicklungspolitischer Aktionsgruppen 199, Bremen 1995.

Bernhard, Claudia: Die patriarchale Gleichberechtigungsgesellschaft. In: FORUM entwicklungspolitischer Aktionsgruppen 185/186, Bremen 1994.

Brüggen, Willi: Vom Umbaumodell zur Umbaupolitik. In: Buhlmann, Edelgard – Oertzen, Peter von – Schuster, Joachim (Hrsg.): Jenseits von Öko-Steuern. SPW-Jahrbuch 1995/ 96, Dortmund 1995.

Editorial. In: Materialien für einen neuen Antiimperialismus. Nr. 1: Zentralamerika – Mexiko. Göttingen – Berlin 1988.

Hartmann, Detlef: Leben als Sabotage. 2. Aufl. Göttingen – Berlin 1988.

Hirsch, Joachim: Kapitalismus ohne Alternative? Hamburg 1990.

Hirsch, Joachim: Der nationale Wettbewerbsstaat. Berlin 1995.

Lipietz, Alain: Berlin, Bagdad, Rio. Münster 1993.

Mies, Maria: Kapital und Patriarchat. Zürich 1989.

Mies, Maria: Die Krise als Chance: Zum Ausstieg aus der Akkumulationslogik. In: IG Rote Fabrik/Zürich (Hrsg.): Krise – welche Krise? Berlin 1995.

Schultz, Irmgard – Scheich, Elvira: Soziale Ökologie und Feminismus. 2. Aufl. Frankfurt/ Main 1989.

Stolz, Heinz-Jürgen: Subsistenz – Alternative für den Norden? In: FORUM entwicklungspolitischer Aktionsgruppen 187, Bremen 1994.

Werlhof, Claudia von: Mutter-Los. München 1996.

Den Norden abwickeln

Das Konzept der Abwicklung

Hubert Weinzierl – als BUND-Vorsitzender nicht gerade des Linksradika-lismus verdächtig – beschrieb die umweltpolitische Bilanz der 80er Jahre mit den Worten: „Passiert ist nichts." Natürlich gab es in den 70er und 80er Jahren eine Vielzahl von Umweltgesetzen und -verordnungen; auf lokaler, nationaler und internationaler Ebene. Aber es hat keine grund-sätzlichen Veränderungen gegeben: nichts, wo am Mechanismus des zer-störerischen Wachstumsmodells irgend etwas korrigiert worden wäre. Im Gegenteil.

Nach den bisherigen Ausführungen dürfte klar sein, daß auch gar nichts passieren *kann*. Jedenfalls nicht in diesem Sinne. Die momentane Debatte um nachhaltige Entwicklung hat die skeptische Erfahrung der Umweltbe-wegung verdrängt und täuscht eine Offenheit vor, die so nicht besteht. Die komplizierten Verfahren der wissenschaftlichen Ausführung, öffent-lichen Diskussion und partizipatorischen Anhörung sorgen dafür, daß nur genau das geschieht, was zu den Strukturen der kapitalistischen Ordnung und der sie tragenden Interessen paßt. Das ist zum einen die liebevolle Ausgestaltung des herrschenden ökologischen Irrsinns: der „intelligente Stau" durch neue High-Tech-Verkehrsleitsysteme, wie sie derzeit von Sie-mens entwickelt werden, um noch größere Automassen „flüssig" durch die Gegend lenken zu können; oder die „intelligente Verschmutzung" durch computerisiertes Umweltmonitoring und Biotop-Planung, die für die op-timale Verteilung des Drecks sorgen. Das ist zum anderen die Umgestal-tung der Naturverhältnisse in Richtung einer noch ungleicheren Vertei-lung der Kosten und der Nutzen. Die globale Entschlackung und Flexibi-lisierung der Produktion – die globale ökologische *lean production* – wir-ken zusammen mit der Kündigung von sozialen Ansprüchen: dem *Um-*

weltsparen, das die ökologischen Bedürfnisse des globalen Produktionssektors langfristig absichern soll.

Auf allgemeine Einsicht braucht nicht spekuliert zu werden, solange im bestehenden Herrschafts- und Gesellschaftssystem gilt: Die Kosten der Umweltkrise fallen nach „unten", die Profite der Umweltkrise steigen nach „oben". Die materielle und soziale Kohärenz der Herrschaftsverhältnisse – der Umstand, daß die Form der Herrschaftsausübung die Struktur der Ungleichheit materiell und sozial stets aufs neue reproduziert – wird durch die Umweltkrise nicht außer Kraft gesetzt.

Diese Kreisläufe der „gives and takes", das System der Spaltung zwischen einer privilegierten und einer benutzten Hälfte der Welt, funktionieren in ganz ähnlicher Weise auf internationaler, gesellschaftlicher und persönlicher Ebene. – Auf *internationaler Ebene* üben die nördlichen Industrieländer ihre Herrschaft über den Süden mittels einer technisch-ökonomischen Palette von Herrschafts- und Abhängigkeitsmitteln aus: militärische Überlegenheit, überlegene Exportwirtschaft, Verfügung über die entwickeltsten Technologien, finanzpolitische Überlegenheit (als direkte Gläubiger, als indirekte Tributempfänger durch hochdotierte Währungen, als Kontrolleure der internationalen Institutionen wie Weltbank, GATT, WTO). Was sie dafür nehmen von den Ländern des Südens, ist der Verkauf von deren konkreter und abstrakter Natur: die Naturprodukte der Länder, aber auch die schiere Fläche und Arbeitskraft, die zur Verfügung angeboten wird. Unter den Bedingungen der ökologischen Krise *nimmt die Ungleichheit zu*. Die Überlastung der natürlichen Produktivität und die Katastrophen falscher Natursteuerung treffen „die unten" am meisten, während „die oben" sich technologisch besser schützen und obendrein noch ihre ökologischen Reparaturtechnologien und Patente verkaufen können.

Dies gilt genauso auf *nationaler Ebene*. Der Teil der Gesellschaft, der in den Sektor eingebunden ist, in dem für globale Produktion und für Herrschaftsmittel gearbeitet wird, verfügt über Geld, Informationssysteme, Medien und das Gewaltmonopol. Was er dafür vom „Rest" bekommt, ist dessen Arbeit, Leben und Eigentum. Es ist die schlecht oder gar nicht bezahlte Arbeit, die körperliche und soziale Reproduktion des Lebens, es sind all das Land und alle Flächen, all die Kreativität, Flexibilität und Ideen, die nötig sind, den Alltag zu organisieren oder die für ein Butterbrot verkauft werden an die Apparate, die daraus Profite machen. Auch dieser Austauschkreislauf bringt unter den Bedingungen der ökologischen

Krise nur die „unten" in Schwierigkeiten. Wer Geld und Kontrolle hat, kann sich Gesundheit und Freiräume kaufen. Die Krise der Reproduktion, das heißt der unglaubliche Verschleiß, den die ökologische Krise allen Menschen auferlegt, die den Alltag managen, sich mit sozialen oder „naturnaheren" Dingen beschäftigen und dafür verantwortlich fühlen oder die versuchen, unter diesen kranken Bedingungen noch etwas Kreatives zu machen – diese Krise macht die „unten" noch abhängiger. Die verallgemeinerte Luftschadstoff-Konzentration trifft den ökologischen Landbau härter als die Treibhaus-Tomaten und Import-Nahrungsmittel. Die sozial-ökologische Krise setzt den autonomen Basis-Projekten mehr zu als den Glaspalästen des „formellen" Sektors: Ohne Zugang zu Information und Geld wird es immer schwieriger, politisch etwas zu bewegen; und die Sorge um Einkommen, Renten und die nötigen Medikamente im Alter ist keineswegs eine irrationale Panik.

Der Kreislauf funktioniert auch auf der *persönlichen Ebene* und führt unter den gegebenen Bedingungen eher zu einer noch stärkeren Selbst-Vermarktung und Zurichtung als zur Entwicklung von „postmaterialistischen Werten" und neuer „Entschleunigungs-Ethik". Die herrschenden Verhältnisse tragen die Spaltung in uns selbst hinein. Ein Teil unserer Person nimmt teil an der Sphäre der formalen Arbeit und diszipliniert den anderen Teil. Unsere strategische Hälfte verkauft unsere Persönlichkeit auf dem Markt, erlangt Teilhabe an der Kontrolle und ein Stück patriarchale Autonomie. Sie *liefert*. Unsere spontane, ungeordnete, direkte Seite dagegen, das Körperliche und das Unüberlegte, ist dafür zuständig, all das zu produzieren, wodurch unsere strategische Seite auf dem Markt liefern *kann* – und es ist die physisch-spontane Seite, die durch die Umweltkrise in Schwierigkeiten gerät.

Das Spannungsverhältnis zwischen Selbstdisziplinierung und dem, was wir einmal unsere „Physis", einmal unsere „Seele" nennen, existiert immer und überzeitlich. Wir würden sonst überhaupt nichts zustande bringen. Aber unter den herrschenden Bedingungen ist dieses Verhältnis zur autoritären Einseitigkeit, zum Herrschaftsverhältnis erstarrt. Wir müssen uns zur berechenbaren und lieferbaren *Ware* machen, für deren gleichbleibende Qualität und jederzeitige *Verfügbarkeit* wir garantieren, deren lebendige *Ansprüche* wir aber niederkämpfen. Die totale Verfügbarkeit von Natur und Arbeit, einer der Hauptwesenszüge des Kapitalismus, macht vor uns selbst nicht halt. Auch hier greifen die Kosten der ökologischen Krise

„unten" an, während sich die Bewegungsfreiheit „oben" erhöht. Unser körperlich-seelisches Funktionieren wird immer prekärer, während wir Experten im Anhäufen von Mitteln werden, mit denen wir trotzdem Leistung erzielen. Das muß nicht nur die Chemie sein und all das, was uns die expandierende Körperfunktions-Industrie zur Verfügung stellt. Es ist auch der ganze New Age-Stoff, mit dem man sich vollpumpt und sich einredet, es hätte einen kosmischen Sinn, sich morgens zur Arbeit zu schleppen, auf dem Heimweg freundlich und beim Einkaufen bescheiden zu sein. Der Zwang und die Möglichkeiten, sich selbst zuzurichten, nehmen unter den Bedingungen der ökologischen Krise zu, während die Ansprüche unserer physisch-kreativ-spontanen Seite immer schneller selbstmörderische Züge auweisen. Ob es das Bedürfnis nach einem Sonnenbad ist (Hautkrebs), nach Sex (AIDS) oder nach Faulheit und Widerspruch (Karriereknick) – die Notwendigkeit, uns zu zügeln, einzuschränken, zu kontrollieren, nimmt zu und damit auch die Abhängigkeit von Geld, Information, von den Erfolgen unserer strategischen Persönlichkeitshälfte.

Egal auf welcher Ebene – im Rahmen der Herrschaftsverhältnisse fallen ökologische Kosten nach „unten" an, Profite steigen nach „oben". Deshalb gibt es keine gemeinsamen Interessen aller Beteiligten an einem Ausweg aus der ökologischen Krise. Deshalb gibt die ökologische Krise *selbst keinen* Anlaß, der das Herrschafts- und Gesellschaftssystem des Nordens zu substantiellen Reformen seiner grundlegenden Kreisläufe zwingen würde. Deshalb ist es ein Irrtum, die ökologische Krise müßte nur allgemein bewußt gemacht werden und zöge dann von selbst Änderungen im Herrschaftssystem nach sich. Deshalb ist es auch ein Irrtum zu glauben, es werde im Rahmen dieses Systems Lösungen geben, die darüber hinausgehen, die *für alle* tödlichen Extreme zu vermeiden.

Effektivierung und Umweltsparen bringt auch ökologisch nichts. Es gibt keinen Weg, den Sog der Naturvermarktung zu begrenzen, solange die Herrschaftsverhältnisse so sind, wie sie sind. Die reine Zuspitzung der ökologischen Probleme kann von der herrschenden Ordnung gut verdaut werden. Sie wird sogar benutzt, die Herrschaftsverhältnisse zu legitimieren und auszubauen.

Deshalb geht es darum, die skizzierten Kreisläufe zu brechen. Nicht die einzelnen ökologischen Probleme, sondern die *Herrschaftsverhältnisse* müssen zum Ansatzpunkt gemacht werden. Nur darüber gibt es Veränderungen. Die Lösung liegt in der *Zurückdrängung* von Herrschaft, nicht in ihrer Modernisierung. Der Zugriff und die Kontrolle des Nordens auf den Süden müssen begrenzt und *verringert*, nicht „ökologisiert" und erweitert werden. Dies gilt gleichermaßen, ob es um den „globalen", um den „gesellschaftlichen" oder um unseren „inneren" Süden geht. Der Zusammenhang zwischen den drei Ebenen ist uns instinktiv klar: Die rassistischen und sexistischen Schimpfwörter, die gegen den faulen, unnützen, wahnsinnigen, unersättlichen Süden gebraucht werden, sind in allen drei Verhältnissen dieselben. Es ist viel geschrieben worden über das Vorrücken einer „Dritten Welt" inmitten der „Ersten"; aber genauso rückt eine „Dritte Welt" in uns selbst vor, ausgeplündert und abgehängt, verelendet und renitent. Dies ist kein metaphorischer Zusammenhang, sondern ein realer. Es ist der Zusammenhang des kapitalistischen Herrschaftssystems, der alle Verhältnisse spaltet: hier Teilhabe am hochformalisierten, verfügenden Sektor – dort Abhängigkeit, Ausgrenzung, Abtretung von Natur und Arbeit. Mag die Grenze auch kompliziert sein, fraktal, quer durch die Gesellschaften und durch uns selbst – sie ist bestimmbar. Sie trennt den „formellen" Sektor und den unterdrückten „Rest".

Wenn vom Süden die Rede ist, gilt auch die alte Grundregel internationalistischer Politik: *Hilfe ist Nonsens.* Auch „Hilfe zur Selbsthilfe" ist nichts anderes als eine nonchalante Formulierung für die Einübung in die Verhältnisse, um sie so zu belassen, wie sie sind. Sie ist als Antwort ebenso inadäquat wie die Empfehlung, angesichts des widerlichen Drucks in einem leistungsorientierten Schulsystem (das zur widerstandslosen Ausfüllung künftiger sinnloser Tätigkeiten heranbildet) sollten die SchülerInnen doch Hausaufgaben-Selbsthilfegruppen bilden, mit Limonade und Keksen. Es trifft irgendwie nicht den Kern der Sache. Internationalistische Politik hat demgegenüber immer das Recht zur Sezession betont, zur Autonomie. Und sie hat daraus abgeleitet, daß die Aufgabe *hier* nicht in Hilfe liegt, sondern im flankierenden Eingreifen. Darin, die Instrumente des militärischen und ökonomischen Zugriffs zu behindern, mit denen die Autonomieversuche des Südens gebrochen werden sollen.

Das ist der Dreh- und Angelpunkt. Es geht um die *Abwicklung des Nordens als Herrschaftssystem und Gesellschaftsordnung*, um die schrittweise Zurückdrängung der Instrumente des Zugriffs; um die *Unabhängigkeit* des Südens und um die *Entmachtung* des Nordens, auf allen skizzierten Ebenen. Dies ist das entscheidende Kriterium, um die Kreisläufe zu brechen und Spielräume für eine andere Entwicklung aufzumachen. Es ist auch das einzige Kriterium dafür, ob Maßnahmen und Aktionen in die richtige Richtung gehen, etwas zu verändern und zu bewirken, oder ob sie nur der Ausgestaltung des Bestehenden dienen. Wenn Nachhaltigkeit die Gestaltung der ökologischen Krise im Interesse des sozialen Programms des Kapitalismus ist, dann ist Abwicklung die Zurückdrängung dieses sozialen Programms, im ökologischen *und* emanzipatorischen Interesse.

Natürlich ist dies eine antikapitalistische Politik; aber das besagt nicht allzuviel. Abwicklung des Nordens ist etwas Konkretes. Sie richtet sich auf die *Hauptinstrumente* des Zugriffs und der Kontrolle. Sie plant nicht eine vorgestellte Zukunft, sondern geht davon aus, daß die Zurückdrängung *Spielräume* für eine andere Entwicklungslogik schafft. Sie setzt nicht *eine* vorgefertigte Utopie, sondern läßt Raum für vielfältige Modelle, die sich aus den jeweiligen subjektiven Vorstellungen entwickeln werden. Sie versucht damit umzugehen, daß ein abrupter Crash weder möglich noch wünschenswert ist, daß aber eine positive Weiternutzung der bestehenden Apparate auch nicht funktioniert; so gibt es Aufgaben der Entsorgung, der schrittweisen Zurückführung, der Umgewöhnung und Altlastensanierung – eben der Abwicklung. Sie appelliert nicht an eine puristische oder heroische Moral, sondern konzentriert sich auf die Hauptpunkte, die eine Veränderung der Entwicklungsrichtung schaffen und an direkten Interessen anknüpfen. Abwicklung umfaßt fünf Prinzipien:

1. Das Unterbinden jedweder Intervention
2. Die Zurückdrängung des globalen Sektors
3. Die Entprivilegierung der formalen Arbeit
4. Die direkte Aneignung von Räumen und Zusammenhängen
5. Maßnahmen zur direkten Überlebenssicherung

Unterbinden von Intervention

Der zentrale Punkt ist die Fähigkeit des Nordens zur *militärischen Intervention*: zur *ultima ratio*, seinen Zugriff durchzusetzen. Indem sie geschwächt und blockiert wird, wird der Weg eröffnet, daß der Süden sich seine Natur und Arbeit selbst aneignet, anstatt sie bis zur völligen Verwüstung auszuliefern.

In den StudentInnen- und SchülerInnen-Demos zur Zeit des Golfkriegs fand die Parole „Kein Blut für Öl" den größten Zuspruch. Heutzutage wäre die Erweiterung „Kein Blut für Öko" angebracht. Die militärtechnologischen Möglichkeiten des Nordens sind eindrucksvoll, die politische Durchhaltbarkeit von Einsätzen ist jedoch begrenzt. Die „chirurgische" Kriegsführung gegen Angriffsziele im Süden, auf die hin aufgerüstet wird, darf kaum eigene Tote fordern, und sie darf auch nicht länger als ein paar Tage dauern – bevor Unruhe und Widerstand im eigenen Land sich formieren. Weder konnten die USA die Besetzung Somalias durchhalten, noch wagt die mexikanische Regierung eine Bombardierung von Chiapas, da der politische Rückschlag unkalkulierbar wäre. So hoffnungslos überlegen die Aufrüstung militärisch erscheinen mag, so sehr ist sie Ausdruck einer Schwäche. Der Widerstand gegen den Vietnamkrieg hat hier eine historische Grenze gezogen, welcher Grad von offener Eskalation den Staaten des Nordens möglich ist und welcher nicht.

Unfähigkeit zur Intervention ist nicht nur eine Frage militärischer, sondern auch ökonomisch-ökologischer und finanzpolitischer Abrüstung. In den letzten Jahren hat es keinerlei Reformen in diese Richtung gegeben. Es ist aber auch keineswegs gesagt, daß eine Begrenzung der Instrumente (Verschuldung, Strukturanpassung, „Umweltabkommen", Freihandelszwang über WTO und GATT et cetera) auf formal-offiziellem Wege erfolgen muß. Viel wahrscheinlicher ist, daß es bei steigendem innenpolitischen Druck in Ländern des Südens zu einseitigen Aufkündigungen kommen wird. Auch die ökonomisch-ökologische und die finanzpolitische Abrüstung wird sich daher in letzter Instanz daran entscheiden, ob dem Norden eine militärische Option zur Verfügung steht oder nicht.

Die Möglichkeiten der indirekten Kontrolle lösen sich unter dem Druck der sozial-ökologischen Krise zusehends auf. Die direkte militärische Kontrolle wird zunehmend wichtiger. Daher wird in Zukunft eine weit stärkere Propaganda dafür betrieben werden, zu intervenieren und die Verhältnisse mit Gewalt zu ordnen. In jedem Einzelfall wird es Dutzende vermeintlich gute Gründe geben. Aber in Wahrheit gibt es keinen guten Grund. Der Wegfall der militärischen Drohung und der militärischen Unterstützung für Regierungen ist der einzige Weg, einer Neuordnung „von unten" Raum zu geben. Kein „gerechter" Preis fürs Öl und kein umweltpolitisches Engagement von Shell werden das ökologische Desaster im nigerianischen Ogoni-Delta beenden, sondern die Aufkündigung der militärischen, politischen und finanziellen Unterstützung für das nigerianische Regime wird den Weg für eine Umgestaltung freimachen.

Es besteht kein Zweifel, daß eine Politik der Nicht-Intervention über kurz oder lang zu einer Verteuerung von importierten Rohstoffen und importierten Waren führt. Dies ist ökologisch und binnenwirtschaftlich durchaus zu begrüßen. Vor allem aber entspricht sie einer sehr direkten Interessenlage. Natürlich will niemand sterben für Öl, Uran oder Tropenholz. Natürlich will niemand seine Angehörigen dafür sterben sehen. Eigentlich möchte sich auch niemand durch Anschläge militanter Gruppen hochjagen lassen (ob im Urlaub oder zu Hause), wie sie durch die Politik der Intervention und die Unterstützung unterdrückerischer Regimes unweigerlich provoziert werden, ob man das nun gutheißt oder nicht. Schließlich werden auch die Kosten für immer neue Spiralen der High-Tech-Aufrüstung immer schmerzlicher zu Buche schlagen.

Die Gründe, die einen aktiven Widerstand gegen die Politik der Intervention hervorrufen, gehen aber darüber noch hinaus. Wir erkennen instinktiv, daß der militärisch-logistische Apparat, mit dem gegen andere Gesellschaften Krieg geführt wird, genauso gegen uns selbst gerichtet ist. Jede Festung gleicht mit der Zeit einem Gefängnis, und im Haus des Henkers darf vom Strick nicht geredet werden. Es ist unser wohlverstandenes Interesse, nicht in einem Staat leben zu wollen, der nach außen Krieg führt und im Inneren einen permanenten Belagerungszustand aufbaut.

Zurückdrängung des globalen Sektors

Das zweite Prinzip der Abwicklung ist die Zurückdrängung des *„globalen Sektors"* im eigenen Land. Dieser Sektor, der weiterhin für die Weltmarktkonkurrenz auf globalen Märkten arbeitet, nebst all den Instanzen und Institutionen, die an ihm hängen, muß begrenzt und zurückgedrängt werden. Der „Standort"-Druck, der die Gesellschaft durchzieht, ist allein diesem Sektor geschuldet. In Bremen haben einige tausend Arbeitsplätze in den Vulkan-Werften die Landeskasse in den letzten Jahren 900 Millionen Mark „Bürgschaft" gekostet, die bei der anstehenden Pleite zu zahlen sind; und dazu dürfte eine Menge anderer Kosten hinzukommen. Man kann sich vorstellen, was man mit einer Milliarde sonst hätte bezahlen können – beziehungsweise was alles kaputtgespart werden wird, um sie zu bezahlen. Der Poker mit Weltmarktanteilen wird letztendlich immer von der Bevölkerung bezahlt.

Aber auch da, wo augenscheinlich profitabel global gewirtschaftet wird, geht die Rechnung nicht auf. *James O'Connor* hat darauf hingewiesen, daß städtischer und regionaler Raum, Flächen und Infrastrukturen Gegenstand immer härterer Auseinandersetzungen zwischen sozialen Bewegungen und multinationalen Konzernen geworden sind. Zurückdrängung oder Ausbreitung des globalen Sektors bekommt hier eine sehr anschauliche Bedeutung. Wo früher in den Städten die Landesfürsten und Patrizier residierten, sitzen heute die Verwaltungs- und Leitungszentralen international operierender Konzerne, Banken und Versicherungen. Es ist ihr gutbezahltes Personal, das sich den innenstädtischen Wohnraum in den Großstädten unter den Nagel reißen kann. Weiter draußen verläuft die Auseinandersetzung um Monster-Flughäfen, Schnellbahnstrecken und Autobahnen – die ja nicht wegen der Urlaubs-Staus ausgebaut werden, sondern damit das mobile Geschäftspersonal just in time seine Einsatzorte erreichen kann. Gleichfalls in Bremen wird eine ausgedehnte Bauwagensiedlung, der „Weidedamm", seit längerem von Gebiet zu Gebiet vertrieben. Der derzeitige Aufenthaltsort soll nun wieder geräumt werden, weil Philip Morris ein Auge auf das Gelände geworfen hat und mit einer eventuellen Niederlassung winkt. Wo die BewohnerInnen hingehen, ist ihre Sache. So geht es in allen Städten.

Vielleicht eine der übelsten, weil subtilsten Folgen des globalen Sektors ist, daß er jede andere Form des Wirtschaftens zerstört. Da er jeden Preis bezahlen kann, richten sich alle Preise nach ihm. Da er mit höchster internationaler Ausbeutung operiert, unterbieten seine Waren jedes regionale Produkt. In der Praxis ist es längst so, daß nur noch die Bereiche existieren können, die ihm direkt oder indirekt zuliefern und darüber ein Scheibchen vom Monopolprofit abbekommen oder die mehr oder weniger von Staatszuschüssen leben. *Nichts rechnet sich mehr.* Ob linkes Zeitungsprojekt oder gestandenes mittelständisches Speditionsunternehmen: Man wird (materieller oder ideologischer) Zulieferer oder macht dicht. Deshalb können Gegenden, aus denen der globale Sektor abgezogen ist, plötzlich erstaunlich regsame Wirtschaftsaktivität entfalten. Deshalb ist eine der zerstörerischsten Formen, in denen sich die Herrschaft des globalen Sektors ausdrückt, die Herrschaft der *Frustration.* Wer Glück hat, kann trotz Krise bis jetzt noch einigermaßen leben. Aber man kann nichts *machen*, nichts auf die Beine stellen, was über eine Schreibmaschine im Keller oder eine fliegende Würstchenbude hinausgeht.

Den globalen Sektor zurückzudrängen, wäre für eine entschlossene regionale und nationale Politik kein Problem. Es würde keine neuartigen Instrumente benötigen. Die Zurückdrängung würde sich vollziehen können über De-Investition, De-Subventionierung, Flächenverweigerung, Besteuerung et cetera. Es wäre nur logisch, Gewinne aus dem Preisgefälle zwischen Inland und ausländischer Billigarbeit höher zu besteuern als im Inland erwirtschaftete Umsätze. Mit diesem Geld wäre eine regionale Produktion (mit regionalem Absatz) zu subventionieren – so lange, bis die zerstörerische Preiskonkurrenz des globalen Sektors sich durch seine Schrumpfung erledigt hat.

Eine solche Politik als *staatliche* Politik ist derzeit nirgends in Sicht. Vorläufig ist es Sache der *sozialen Bewegungen*, die sozialen und ökologischen Kosten des globalen Sektors inakzeptabel zu machen. Die Auseinandersetzung um den Castor (den Transportbehälter, der für die Atommüll-Transporte – auf dem Schienenweg – aus dem Kraftwerk ins Zwischenlager verwendet wird) in Niedersachsen – um den Transport von Atommüll als „Nebenerscheinung" der fortgesetzten Atomenergie-Politik – hat gezeigt, wie sozialer Protest und regionale staatliche Unterstützung zusammenwirken können und welches Potential dann allein in der schlichten Verweigerung von staatlichen Sonderleistungen (Polizeischutz zum Beispiel) liegen kann. Menschen haben gute Gründe, ihre Region oder Stadt als „globalen Wirtschaftsstandort" zu schädigen, zu blockieren und in Verruf zu bringen. Sie tun es auch bereits – meistens da, wo es um internationale Großprojekte geht, von der Olympiade in Berlin bis zur Weltausstellung („Expo") in Hannover.

Ein noch härteres, weil zentraleres Feld der Auseinandersetzung um die Zukunft des globalen Sektors ist die Kontrolle und Begrenzung der High-Tech-Entwicklung. Gegenwärtig und noch auf lange Zeit wird es sich dabei hauptsächlich um die Gen- und Biotechnologie drehen. Wie die Geschichte der Atomwirtschaft gezeigt hat, sterben die technologischen Offensiven des globalen Sektors nicht dadurch, daß irgendein Parlament darüber entscheidet. Sie ersticken irgendwann an den Kosten, die ihnen rechtliche Auflagen, soziale Auseinandersetzungen und politische Behinderungen auferlegen. Dies schien im Fall der Atomwirtschaft bereits denkbar, wenn es nicht die Markterweiterung in den Osten gegeben hätte.

Entprivilegierung der formalen Arbeit

Das dritte zentrale Instrument, über das sich der Zugriff des nördlichen Herrschafts- und Gesellschaftssystems auf Natur und Arbeit realisiert, ist die *Privilegisierung der formalen Arbeit*. Dies geht weit über die massive Unterstützung für den globalen Sektor hinaus.

Die klassische Erwerbsbiographie – lebenslange Tätigkeit auf Arbeitsstellen in Industrie, Dienstleistung oder Verwaltung, mit formalem Arbeitsvertrag, geregelter Arbeitszeit und Urlaubstagen, gewissen Arbeitsschutzrechten und „Vollzeit" – ist längst einer soziologischen Minderheit vorbehalten. Trotzdem orientiert sich das gesamte Sozialsystem an der Fiktion, diese Erwerbsbiographie sei der Regelfall. Die feministische Kritik hat dies ebenso angeprangert wie die antirassistische Kritik. Wer Zugang zu „formaler Erwerbsarbeit" hat, verfügt über Möglichkeiten, die andere nicht haben – Rentenansprüche, Ruhe vor Arbeits- und Sozialämtern, Kredit- und Mietwürdigkeit, soziale Reputation und eine relativ freie Verfügung über sein/ihr Einkommen und Besitz einschließlich der Freiheit zu Nebeneinkommen. Für alle anderen gilt das nicht. Wer „arbeitslos", in der Reproduktionsarbeit tätig, zu alt, zu jung, Bezieher von staatlichen Zusatzleistungen, ohne Arbeitsvertrag beschäftigt ist et cetera, gehört nicht zu den derart freien „Bürgern".

Dies ist gleichermaßen ein soziales und ein ökologisches Problem: Menschen werden um so mehr Rechte und Freiheiten zugemessen, je mehr Materialumsatz und Stoffdurchlauf sie produzieren. Auch hier ist der Schlüssel das Herrschaftsverhältnis, das durch die Privilegisierung der formalen Arbeit errichtet wird und dessen Zugriff auf Leben und Zeit der anderen zurückgedrängt (statt besser verwaltet) werden muß. In diesem Falle wäre das Mittel, das von staatlicher Politik eingesetzt werden könnte, eine allgemeine Grundsicherung. Und zwar für jede und jeden, ohne Bedingung, außer der, keinen Vollzeitjob im formalen Sektor zu haben. Was sich in den sozialen Beziehungen zwischen den Menschen abspielt, wie dort patriarchale und rassistische Strukturen abgebaut werden, kann von staatlicher Politik nicht geplant werden. Der springende Punkt ist jedoch die Unabhängigkeit: die Möglichkeit, jederzeit aus eigener Kraft und aus eigenen Bezügen angemessen überleben zu können. Allein diese Möglichkeit setzt eine Dynamik frei, Ansprüche stellen und Konsequenzen ziehen zu können.

Auch diese Maßnahme trifft der Staat nicht. Aber die Menschen arbeiten daran, auf sehr verschiedene Weise, im Rahmen verschiedener sozialer Bewegungen. Die Arbeitsplatzschaffung seitens der alternativen städtischen Projekte gehört dazu, mit ihrer Beschaffung von staatlichen Zuschüssen, Förderungen, Spenden, begrenzten kommerziellen Einnahmen und so weiter. Die subsistenzorientierten Lebens- und Arbeitsprojekte auf dem Land gehören dazu. Die konkrete Unterstützung „offizieller" und „illegaler" Flüchtlinge, wie sie die Anti-Rassismus-Bewegung praktiziert, gehört dazu. Es gibt viele solche Beispiele. Sie alle schaffen unabhängige Existenzmöglichkeiten jenseits der Zumutungen des formalen Arbeitssektors, gerade für Personengruppen, die dort keine Chance haben.

Es geht auch nicht nur um „Arbeitsplätze". Es geht um den gesamten Bereich des Verteilungskampfes mit all seinen Instrumenten: politischen Protesten, finanzpolitischen Anträgen, Formularen, Eingaben, Beratungen – wo auch immer der staatliche Sparkurs gegen die „Informellen" unterlaufen, konterkariert, ausgehöhlt und zurückgewiesen werden kann. Es geht auch um den Aufbau von sozialen Beziehungen und Organisationsformen, die mit der patriarchalen geschlechtlichen Arbeitsteilung brechen und die Arbeitsteilung zwischen „Leistungsträgern" und „Zulieferpersonal" tendenziell aufheben.

Das wesentliche dabei ist nicht, daß diese Einrichtungen, Beziehungen und Netze „ökologischer" sind als die Fabriken des formalen Sektors (obwohl sie das auch sind), sondern daß Menschen ihre Erpreßbarkeit abbauen und die Privilegierung der formalen Arbeit systematisch unterlaufen. Sie arbeiten daran, ein gesellschaftliches Herrschaftsverhältnis zu begrenzen und zurückzudrängen, das für die soziale und ökologische Krise verantwortlich ist. Sie sorgen dafür, daß sich „Leistung nicht mehr lohnt", nämlich daß die „Leistung" im formellen Sektor sich nicht mehr lohnt als jede andere. Das ist auch das Kriterium für die Bewertung dieser Versuche: ob sie mehr Unabhängigkeit schaffen und daß sie den Verteilungskampf mit dem formellen Sektor nicht scheuen. Das Im-Stich-Lassen der „Leistungsträger" durch den Auszug aus patriarchalen Beziehungen gehört genauso dazu wie der lokale Kleinkrieg für die soziokulturellen Etats und gegen die „wirtschaftspolitischen" Etats. Denn auf Dauer kann die Selbstorganisation allein nicht ausreichen, wenn sie nicht eine hinreichende Unterstützung auch von staatlicher Seite (zum Beispiel im lokalen und regionalen Rahmen) durchsetzt.

Direkte Aneignung von Räumen und Zusammenhängen

Die mexikanische Revolution 1911 hat den vielzitierten Ruf nach „Land und Freiheit" geprägt. In den Ländern der „Dritten Welt", vor allem den schwach industrialisierten und von bäuerlicher Ökonomie bestimmten Regionen, ist der Zusammenhang evident: Es gibt keine Freiheit ohne die Verfügung über Land, und es gibt kein Land ohne revolutionär durchgesetzte Freiheit. Beides ist Bedingung für eine unabhängige Entwicklung, für die Verfügung über die eigene Natur und Arbeit.

Die Formel gilt auch für die hochindustrialisierten Länder des Nordens, aber sie ist übersetzungsbedürftig. Land ist auch hier nicht unwichtig, aber man muß der Tatsache Rechnung tragen, daß die nördlichen Länder in hohem Maße urbanisiert, industrialisiert, arbeitsteilig organisiert und auch in ihrer sozialen Kommunikation technisiert sind. (Auch für die Millionenstädte und industrialisierten Regionen der Dritten Welt ist die Formel von „Land und Freiheit" ohne Übersetzung nicht anwendbar.) Die Entsprechung zu „Land und Freiheit" liegt hierzulande in der Wiederaneignung von Räumen und Zusammenhängen, in der Selbstbestimmung und Selbstversorgung auf allen Ebenen.

Sich Räume und Zusammenhänge anzueignen heißt, unabhängige Strukturen für die Versorgung wichtiger Bedürfnisse aufzubauen und sich dafür die nötigen materiellen, erfahrungsmäßigen und logistischen Voraussetzungen zu beschaffen. Es ist das Gegenmodell zum patriarchalen Fürsorge- und Allmachts-Staat, der mit „seinen" nationalen Ressourcen globale Geschäfte macht und davon die Versorgung „seiner" Bevölkerung bestreitet. Es gibt eine Menge Versuche, bei dem sich Leute städtische und ländliche Räume aneignen und eigene Netze aufbauen: städtische Häuserbesetzungen und unabhängige Landkommunen, Erzeuger-Verbraucher-Gemeinschaften und lokale Tauschringe, autonome Medien und Bildungseinrichtungen, regionale Märkte und selbstorganisierte Kinderbetreuungen und so weiter. Sie alle stoßen beständig an rechtliche, politische oder eigentumsmäßige Grenzen, die es zu überwinden gilt.

Eine staatliche Politik der Abwicklung müßte diese Grenzen beseiteschaffen: durch eine radikale Liberalisierung der staatlichen Aufsichtsinstanzen und Normierungsvorschriften und durch eine Bereitstellung von Räumen und Unterstützung. Aktuell ist ja fast alles verboten, was in diesen Bereich selbstorganisierter Gestaltungsmacht fällt, weil es irgendwelche DIN-Normen und Gewerbeaufsichtsvorschriften nicht erfüllt, wettbewerbsverletzend ist oder sich mit privaten Eigentumsrechten beißt. Solange es keine derartige staatliche Politik gibt, ist es Sache der sozialen Bewegungen und ihrer Organisationen, den Bereich unabhängig angeeigneter Räume und Zusammenhänge zu verteidigen und auszudehnen.

Letztendlich findet dieses Prinzip seine Zuspitzung im Projekt einer radikalen regionalen Autonomie, das mit den herrschenden juristisch-politischen Bedingungen kaum zu vereinbaren ist. Genau dieses Projekt wird aber Gegenstand zukünftiger Auseinandersetzungen sein, wenn versucht werden soll, mit der Erhaltung und selbständigen Gestaltung der regionalen Natur und Arbeit Ernst zu machen.

Maßnahmen zur direkten Überlebenssicherung

Die bisherigen vier Prinzipien der Abwicklung sind eher Maßnahmen einer indirekten Steuerung – sie verschieben Kräfteverhältnisse zwischen Nord und Süd, globalem und regionalem Sektor, formeller Arbeit und Bevölkerungsmehrheit, Vormundschaftsstaat und Selbstorganisation. Sie geben keine stofflichen Gestaltungsinhalte vor und machen keine ökologische „Verbesserungspolitik". Darüber hinaus gibt es jedoch einen Bereich von Maßnahmen, die einen konkreten Gegenstand haben und darauf abzielen, ökologische Überlebenssicherung zu betreiben. Sie betreffen alle die Nahrungsmittelversorgung. Es sind dies eine Verringerung des globalen Flächenzugriffs des Nordens, die Herausnahme der Grundnahrungsmittel aus dem Weltmarkt und die sogenannte „Dekolonisierung des Nordens". Sie bilden das fünfte Prinzip der Abwicklung.

Eine unabhängige Überlebenssicherung in anderen Teilen der Welt ist nicht möglich, wenn der exzessive Flächenzugriff des Nordens in Ländern des Südens bestehen bleibt oder gar ausgedehnt wird. Eine Benutzung dieser Flächen als Exportplantagen für Früchte, Schnittblumen oder perspektivisch für eine exportorientierte Energieproduktion ist aus ökologischen und sozialen Gründen nicht aufrechtzuerhalten. Der Import solcher Plantagenerzeugnisse ist daher schlicht abzustellen beziehungsweise zu minimieren. Das gleiche gilt für den Handel mit Grundnahrungsmitteln auf dem Weltmarkt. Die Folgen für die einheimischen Nahrungsmittelmärkte und damit für die Ernährungssicherheit der Bevölkerung sind so verheerend, die Verschleuderung von notwendigen Ressourcen durch Transport und Lagerhaltung so evident, daß es auch hier keine Alternative dazu gibt, Grundnahrungsmittel nicht mehr global handelbar zu machen. Die Gesundheitsgefährdung, wenn Grundnahrungsmittel nach den Maßstäben globaler Preis- und Angebotskonkurrenz produziert und vertrieben werden, ist mittlerweile auch in den Nordländern spürbar geworden – am BSE-verseuchten Rindfleisch ganz augenfällig, an den unkalkulierbaren Folgen gentechnisch erzeugter Nahrungsmittel und massiver Konservierungsmittel bislang noch weniger spektakulär. In diesen Bereichen bedeutet Abwicklung daher tatsächlich Gestaltung durch direkte Verbote – wenn nicht durch staatliche Politik, dann durch eine konsequente Ächtung und Blockierung von seiten sozialer Bewegungen und Organisationen.

Die Konsequenz ist, daß der Bereich der Versorgung mit Grundnahrungsmitteln in den nördlichen Industrieländern selbst gezielt wiederaufgebaut werden muß. Das unter anderem meint der von Mies/Shiva gebrauchte Begriff der „Dekolonisierung des Nordens". Die Folgen des kolonialen Systems sind auch im Norden spürbar: Ohne Nahrungsmittelimporte aus den Ländern der Dritten Welt und ohne die Möglichkeiten einer extrem chemisierten und technisierten Landwirtschaft wäre die Überlebenssicherheit der Bevölkerung sofort gefährdet. Wenn Abwicklung diese herrschaftsförmigen Zugriffe unterbindet, dann reicht es nicht aus, darauf zu warten, daß sich die Nahrungsmittelversorgung auch im Norden irgendwann wieder selbsttätig einpendelt. Dieser Prozeß der Umstellung muß abgesichert und der Aufbau eigener Versorgungsstrukturen gezielt beschleunigt werden.

Abwicklung statt nachhaltiger Entwicklung

Dies alles ist ein weitgespanntes Programm, aber es ist weder unrealistisch noch beliebig. Es sind die Punkte, auf die es ankommt, wenn für Auswege aus der sozial-ökologischen Krise bei den Herrschaftsverhältnissen angesetzt wird und nicht bei der herrschaftsförmigen Modernisierung und Entschlackung.

Im Gegensatz zu den Programmen der *nachhaltigen Entwicklung* strebt Abwicklung keine „Zukunftsfähigkeit" im Sinne einer Dualwirtschaft von globalem Sektor und regionaler Niedriglohnwirtschaft an. Die Grundrechnung ist einfach: Solange der globale Sektor besteht, soll er voll für die Preisdifferenz zur regionalen Produktion und für die Grundsicherung der „nicht-formellen" Bevölkerung aufkommen. In dem Maß, in dem der globale Sektor verschwindet, gibt es verbesserte Möglichkeiten für unabhängige Existenzsicherung und stabilisierte Regionalwirtschaft, so daß die Alimente nicht mehr nötig sind. Nördliche „Ökologieführerschaft" ist kein Thema und „Effizienzrevolution" von nachgeordneter Bedeutung. Ausgefeilte Umweltraum-Berechnungen und Produktliniendiagramme sind nicht nötig. Es gibt keine Rechte auf „globale Umwelt": Wenn Brasilien seine Urwälder abholzt, wären Verhandlungen eine gute Idee, aber diese Wälder *gehören uns nicht* – im Zweifelsfall müßten wir selbst aufforsten.

Im Unterschied zu klassischen Formulierungen einer *subsistenzorientierten Entwicklung* spielen Konsumverzicht und persönliche Öko-Moral bei der Abwicklung keine große Rolle. Es wird auch keine Enttechnisierung und private Selbstversorgung als Wert an sich angestrebt. Im Endeffekt würde eine Politik der Abwicklung zweifellos zu einer Abnahme elektronischer und konsumistischer Billiggüter führen. Aber dies wäre eben die unvermeidliche, zum Teil schmerzliche und durch alternative Produkte zum Teil aufzufangende Folge einer herrschaftstechnischen Abrüstung und keine durch persönlich „einwandfreie" Lebensgestaltung herbeizuführende „Konsumbefreiung". Die individuelle Einkaufsmoral bleibt, mit Ausnahme der Nahrungsmittelsektors, Sache persönlicher Wertentscheidungen.

Der landwirtschaftliche Sektor würde sich mit Sicherheit personell und flächenmäßig erheblich ausdehnen, und Strukturen partieller oder ergänzender Selbstversorgung würden sich verbreiten. Aber die ausschließliche Selbstversorgung in Form kleiner Lebens- und Arbeitsgemeinschaften wäre keineswegs zwingend. Wie eine Gesellschaft ihre Produktion regelt, welche Produktionsgüter ihr wichtiger sind, welchen Grad von Urbanisierung sie sinnvoll findet, ob sie lieber mehr Marmelade oder lieber mehr E-Gitarren herstellt – dies bliebe ihr selbst überlassen, solange sie dies nicht auf Kosten anderer Gesellschaften tut.

Welcher Grad von Technisierung und Arbeitsteilung jenseits des derzeitigen globalen Ausbeutungssystems möglich ist, läßt sich nicht bis ins Letzte vorhersehen; es wird sich zeigen. Aber es wird nicht notwendig sein, sich auf einen engen Kreis des „Lebensnotwendigen" zu beschränken. Die ökopädagogische Verteufelung der Unterhaltungselektronik wirkt ohnehin komisch angesichts der Tatsache, daß sich auch in den entlegensten Winkeln der Erde das abendliche Sozialleben um die zwei oder drei Fernseher dreht, die im Ort vorhanden sind. Der Black-Trinitron-Großbildschirm hat vielleicht keine große Zukunft; aber man kann davon ausgehen, daß die Menschen lieber eine Menge anderer Einsparungen hinnehmen werden, bevor sie sich von der Telekommunikation verabschieden.

Im Gegensatz zur herrschenden Politik der globalen *lean production*, die ja auch manches abwickelt, ist nicht die globale Kostenminimierung, sondern die regionale Eigenwirtschaft der Bezugspunkt. Im Rahmen der Abwicklung ist es tatsächlich kein Schaden, wenn heute eine Reihe von Betrieben dichtgemacht wird, die zum globalen Produktionssektor gehören. Dagegen ist strikt abzulehnen, daß regional notwendige Produktionsbereiche stillgelegt werden, nur weil sie nicht zu international konkurrenzfähigen Preisen produzieren können. Ansonsten ist die Richtung genau umgekehrt: Anstatt die Gesellschaft kaputtzusparen, damit der globale Sektor optimale Standortvorteile genießt, soll der globale Sektor langfristig kaputtgespart werden – wovor niemand Angst zu haben braucht, wenn die Gesellschaft im gleichen Zug lernt, auf eigene Rechnung zu leben.

Die Politik der Abwicklung läßt sich als staatliche Politik formulieren. Sie hat aber keine Durchsetzungschancen, wenn sie nicht von den sozialen Bewegungen vorangetrieben und getragen wird. In vielen Auseinandersetzungen der sozialen Bewegungen ist das Konzept der Abwicklung bereits angelegt. *Es ist schon vorhanden*, nur bislang nicht offensiv und kohärent formuliert, sondern immer wieder verunklart und abgeschwächt. Seine Triebkraft sind nicht die objektiven Probleme der gegenwärtigen Entwicklung, sondern die Art und Weise, wie Menschen und Bewegungen versuchen, die sozial-ökologische Krise in ihrem Sinne zu bewältigen. Es handelt sich lediglich um eine Verallgemeinerung, Zuspitzung und programmatische Ausformulierung. Wenn sie sich durchsetzt, würde über kurz oder lang ein Punkt erreicht, an dem sich die Dynamik der gesellschaftlichen Entwicklung umkehrt und die sozial-ökologische Krise die Herrschaftsverhältnisse nicht mehr reproduziert, sondern aufzulösen anfängt.

Als individuelle Orientierung heißt Abwicklung, unabhängiger zu werden. Sich im Zweifelsfall für Strategien zu entscheiden, die auf das setzen, was aus eigener Kraft oder direkter gemeinsamer Organisation mit anderen erreicht werden kann, anstatt auf die vagen Zukunftsversprechungen, die von der herrschenden Ordnung noch angeboten werden. Es ist nicht die Suche nach dem umfassend korrekten, ökologisch und subsistent einwandfreien Leben. Es ist die Suche nach mehr Unabhängigkeit, aber auch nach persönlicher „Abrüstung", nach weniger Zwang zur Selbstzurichtung.

Das Konzept der Abwicklung schafft nicht per se eine freie Gesellschaft. Es schafft weder das Patriarchat ab noch den Rassismus noch macht es bessere Menschen. Es verwirklicht an sich noch keine feministische, keine antirassistische, keine solidarische Gesellschaft. Dies ist Sache einer Ausgestaltung durch die subjektiven Zielvorstellungen lebendiger Bewegungen und läßt sich nicht in überzeitliche Programme gießen. Die Politik der Abwicklung ist nur dafür offen. Sie schafft einen Ausweg aus der sozial-ökologischen Krise, der ökologisch tragbar und emanzipatorisch fortschrittlich ist. Sie ist ein Rahmen für zukünftige Gesellschaftsgestaltung. Die heute herrschende Politik ist keiner mehr.

Literatur

Müller, Christa: Ökokapitalismus. Die blinden Flecken der Nachhaltigkeits-Debatte. In: FORUM entwicklungspolitischer Aktionsgruppen 201, Bremen 1996.

O'Connor, James: Kein Ausweg? Die Ökonomie der 90er Jahre. In: Prokla 88, Berlin 1992.

Postmoderne Aufstände

Das 20. Jahrhundert endete am 31. Dezember 1993 in Chiapas, wie die mexikanischen Historiker *Antonio und Liza García de León* bemerkt haben. An diesem Tag beschloß die Bevölkerung der Region Chiapas – ein mexikanischer Bundesstaat etwa von der Größe Bayerns –, „dem Imperium keinen Tribut mehr zu zahlen", wie es in einem der späteren Kommuniqués heißt, und begann den Aufstand. Ihre bewaffnete Organisation, die zapatistische Befreiungsarmee EZLN, besetzte die wichtigsten Ortschaften und erlangte die militärische Kontrolle über das Gebiet, die sie bis heute nicht wieder verloren hat. Dies ist vor allem dem Umstand zu verdanken, daß es bereits in den ersten Tagen des Aufstands zu Massendemonstrationen in Mexico City kam, die gegen den Einsatz der mexikanischen Armee protestierten, und daß sich die mexikanischen Intellektuellen mit der Aufstandsbewegung solidarisierten – mit wenigen Ausnahmen wie etwa dem Schriftsteller Octavio Paz, der um die Zukunft der Moderne bangte. Zwei Wochen nach Aufstandsbeginn bot die mexikanische Regierung den ersten Waffenstillstand an. Seither befindet man sich, immer wieder von Kampfhandlungen begleitet, in Verhandlungen.

Der Aufstand in Chiapas ist in vielerlei Hinsicht bemerkenswert. Die Politik der EZLN, der soziale Aufbruch der zapatistischen Bevölkerung, die nationale Solidarität und die internationale Reaktion verbinden sich zu einem Phänomen, das nicht zu Unrecht als „postmoderne Revolution" bezeichnet worden ist. Die EZLN hat den Aufstand mit politischen Offensiven für eine demokratische Umgestaltung Mexikos verklammert und ihre eigene Rolle als Katalysator dieser Umgestaltung definiert, nicht als ihr alleiniges Sprachrohr und schon gar nicht als Hüterin der einzigen Wahrheit. Im Verlauf der Auseinandersetzung hat sie sich ein Marketing geschaffen, das wenig auf kämpferische Parolen und viel auf Höflichkeit, Selbstbewußtsein und Ironie setzt. Sie ist weder an einer militärischen Entscheidung interessiert, noch hat sie bisher ein konkretes eigenes Forderungsprogramm vorgelegt. Sie verfolgt nicht das klassische Ziel, den Staatsapparat zu übernehmen und eine gesellschaftliche Neuordnung „von oben" nach ihren Vorstellungen durchzusetzen. Statt dessen appelliert sie an die mexikanische Bevölkerung, sich ihre eigenen Gedanken zu machen und ihre eigenen Vorstellungen in eine politische Umgestaltung einzubringen.

Der Aufstand in Chiapas ist die erste Revolution jenseits des 20. Jahrhunderts, weil sie nicht mehr das Ziel verfolgt, das Projekt der Modernisierung und Entwicklung zu vollenden, sondern es zu beenden. Nicht von ungefähr hat die Aufstandsbewegung die Einführung der nordamerikanischen Freihandelszone (NAFTA) als Datum für den Aufstand gewählt. Die EZLN ist keine antimodernistische Gegenbewegung, die zurück zu traditionellen Verhältnissen will. Sie steht nur *jenseits* der Moderne und ihrer hohl gewordenen Versprechungen. Sie verspricht sich nichts mehr von der Entfesselung der Produktivkräfte, sondern eher von deren vernünftiger Begrenzung; sie will ein Ende des „Krieges", als den der mexikanische Autor Gustavo Esteva die staatliche Entwicklungspolitik bezeichnet hat. Der Aufstand in Chiapas ist eng mit den Strukturen der indigenen Selbstorganisation verbunden und benutzt deren Sprache und Bilderwelt. Aber die Organisation der EZLN ist eine progressive Alternative zur patriarchalen Sozialordnung der indigenen Gemeinden, was ihr vor allem den Zulauf der Jungen und insbesondere der Frauen gebracht hat. Die EZLN verteidigt die Autonomie der dörflichen Gemeinden und ihre wirtschaftlichen Subsistenzstrukturen gegen die „Modernisierung" und „Entwicklung". Aber sie findet auch, daß es in Chiapas mehr Fernsehapparate geben sollte.

Bei näherem Hinsehen zeigt sich, daß der postmoderne Aufstand auch in anderen Regionen stattfindet. Die Entwicklung in *Nigeria* zum Beispiel weist mit der in Mexiko verblüffende Ähnlichkeiten auf. Das nigerianische Chiapas ist das Niger-Delta. Es ist die am wenigsten „erschlossene" und industrialisierte Region, die zugleich am meisten ausgeblutet sowie ökologisch und sozial ruiniert wird. Aber für die soziale, politische und ökologische Umgestaltung des Landes ist das Niger-Delta die Avantgarde. Wie in Chiapas gibt es dort Öl, das hier in großem Stil – unter anderem von Shell – gefördert wird, mit verheerenden Konsequenzen für die ansässige Bevölkerung. Die Bevölkerung des Niger-Deltas besteht aus ethnischen Minderheiten, die sich vor einigen Jahren in der Ogoni-Bewegung zusammengeschlossen haben. Die Ogoni-Bewegung wendet sich mit Massenkundgebungen und zivilem Widerstand gegen Vertreibung, Morde und Plünderung und gegen die ökologische Zerstörung ihres Landes und ihrer Felder.

Die Ogoni-Bewegung besaß mit dem im November 1995 von der nigerianischen Regierung ermordeten Schriftsteller Ken Saro-Wiwa eine charismatische Führungspersönlichkeit. Saro-Wiwa dirigierte einen eigenen Medienkonzern, produzierte eine landesweite Fernsehsendung und veröffentlichte seine Schriften bewußt nicht im lokalen Dialekt, sondern in „rotten English" – der einzigen Sprache, in der alle NigerianerInnen sich miteinander verständigen können. Der MOSOP, der politische Dachverband der Ogoni, verfolgt eine gleichermaßen radikale wie pragmatischundogmatische Politik. Er fordert regionale Autonomie *und* Mitsprache bei der demokratischen Umgestaltung des gesamten Nationalstaates, Schutz für die lokale Subsistenzwirtschaft *und* Beteiligung an den Erdöl-Einnahmen. Er beruft sich auf ethnisch-kulturelle Traditionen und bedient sich gleichzeitig völlig selbstverständlich der modernsten Formen einer medienorientierten Politik. Er bildet keine ideologische Einheit und findet seinen gemeinsamen Nenner in der Forderung nach regionaler Selbstbestimmung und nach Deeskalation der politisch-militärischen Situation im Land.

Abwicklung und postmoderne Revolte

Es gibt einen *Typus der postmodernen Revolte*, der alle Aussichten hat, zum prägenden Modell für künftige Auseinandersetzungen um eine emanzipatorische Lösung der globalen sozial-ökologischen Krise zu werden. Sein Organisationsprinzip läßt sich am besten mit der von *Gustavo Esteva* verwendeten Terminologie beschreiben. Der postmoderne Aufstand beruht primär auf autonomen sozialen Basisorganisationen, die nicht in einer straffen Organisation zentralistisch verbunden sind, sondern ein lokkeres Netzwerk bilden. Diese Vernetzung ist so wenig institutionalisiert wie möglich, weshalb Esteva von diesem Netz als der *„Hängematte"* spricht: Man kann sie benutzen, wenn man sie braucht, aber wenn man sie nicht braucht, hat sie so gut wie kein Gewicht. Man kann sie überallhin mitnehmen und überall aufhängen. Diese gemeinsame soziale Praxis der Basisorganisationen, der solidarische Raum, den sie schaffen, braucht allerdings einen *„Schutzschirm"* nach außen. Was dieser Schutzschirm ist, ist je nach der politischen und gesellschaftlichen Situation ganz verschieden. Er kann darin bestehen, sich pragmatisch der herrschenden Institutionen und Organisationen zu bedienen, um die Freiräume der Bewegungen und Basisorganisationen zu schützen und Interventionen gegen sie zu behindern. In Chiapas ist der Schutzschirm die bewaffnete regionale Selbst-verteidigung durch die EZLN, aber auch die Solidarität großer Teile der mexikanischen Zivilgesellschaft. Der Schutzschirm ist jedoch ein nach-geordnetes Element, ein Notnagel; er kann Räume freihalten, aber er kann sie nicht selbst gestalten.

Die postmoderne Revolte ist sich darüber im klaren, daß sie die rein militärische Konfrontation gegen den staatlichen Gewaltapparat immer verlieren würde. Deshalb ist ihre Militanz defensiv und regional, aber ihre Politik offensiv und national, sogar international. Indem sie ihre Sache mit der Forderung nach einer innergesellschaftlichen „Abrüstung" und Deeskalation verbindet, gelingt es ihr, die an sich ungünstigen Kräfteverhältnisse zu überspringen.

Die postmodernen Aufstände sind Aufstände im Zeichen der Abwicklung. Sie haben keine einheitliche ideologische Grundlage. Was sie zusammenhält, ist der Gedanke eines *„Breaks"*, einer Unterbrechung der zerstörerischen gesellschaftlichen Entwicklungslogik. Sie verweigern sich der herrschenden Logik, die sozial-ökologischen Krisenerscheinungen durch eine immer schnellere Entwicklung, durch immer wahnsinnigere Wechsel auf eine unsichere Zukunft lösen zu wollen. Ihr Nährboden ist eine weitverbreitete Stimmung, daß die gesellschaftliche Situation in einen Zustand der Überspannung, der Exaltiertheit, der wahnhaften Risikobereitschaft geraten ist. Ihr Slogan ist das „Ya Basta" der EZLN. *„Es reicht."* Nicht noch mehr vom selben. Nicht noch mehr schreckliche Illusionen zu einem immer unbezahlbareren Preis. Genug, Schluß, aufhören. Keine Superman-Politik mehr. Bilanz ziehen und neu ordnen. Die Maschine herunterfahren, die Verkrampfungen lösen, die Brutalität abrüsten.

Die postmoderne Revolte ist das genaue Gegenteil der herrschenden Öko-Panik, die schnell noch weitere Mega-Strukturen und Technikprojekte aufbauen will, um die angeblich so drängenden, ganz großen Probleme zu lösen. Das Programm der postmodernen Aufstände ist die Abwicklung: Nicht intervenieren, nicht auf die globalen Geschäfte setzen, mit der sozialen Neuordnung von unten beginnen. Ihre ökologische Philosophie ist nicht die intelligente Optimierung, sondern das „calming down", das Herunterfahren. Ihre emanzipatorische Philosophie zielt nicht darauf, die „gute Gesellschaft" ein für alle Mal einzuführen. Die Philosophie der postmodernen Revolte im Zeichen der Abwicklung ist: Die bestehende Gesellschaft von innen übernehmen, indem man sie nach außen begrenzt. Der Selbstorganisation Raum verschaffen, indem die Verwicklung in den globalen Entwicklungskrieg zurückgenommen wird.

Die postmodernen Aufstände unterscheiden sich auch diametral von der modischen Politik des „Alternativen", des „Jeder kehre vor seiner eigenen Tür". Sie beharren darauf, daß die Probleme nur gemeinsam gelöst werden können. Sie gestalten nicht Nischen, sondern wollen ein Gesamtprogramm stoppen. Sie predigen nicht die individuelle alternative Verrenkung, sondern schaffen eine Situation, die die Verrenkung überflüssig macht. Sie formulieren keine individuelle Lebenshilfe, sondern einen alternativen Entwicklungsweg *für eine ganze Region* einschließlich der dafür notwendigen gesellschaftlichen Rahmenbedingungen. Regionen in diesem Sinne sind nicht isolierte Landstriche oder kleine alternative Flekken. Die kritische Größe liegt in der Größenordnung von Bundesländern beziehungsweise Bundesstaaten.

Radikale regionale Autonomie

Es versteht sich von selbst, daß postmoderne Aufstandsbewegungen innerhalb der nördlichen Industriestaaten sich weitgehend von denen in Ländern der Dritten Welt unterscheiden werden. Aber es steht außer Frage, daß es sie *geben* wird. Sie werden vielleicht in hohem Maße im Rahmen zivilgesellschaftlicher Auseinandersetzungen stattfinden können und sich bestehender Institutionen als Schutzschirm bedienen. Aber sie werden ihr „Break", ihr „es reicht" mit einer massiven gesellschaftlichen Mobilisierung formulieren. Sie werden die Spielregeln verändern. Sie werden Lösungen der Abwicklung für Regionen suchen, und sie werden der Solidarisierung außerhalb dieser Region bedürfen, um bestehen zu bleiben. Sie werden nicht heute und nicht morgen beginnen, aber in einigen Jahren.

Die postmoderne Revolte im Norden wird dort stattfinden, wo die sozial-ökologische Krise die bisherige Rechnung der Modernisierung und Entwicklung am ehesten zunichte macht. Man kann sich an fünf Fingern ausrechnen, daß dies in Deutschland zuerst auf dem Gebiet der ostdeutschen Bundesländer der Fall sein wird. Die Rechnung, einen sozialen und ökologischen Aufbau im Rahmen der bisherigen kapitalistischen Orientierung bewerkstelligen zu wollen, ist jetzt schon aberwitzig.

Nehmen wir die ehemalige Industrieregion um Dessau und Bitterfeld. Seit der Stillegung der dort ansässigen Großbetriebe bewegt sich die Arbeitslosigkeit in schwindelerregender Höhe, und es gibt keinerlei Aussichten, daß sich daran etwas ändern wird. Einerseits findet ein erheblicher Finanztransfer in diese Region statt, in Form von Mitteln aus der Bundesanstalt für Arbeit und aus dem Länderfinanzausgleich. Dieses Geld verschwindet auf der anderen Seite wieder aus der Region, da die Kaufkraft weitestgehend für Produkte ausgegeben werden muß, die nicht in der Region hergestellt werden. Im Laufe der Zeit führt das dazu, daß den Menschen ihre Region buchstäblich nicht mehr gehört, weil die interessanteren Ressourcen und Flächen ausverkauft werden und der Rest tendenziell wertlos ist. Wer sich aufraffen kann und will, verschwindet; wer bleibt, findet sich mit der depressiven Situation ab. Die Region liefert also weiterhin per Migration Menschen in andere, reichere Gegenden: mobile, junge Frauen und Männer für den Arbeitsmarkt oder für den Heiratsmarkt im Westen. Die Region selbst wird zum Standort für Naturschutzgebiete oder Truppenübungsplätze. Sie verkauft ihre Natur, Arbeit und Fläche, ohne sich aus ihrer trostlosen Lage befreien zu können.

Prinzipiell wäre es also äußerst naheliegend, das Geld, das in die Region fließt, zum Aufbau einer regional bezogenen Produktion zu verwenden. Dies ist aber unter den herrschenden Bedingungen unmöglich. Eine gezielte industrielle Subventionspolitik ist nach den Regeln der nationalen und europäischen Marktliberalisierung schlicht illegal. Eine staatliche Förderung und Bevorzugung von landwirtschaftlichen Produkten aus der eigenen Region, die Voraussetzung für den Aufbau einer regionalen Versorgungswirtschaft wäre, scheidet aus den gleichen Gründen aus. Die finanziellen Zuwendungen aus nationalen Förderprogrammen fließen in die Taschen von Unternehmen und Institutionen, die ihren Hauptsitz im Westen haben und die Region nur als Verschiebebahnhof benutzen.

Dabei wäre die Bereitschaft in der Region groß, einen regional bezogenen ökonomischen und kulturellen Aufbau zu unternehmen. Es gibt eine Reihe von Projekten, die Vorstellungen in diese Richtung entwickelt haben. Aber so, wie die Dinge liegen, kann man nichts machen. Dafür wäre ein Programm der radikalen regionalen Autonomie notwendig, das den globalen Sektor weitgehend hinauswirft und sich das Recht nimmt, Preise, Eigentumsrechte und äußere Austauschbeziehungen der Region in einem hohen Maße zu kontrollieren und zu gestalten.

Die Situation trifft auf verschiedene Regionen und genauso in anderen europäischen Ländern zu. Es kann gar nicht anders sein, als daß in einigen dieser Regionen eines Tages eine alternative, regional bezogene Rechnung aufgemacht wird und daß versucht wird, sie durchzusetzen. Und dies wird etwas ganz anderes sein als die Förderung von alternativen Landkommunen, wie sie die Regierung Biedenkopf (auf Initiative von Rudolf Bahro übrigens) derzeit betreibt: eine typische „alternative" Politik der Abfederung, die eine Art von Reservaten schafft, aber an der Entwicklungslogik nichts ändert, die die Regionen verarmen läßt. Konflikte mit der herrschenden Marktliberalisierung und der abhängigen Zurichtung von Regionen werden unvermeidlich sein. Es werden Konzepte einer radikalen regionalen Autonomie artikuliert werden, die sich nicht damit zufriedengeben, eine Region sozialpolitischer Kostgänger zu sein, ob „alternativ" (geförderte Landkommune) oder „klassisch" (arbeitslos daheim). Diese Konzepte werden nur funktionieren, wenn sie sich mit einer gesellschaftlichen Debatte um die Abwicklung der wahnwitzigen nationalen Standortpolitik verbinden und die daraus abgeleitete regionale Zurichtung, also die moderne Produktivitäts-Apartheid zwischen den Regionen, radikal in Frage stellen.

Kulturen des Widerstands

Der postmoderne Aufstand der Regionen, der für eine Lösung der sozialökologischen Krise durch die Abwicklung der wirtschaftlichen Hochrüstung eintritt, wird häufig als ethnozentrisch oder provinziell mißverstanden. Der Bezug der EZLN auf die indigene Tradition hat zu Diskussionen geführt, eine Übertragung ihrer politischen Anliegen auf die nördlichen Industrieländer müsse daran scheitern, daß ein derartiges Konzept hier notwendigerweise rassistisch oder chauvinistisch ausfallen würde („Wir in Bayern" und so weiter).

Dies ist ein Irrtum. Das Mißverständnis liegt darin, daß der Bezug auf die regionale Tradition in Wahrheit kein ethnischer, sondern ein kultureller und geschichtlicher Bezug ist. Die Bevölkerung von Chiapas bildet keineswegs eine ethnische Einheit. Am Beispiel Nigerias ist ebenfalls offensichtlich, daß die regionale Identität „Ogoni" ein politisches Konstrukt ist und eine ganze Reihe von Gruppen verbindet, die sich bis dahin als selbständige Ethnizitäten definiert hatten. Das „Zapotekische" oder das „Ogonische" bezieht sich nicht auf eine wie auch immer geartete ethnische Identität. Das, woran die EZLN oder die Ogoni-Bewegung anknüpfen, sind spezifische *Kulturen des Widerstands*: die geschichtlichen Erfahrungen, die gegenseitigen Verpflichtungen und die erlernten Fähigkeiten zum Widerspruch.

Die postmoderne Revolte im Norden wird ebenfalls an ihre jeweiligen Kulturen des Widerstands anknüpfen müssen. Sie wird ihre historischen Erfahrungen auswerten und aneignen müssen: die gescheiterten Versuche, die gehegten Hoffnungen, das Repertoire alternativer Vorstellungen von Werten, Selbstbewußtsein und Würde. In unserem Falle sind das nicht so sehr irgendwelche mittelalterlichen Zunftaufstände oder die kulturelle Wiederaneignung des pfälzischen Saumagens. Es ist die Aneignung der Geschichte der sozialen Gegenbewegung von 1968 bis jetzt, in ihrer ganzen Breite: als politische *und* kulturelle Geschichte, als Männer- *und* Frauengeschichte, als Bezugspunkt für hiesige Erfahrungen *und* für Erfahrungen von Menschen, die aus anderen Ländern zugewandert sind. Es war die erste große Infragestellung. Die ideologischen Grundlagen, politischen Zielvorstellungen und Organisationsphilosophien dieser Zeit sind heute weitgehend unbrauchbar geworden. Aber es ist *unsere* spezifische Kultur des Widerstands.

Diese Kultur kann nicht zelebriert werden. Als gemeinsamer Bezugspunkt ist sie die Voraussetzung, daß sich verschiedene Stränge und Teile der sozialen Gegenbewegung überhaupt gegenseitig erkennen und verstehen können. Sie ist das „rotten English" dieser Bewegung. Auf ihre Attraktivität kann man sich allerdings ebensowenig verlassen wie auf die Attraktivität der zapotekischen Dorfgemeinschaft. Es bedarf des Aufbaus von neuen Organisationsformen, die sich in der Tradition dieser Kultur des Widerstands sehen, aber gleichzeitig eine progressive, antipatriarchale Alternative dazu darstellen. Mit den Dorfältesten der 68er-Bewegung kann man sich jedenfalls keine gesellschaftliche Mobilisierung vorstellen. Möglicherweise befinden wir uns bereits in diesem Prozeß der Neufindung attraktiver, antipatriarchaler Organisationsformen – mit Sicherheit allerdings erst am Anfang dieses Prozesses. Die EZLN hat in Chiapas zehn Jahre gebraucht, um das dialektische Spannungsverhältnis zwischen traditioneller Kultur des Widerstands und progressiver Organisations-Alternative auszubalancieren. Ich glaube nicht, daß wir schneller sind.

Literatur

Bardacke, Frank: Dear Sup, Much Obliged. In: CNS (Capitalism, Nature, Socialism) Vol. 6(2), Santa Cruz 1995.

Esteva, Gustavo: FIESTA – jenseits von Entwicklung, Hilfe und Politik. 2. Aufl. Frankfurt/Main – Wien 1992.

Land und Freiheit. Sonderblätter der Zeitschrift „Die Aktion" zur Solidarität mit den Aufständischen in Chiapas, Nr. 20, 1996.

Loimeier, Manfred: Zum Beispiel Ken Saro-Wiwa. Göttingen 1996.

Simmen, Andreas (Hrsg.): Mexico – Aufstand in Chiapas. Berlin 1994.

Das Übliche (mehr Geld, mehr Freiheit, mehr Luft)

In *Die totale Erinnerung (Total Recall)*, einem Science Fiction-Film von Paul Verhoeven nach einer Geschichte von Philipp K. Dick, entdeckt der ehemalige Regierungsagent Douglas Quaid alias Hauser alias Arnold Schwarzenegger, daß seine gesamte bürgerliche Existenz einschließlich Ehe mit Sharon Stone gefälscht ist, und gerät wieder an den Ort seines früheren Wirkens, auf den Mars. In der Mars-Kolonie ist Luft knapp, da der Mars keine Atmosphäre besitzt. Das ist die Grundlage des privaten Imperiums von Cohaagen, der aus der ökologischen Notlage Kapital schlägt und mit der Verfügung über die knappe Ressource Luft auch politische Kontrolle ausübt. Wie sich später herausstellt, wird der Öko-Notstand von Cohaagen künstlich aufrechterhalten: Der Bevölkerung wird verheimlicht, daß es einen Weg gibt, dem Mars eine Atmosphäre zu verschaffen und ein ganz normales Leben zu führen, was Cohaagens Geschäfte abrupt beenden würde.

Als Quaid nach seiner Ankunft ein Taxi chartert, gerät er in eines der offenbar alltäglichen Scharmützel zwischen der Polizei und einer Untergrundbewegung, die für die Befreiung des Mars kämpft. Unterwegs fragt Quaid den völlig ungerührten Taxifahrer: „Was wollen die Rebellen eigentlich?" Er erhält als Antwort: „Oh, das Übliche: mehr Geld, mehr Freiheit, mehr Luft!"

Dieser *übliche* Forderungskatalog einer emanzipatorischen Bewegung ist heute *nachhaltig* gestört. Wer mehr Luft will, könne auf keinen Fall gleichzeitig mehr Freiheit und mehr Geld fordern, heißt es überall. Die ökologische Krise verlange eine Politik der Bedürfnisbeschränkung und der disziplinierten Mitwirkung.

Dieses Dogma beruht auf dem fehlerhaften, ideologischen Auseinanderreißen von Ökologie und Herrschaftsverhältnissen: der Ökofalle. Die verschiedenen Strömungen der sozialen Gegenbewegung haben dieses Dogma in unterschiedlicher Weise akzeptiert und vertreiben sich die Zeit, die sie in der Ökofalle absitzen, am liebsten mit gegenseitigen Mäßigungsappellen. Die einen streichen die Forderung nach „mehr Geld" und dringen auf Mäßigung beim Konsum, die anderen streichen die Forderung nach „mehr Freiheit" und zensieren radikale Kritik als „nicht konstruktiv". Überhaupt scheinen sich alle einig zu sein, daß dem Freien und Wilden, dem Ungebärdigen und Anspruchsvollen, dem Protest und der Lust erst einmal ordentlich der Kopf gewaschen werden muß, damit es eine Lösung der ökologischen Krise geben kann.

Dieses Buch versucht den Nachweis, daß dem nicht so ist. Sicher führt kein Weg zurück zum fetten Glanz der 50er Jahre oder zur perspektivlosen fundamentalistischen Besserwisserei. Aber das Paradox muß aufgehoben werden, daß eine emanzipatorische Bewegung meint, ständig Krieg gegen die spontanen Empfindungen führen zu müssen, aus denen sie sich herleitet: daß es nämlich *zu wenig* Geld, *zu wenig* Freiheit *und* zu wenig Luft gibt.

In der Perspektive der Abwicklung kommen diese spontanen Empfindungen wieder zusammen. Abwicklung ist ein politischer Rahmen, in dem man mit Fug und Recht *das Übliche* fordern kann. In den Organisationen und Zusammenhängen, die den postmodernen Aufstand gegen die staatliche Eskalationsstrategie in der sozial-ökologischen Krise führen, werden deshalb selbstbewußte Ansprüche, Spontaneität und Experimente, antipatriarchale Kritik, Ironie und Selbstironie wieder den zentralen Platz einnehmen, der ihnen zusteht.

Ich glaube, daß eine künftige soziale Gegenbewegung es schaffen muß, die analytische Strenge der Subsistenztheorie mit dem anarchisch-chaotischen Geist der *Calvin & Hobbes*-Strips von Bill Watterson und mit der emotionalen Kraft der modernen Massenkultur zu verbinden. Jedenfalls stelle ich mir die Abwicklung des Nordens als einen äußerst kreativen, lustvollen Prozeß vor.

Der Autor

Christoph Spehr, geboren 1963 in Augsburg, studierte Geschichte und Philosophie an der Universität München, wo er an der forstwissenschaftlichen Fakultät zur historischen Entwicklung gesellschaftlicher Naturverhältnisse promovierte. Er lebt in Bremen und arbeitet als Redakteur bei der Zeitschrift „FORUM entwicklungspolitischer Aktionsgruppen" sowie als Lehrbeauftragter der dortigen Universität. Im Ökozid-Jahrbuch 10 erschien von ihm 1995: „Von der Plüschtier-Ökologie zur subversiven Verantwortung. Artenschutz und die Widersprüche des gesellschaftlichen Naturverhältnisses".

POLITISCHE DISKUSSION
im Promedia-Verlag

Werner Pirker:
„Die Rache der Sowjets"
Politisches System im postkommunistischen Rußland
216 Seiten, DM 34.-; sFr. 35.-; öS 240.-
ISBN 3-900478-85-6, erschienen: 1995

Dardan Gashi/ Ingrid Steiner:
„Albanien"
Archaiisch, orientalisch, europäisch
280 Seiten, DM 34.-; sFr. 35.-; öS 240.-
ISBN 3-900478-76-7, erschienen: 1994

Hannes Hofbauer/ Viorel Roman:
„Bukowina, Bessarabien, Moldawien"
Vergessenes Land zwischen Westeuropa, Rußland und der Türkei
204 Seiten, DM 34.-; sFr. 35.-; öS 240.-
ISBN 3-900478-71-6, erschienen: 1994

Kritische Geografie (Hg.):
„Österreich auf dem Weg zur Dritten Republik"
Zwischen Deutschnationalismus und Habsburgermythos
160 Seiten, DM/sFr. 26.-; öS 180.-
ISBN 3-900478-56-2; erschienen: 1993

Gerold Ecker/Christian Neugebauer (Hg.):
„Neutralität oder Euromilitarismus"
Das Exempel Österreich
288 Seiten, DM 28.-; sFr. 29.-; öS 180.-
ISBN 3-900478-65-1; erschienen 1993

Johan Galtung:
„Eurotopia"
Die Zukunft eines Kontinents
184 Seiten, DM 29,80; sFr. 31.-; öS 198.-
ISBN 3-900478-61-9

POLITISCHE DISKUSSION
im Promedia-Verlag

Gero Fischer/Maria Wölflingseder (Hg.):
„Biologismus − Rassismus − Nationalismus"
Rechte Ideologien im Vormarsch
264 Seiten, DM 29,80; sFr. 31.-; öS 215.-
ISBN 3-900478-97-X, erschienen: 1995

Brigitte Fuchs/Gabriele Habinger (Hg.):
„Rassismen und Feminismen"
Differenzen, Machtverhältnisse und Solidarität zwischen Frauen
240 Seiten, DM 34-; öS 240.-
ISBN 3-85371-106-5; erscheint 1996

Franz Schandl/Gerhard Schattauer:
„Die Grünen in Österreich"
Entwicklung und Konsolidierung einer politischen Kraft
620 Seiten, DM 69,80; sFr. 71.-; öS 498.-
ISBN 3-85371-103-0, erschienen: 1996

Gerhard Melinz/Susan Zimmermann (Hg.):
„Wien − Prag − Budapest"
Blütezeit der Habsburgermetropolen
336 Seiten, DM 39,80; sFr. 41.-; öS 285.-
ISBN 3-85371-101-4, erschienen: 1996

Andrea Komlosy/Václav Bůžek/František Svátek (Hg.):
„Kulturen an der Grenze"
Waldviertel − Weinviertel − Südböhmen − Südmähren
350 Seiten, 23x26 cm, reich und teilweise farbig bebildert
DM 52.-; sFr. 54.-; öS 350.-
ISBN 3-900478-93-7, erschienen: 1995

Michael Häupl (Hg.):
„Zukunft Stadt"
Europas Metropolen im Wandel
288 Seiten, DM 27.-; sFr. 28.-; öS 198.-
ISBN 3-85371-109-X; erschienen 1996